John Mark Comer

Leben vom Meister lernen

Practicing the way

JOHN
MARK
COMER

LEBEN VOM MEISTER LERNEN

Practicing the Way

B

Zum Schutz der Persönlichkeitsrechte wurden in den in diesem Buch wiedergegebenen Erlebnisberichten einige Namen und Umstände geändert.

5. Auflage 2026

Max-Eyth-Straße 41 · 71088 Holzgerlingen
brockhaus-verlag.de

Übersetzung: Renate Hübsch
Lektorat: Imke Früh
Umschlaggestaltung: SONNHÜTER www.sonnhueter.com
Satz: typoscript GmbH, Walddorfhäslach
Druck und Bindung: GGP Media GmbH, Pößneck
Gedruckt in Deutschland
ISBN 978-3-417-01015-2
Bestell-Nr. 227.001.015

INHALT

Komm, folge mir nach.

Markus 2,14

STAUB

Mögest du mit dem Staub deines Rabbis bedeckt sein.[1]

Jüdischer Segen aus dem 1. Jahrhundert

Wem folgst du?

Jeder folgt irgendwem – oder zumindest irgendwas.

Mit anderen Worten: Wir sind alle Jünger. Die Frage ist nicht: Bin ich ein Jünger? Die Frage muss heißen: Wessen Jünger bin ich?

Ich weiß, ich weiß. Was ich gerade gesagt habe, grenzt in unserer modernen Welt an Ketzerei. Wir wollen so gerne glauben, dass wir – und nur wir – unseren Kurs bestimmen, unser Schiff steuern und unser Schicksal in der Hand haben. Wir legen es darauf an zu führen, nicht zu folgen. Aber: Wie gut klappt das bei dir?

Vielleicht spürst du auch manchmal dieses nagende Gefühl, das fragt: Ist mein Leben wirklich das Leben, das ich mir zutiefst wünsche?

Ich bin an der Westküste der USA geboren und aufgewachsen. Es ist ein offenes Geheimnis, dass die USA im Allgemeinen, und mein Heimatstaat Kalifornien im Besonderen, auf das gegründet ist, was Soziologen den »Mythos des robusten Individuums« nennen. Dr. Robert Bellah nannte es den »radikalen Individualismus« und sagte, er sei das entscheidende Merkmal Amerikas.[2]

Und doch ist »niemand eine Insel«, wie der Dichter John Donne einmal feststellte.[3] Oder in den Worten von Tish Harrison Warren, einer Kolumnistin der *New York Times*: »Niemand von uns kommt von selbst zu dem, was er glaubt. Die Welt hat keine Freidenker.«[4] Du siehst, ich bin nicht der einzige Kulturketzer hier …

Mächtige Kräfte in unserer Gesellschaft haben ein ganz persönliches Interesse daran, dass wir den Mythos glauben, wir würden niemandem folgen – und es ist ein Mythos, so viel steht für mich fest. Viele der kulturellen Liturgien, mit denen wir täglich indoktriniert werden – »Bleib dir selbst treu!«, »Mach dein Ding!«, »Sag, was du willst!« –, lassen sich auf Quellen mit einer fragwürdigen Agenda zurückführen.[5] Wenn »sie« – seien es multinationale Konzerne, Politiker, demokratiefeindliche Regierungsvertreter, Marketingabteilungen oder Influencer, die einfach nur mehr Anhänger wollen, oder, oder, oder – uns weismachen können, dass jeder Mensch ein unbeschriebenes Blatt ist, das nur dem inneren Kompass seines »authentischen Selbst« auf dem Weg zu seinem persönlichen Glück folgt, dann können sie uns blind machen für all die Wege, auf denen wir entsprechend ihren Wünschen »geschult« – geformt und manipuliert – werden.

Es ist ein alter Trick zur Täuschung eines Opfers, es glauben zu lassen, der jeweilige Plan sei die eigene Idee gewesen. Will heißen: Der Schlüssel, um Menschen dazu zu bringen, uns zu folgen, ist, sie davon zu überzeugen, dass sie überhaupt niemandem folgen.

Mit dem Aufstieg der Social-Media-Imperien und ihrer schaurigen digitalen Algorithmen haben diese mächtigen Kräfte jetzt jedes Mal, wenn wir mit dem Daumen über unser Smartphone wischen, direkten Zugang zu unseren Bewusstseinsströmen. Was wir für Werbung, Nachrichtenlinks, Retweets und zufälliges digitales Treibgut halten, sind in Wirklichkeit Techniken zur massiven Verhaltensmanipulation, die darauf abzielen, unser Denken, Fühlen, Glauben, Einkaufen, Wählen und Leben zu beeinflussen. Um den Tech-Philosophen Jaron Lanier zu zitieren: »Was früher Werbung genannt wurde, muss heute als unaufhörliche Verhaltensmodifikation in gigantischem Umfang verstanden werden.«[6] Die »Welt« – wie sie im Neuen Testament genannt wird – formt uns ständig.

Aber zu was formt sie uns?

Denn zu irgendetwas entwickeln wir uns alle. Das ist der Kern der menschlichen Erfahrung: der Prozess, Person zu werden. Ein Mensch zu sein bedeutet, sich zu verändern. Zu wachsen. Sich zu entwickeln. Das ist von Gott so gewollt.

Die Frage ist nicht: Entwickele ich mich? Sondern: Zu wem oder zu was entwickele ich mich?

Wenn du dir vorstellst, wie dein Leben in den nächsten fünf Jahrzehnten verlaufen wird und wie du mit siebzig, achtzig oder hundert Jahren aussehen wirst, wenn du so weitermachst wie jetzt, was für eine Art von Mensch siehst du dann vor dir? Und: Erfüllt dich diese Vorstellung mit Hoffnung? Oder mit Schrecken?

Diejenigen von uns, die Jesus folgen wollen, müssen sich der Realität stellen: Wenn wir uns nicht ganz bewusst von Jesus formen lassen, dann ist es sehr wahrscheinlich, dass wir – ohne dass wir das beabsichtigen – von jemand oder etwas anderem geformt werden.[7]

Also, noch einmal: Wem folgst du?

Oder tiefer gehend gefragt: Auf wen vertraust du?

Auf wen setzt du, wenn es um die Frage geht, wer dir den Weg zeigen kann? Den Weg zu dem Leben, das du dir wünschst?

Entgegen der gängigen Meinung bin ich davon überzeugt, dass aus dem Glauben zu leben, etwas allgemein Menschliches und nicht etwas Christliches oder Religiöses ist. Wir leben alle aus dem Glauben.

Die Frage ist nicht: Glaube ich? Die Frage ist: An wen oder was glaube ich?

Das heißt, wem oder was soll ich mein Leben anvertrauen? Will ich tatsächlich mir selbst vertrauen – oder irgendeinem anderen Menschen? Geschöpfen, die sich, wie es scheint, selbst in den Schlamassel gebracht haben, den wir nun zu beheben versuchen?

Es ist nur menschlich, dass wir uns zu jemandem hingezogen fühlen – zu einer Berühmtheit, einem Guru oder einer historischen Figur – und uns wünschen, so zu werden wie diese Person. Das gehört zu der Grundausstattung, mit der Gott uns geschaffen hat, damit wir wachsen. Wir haben alle eine Vorstellung von dem idealen Leben, das wir anstreben. Und wenn wir eine Person oder ein Ideensystem finden, das zu verkörpern scheint, was wir uns wünschen, folgen wir diesem Menschen oder dieser Idee und setzen unser Vertrauen darauf. Oder, um es in eher christlichem Jargon auszudrücken: Wir glauben daran.

An wen glaubst du?[8] Wer ist die Koryphäe deiner Wahl, die Person, für die du alles geben würdest, um ein paar Tage in ihrer Nähe zu leben? Mit anderen Worten: Wer ist dein Rabbi? Dein Meister?

Ich gehöre zu den vielen Menschen, die Jesus von Nazareth für das strahlendste Licht halten, das je die Bühne der Menschheit erleuchtet hat.

Als echter Bücherwurm konnte ich durch das Geschenk der Literatur schon einen Blick in die Köpfe einiger großer Denker werfen. Sie alle haben lobenswerte Eigenschaften – und auch einige nicht so lobenswerte. Aber je länger ich lebe und je mehr ich lerne, desto mehr bin ich davon überzeugt, dass Jesus keine echte Konkurrenz hat – weder früher noch heute. Meiner Einschätzung nach hat kein anderer Denker, Philosoph, Anführer, keine Philosophie oder Ideologie die Kohärenz, Differenziertheit und tiefe Resonanz in unserem Inneren wie Jesus und sein Weg. Und erst recht nicht solch atemberaubende Schönheit.

In unserem säkularen Zeitalter ist die Luft, die wir atmen, durchsetzt von Skepsis, Langeweile, Misstrauen gegenüber jeglicher Autorität und einer Neigung, uns die Wahrheit zurechtzubiegen, je nachdem, was wir uns gerade wünschen oder wie wir uns fühlen. In dieser kulturellen Atmosphäre ist jeder von uns Thomas, der Zweifler.

Aber selbst an Tagen, an denen ich Mühe habe, zu glauben, dass Jesus der war, der er zu sein behauptete (Spoiler: mehr als nur ein Rabbi), sehne ich mich danach, es zu glauben. Ich wünsche mir, dass die Vision vom Leben im Reich Gottes, die Jesus verkündet hat, wahr ist. Ich kann das Fazit seines Schülers Petrus aus tiefstem Herzen nachvollziehen:

> Herr, zu wem sollten wir gehen? Nur du hast Worte, die ewiges Leben schenken.
> *Johannes 6,68*

Ich zähle mich zu einer riesigen Anzahl Menschen auf der ganzen Welt und im Lauf der Geschichte, die zu dem Glauben gekommen sind: *Es gibt einfach keinen besseren Weg, keine bessere Wahrheit und kein besseres Leben als Jesus von Nazareth.*

Unter den unzähligen Möglichkeiten, die ich wählen kann, ist Jesus derjenige, dem ich folgen will. Wenn ich am Ende sowieso irgendjemandem folgen werde, kann ich mich auch bewusst dafür entscheiden, Jesus zu folgen.

Der Philosoph Dallas Willard sagte immer wieder: »Es gibt kein Problem im menschlichen Leben, das nicht dadurch gelöst werden könnte, dass wir bei Jesus in die Ausbildung gehen.« Jesus zu folgen oder, wie ich es auf den nächsten Seiten beschreiben werde, bei Jesus in die Lehre zu gehen, ist die Lösung für das Problem der sogenannten *conditio humana*. Nenne dein Problem: Polarisierung in der Politik, Klimawandel, drohender globaler Krieg, erschreckend hohe Zahlen psychischer Erkrankungen, Sucht, christlicher Nationalismus, weitverbreitete Heuchelei unter christlichen Leitern oder schlicht unsere Unfähigkeit, freundlich zu sein …

Es gibt kein Problem im menschlichen Leben, das nicht dadurch gelöst werden könnte, dass wir bei Jesus in die Lehre gehen.

Möglicherweise hast du dieses Buch in die Hand genommen, weil du ernsthaft in Erwägung ziehst, Jesus zu folgen. Aber du willst vorher wissen, wozu genau du Ja sagst. Das ist weise. Jesus forderte potenzielle Schüler auf, sich ihm nicht anzuschließen, ehe sie »nicht die Kosten berechnet hab(en)« (Lukas14,28).

Vielleicht bist du auch bereits Christ, aber in deinem Herzen wächst der Wunsch, deinen Glauben ernster zu nehmen – ganz neu bei Jesus in die Lehre zu gehen. Aktiv daran zu arbeiten, dass du geistliches Wachstum erlebst, statt nur darauf zu warten, was sich eben zufällig so ergibt.

Oder du bist schon sehr lange mit Jesus unterwegs, aber du trittst inzwischen irgendwie auf der Stelle. Du steckst fest und sehnst dich danach weiterzukommen, Heilung auf einer tieferen Ebene zu erfahren. Du willst die Diskrepanz zwischen deinem Leben und dem Leben von Jesus, dem »wahren Leben«[9], verkleinern oder ganz überwinden. Mit anderen – etwas frommeren – Worten ausgedrückt: Du willst Jesus ähnlicher werden.

Wer du auch bist und was immer dich dazu veranlasst hat, dieses Buch zu lesen, willkommen. Ich freue mich, dass du hier mit mir unterwegs bist.

Ich sehe mich als Jesus-Schüler, und ich habe den größten Teil meines Lebens damit verbracht herauszufinden, wie es im postchristlichen Westen dieser Welt aussehen kann, von Jesus zu lernen. Dabei bin ich zu der Überzeugung gelangt, dass es eine Lebensweise gibt, die von Jesus selbst festgelegt wurde, und dass es zu dem Leben, nach dem wir alle uns sehnen, führt, wenn wir uns diesem besonderen Lebensstil – und letztlich Jesus – hingeben.

Dieses Buch ist das Ergebnis von jahrzehntelangen Erfahrungen, von Versuch und Irrtum, von mehr Misserfolgen als Erfolgen und von einer Menge Lektionen, die ich in der Schule der harten (Rück-)Schläge gelernt habe. Aber die folgenden Seiten sollen kein dicker Wälzer sein, der in den Regalen irgendwelcher Bibliotheken verstaubt. Sie sind vielmehr eine Erkundung und Erläuterung dessen, was ich für drei der wichtigsten Worte halte, die jemals in den langen Annalen der Menschheitsgeschichte gesprochen wurden:

»Komm, folge mir.«[10]

Entgegen der landläufigen Meinung hat Jesus die Menschen nicht dazu aufgefordert, zur christlichen Religion zu konvertieren. Er hat die Menschen noch nicht einmal dazu aufgerufen, Christen zu werden. Wozu er Menschen eingeladen hat, war, eine Ausbildung bei ihm zu machen, bei der sie eine ganz neue Lebensweise lernen konnten.

Jesus lädt Menschen ein, sich zu verändern – oder, besser gesagt, sich verändern zu lassen.

Meine These ist einfach: Veränderung ist möglich, wenn wir bereit sind, unser Leben nach den Praktiken, Rhythmen und Wahrheiten auszurichten, die Jesus selbst vorgelebt hat und die unser Leben öffnen werden für Gottes Macht, Veränderung herbeizuführen. Anders ausgedrückt: Wir können verändert werden, wenn wir bereit sind, bei Jesus in die Ausbildung zu gehen. Dann – und nur dann – können wir zu den Menschen werden, zu denen wir bestimmt sind, und das Leben leben, nach dem wir uns zutiefst sehnen.

Unter Christen hören wir ständig, dass wir Jesus »folgen« sollen. Aber was genau bedeutet das?

Es bedeutet, seinen Weg einzuüben – ihn wirklich zu *gehen*.

Practicing the Way, den Weg von Jesus einüben und ausleben – so nennen wir das bei uns in der Gemeinde. Und genau darum geht es auch in diesem Buch: dass wir den Weg, den Jesus uns vorgelebt hat, wirklich praktizieren, nachvollziehen, einüben, selbst gehen.

EINE AUSBILDUNG BEI JESUS

Stell dir Folgendes vor: Dein Name ist Simon. Du bist ein Israelit aus dem ersten Jahrhundert, wahrscheinlich im späten Teenageralter oder Anfang zwanzig. Du betreibst einen kleinen Fischereibetrieb in Galiläa, einem Landstrich im Norden Israels. Dein Leben ist ziemlich genau vorgezeichnet. Du tust, was schon dein Vater getan hat und vor ihm sein Vater. Da du unter römischer Besatzung lebst, gibt es nicht viele Möglichkeiten. Die Devise lautet: Fall nicht auf und zahl deine Steuern.

Eines Tages stehst du zusammen mit deinem Bruder Andreas in eurem Boot. Ihr werft gerade euer Netz aus, als du einen Mann bemerkst, der am Strand auf dich zukommt. Du erkennst sein Gesicht auf Anhieb. Es ist Jesus aus Nazareth, nur ein paar Kilometer entfernt. Alle reden über diesen Mann – er sagt und tut Dinge, die noch kein Rabbi vor ihm gesagt oder getan hat. Niemals.

Da ist er und geht direkt auf dich zu. Du nimmst Blickkontakt auf. Seine Augen funkeln wie Sterne, als läge ein ganzer Kosmos dahinter. Er strahlt Freude aus, aber es gibt keinen Smalltalk: »Kommt mit und folgt mir nach. Ich will euch zeigen, wie man Menschen fischt.«

Du bist absolut fassungslos. Das kann nicht sein. Meint er wirklich dich?

Sofort lässt du das Netz fallen und zerrst Andreas aus dem Boot, der allerdings gar nicht lange überredet werden muss. Ihr lasst alles stehen und liegen und folgt Jesus – überglücklich, in seiner Nähe zu sein.

Oder in den Worten des Jesus-Biografen Markus: »Sofort ließen sie ihre Netze liegen und folgten ihm nach« (Markus 1,18).

Wenn du diese Geschichte schon lange kennst, ist es leicht, zu übersehen, wie bizarr sie für unsere modernen Ohren eigentlich klingt. Was um alles in der Welt bringt Simon dazu, von jetzt auf gleich und ohne Plan ein profitables Geschäft aufzugeben und seine Familie und Freunde zurückzulassen, um einem Mann ohne Einkommen, ohne Organisation und ohne offizielle Position in eine unbekannte Zukunft zu folgen? Dreht er jetzt völlig durch?

Oder übersehen wir etwas?

Jesus war ein Rabbi

Wenn du Simon wärst und Jesus an einem schönen Sabbatmorgen in deine Synagoge käme, um zu predigen, würdest du ihn wahrscheinlich in die Kategorie eines Rabbiners oder Lehrers einordnen.

Der Titel *Rabbi* bedeutet wörtlich »Meister«.[11] Rabbiner waren die geistlichen Meister Israels. Sie waren nicht nur erfahrene Lehrer der Thora, der heiligen Schrift ihrer Zeit, sondern auch leuchtende Vorbilder für das Leben mit Gott. Sie gehörten also zu den wenigen Menschen mit innerer Leuchtkraft.

Jeder Rabbi hatte sein »Joch« – das ist ein Ausdruck für seine Lehren, seine Art, die Heilige Schrift zu lesen, seine Auffassung davon, wie man als Mensch in Gottes guter Welt gedeihen kann, seine Hinweise, wie auch andere ein wenig von dem kosten könnten, was er gekostet hatte.

Rabbiner entstammten den verschiedensten gesellschaftlichen Schichten. Es konnten ehemalige Bauern, Schmiede oder auch Zimmerleute sein.[12] Die meisten lernten viele Jahre lang bei einem Rabbi und begannen dann im Alter von etwa dreißig Jahren, selbst zu lehren und ihre eigenen Schüler zu berufen. Aber es gab keine formale Zertifizierung wie in unserem modernen Bildungssystem.

Autorität funktionierte anders: Ihr Leben und ihre Lehre waren ihr Zeugnis.

Rabbiner reisten umher, und die meisten wurden für ihre Lehre nicht bezahlt. Einige arbeiteten zeitweise in der Landwirtschaft oder in ihren Handwerksbetrieben und reisten dann in der Nebensaison. Sie zogen von Ort zu Ort, lehrten in jeder Synagoge, die sie aufnahm, und waren auf die Gastfreundschaft von Menschen angewiesen, die Jesus als »Söhne des Friedens«[13] bezeichnete. Sie sprachen oft in Gleichnissen und Rätseln. Normalerweise reisten sie mit einer kleinen Gruppe von Schülern und lehrten nicht in einem Klassenzimmer, sondern unter freiem Himmel und auf der Straße – auch nicht nach einem Lehrbuch oder Lehrplan, sondern aus der Thora und der Schule des Lebens.[14]

In den vier Evangelien wird Jesus immer wieder mit dem Titel »Rabbi«[15] oder »Rabbuni«[16] angesprochen, was im antiken Judentum die respektvolle Anrede für geistliche Lehrer war. Die Anrede »Rabbuni«, die von dem gleichbedeutenden hebräischen bzw. aramäischen Wort *rabbŏnî* oder *rabbunî* abgeleitet ist, lässt sich mit »mein Herr«, »mein Meister« oder sogar mit »mein Gebieter« übersetzen. Diese Anrede bringt eine besondere Ehrerbietung, zugleich aber auch die persönliche Beziehung zwischen Lehrling und Meister zum Ausdruck. »Spätere jüdische Schulen unterschieden drei Stufen der Ehrerbietung: Rab, Rabbi und Rabbuni, von denen die letzte Anredeform die höchste war.«[17]

Jesus war kein gewöhnlicher Rabbi.[18] Überall, wo er hinkam, waren die Menschen »tief beeindruckt« (Matthäus 22,33) und »in großer Aufregung« (Markus 9,15). Der Biograf Lukas schreibt: »Alle Anwesenden äußerten sich anerkennend über ihn und wunderten sich zugleich über seine Botschaft von der Gnade« (Lukas 4,22). Bei

Markus heißt es: »Sie waren von seiner Lehre überwältigt, denn er sprach – anders als die Schriftgelehrten – mit Vollmacht« (Markus 1,22). Die Menschen gaben Rückmeldungen wie: »Woher hat er diese Weisheit?« (Matthäus 13,54), und sogar: »Noch nie haben wir einen Menschen so sprechen hören!« (Johannes 7,46).

Dass Jesus ein Rabbi war, ist genauso wichtig, wie dass Jesus Jude war – eine Wahrheit, die viele Menschen vergessen. Aber leider nehmen nur sehr wenige Menschen – darunter auch viele Christen – Jesus als geistlichen Lehrer ernst.

Für manche ist Jesus so etwas wie eine geisterhafte Erscheinung, die spätere Generationen zu einer verschwommenen Art von Wohlwollen inspirieren sollte. Für andere ist er ein sozialer Revolutionär: »Widerstand! Faust hoch gegen das römische Imperium damals und alle Imperien heute.« Und für viele westliche Christen ist er das Ausführungsorgan einer bestimmten Sühnetheorie, als wäre er einzig und allein dafür gekommen, um zu sterben, nicht, um zu leben.

Das führt dazu, dass viele Christen Jesus nicht für besonders smart halten. Heilig, sicher. Freundlich, ja. Sogar göttlich. Aber schlau? Nicht wirklich.

Immer mehr Menschen, die sich selbst als Christen bezeichnen, würden Jesus in entscheidenden Punkten, wie Menschen sich am besten entfalten können, nicht zustimmen. Sie würden eher einem Politiker, einem Star oder einem abtrünnigen Pastor vertrauen als dem Lehrer Jesus und den Schülern, die direkt bei ihm in die Lehre gegangen sind. Sie kämen nie auf die Idee, Jesus zu den drängenden Fragen unserer Zeit zu befragen: Politik, Gerechtigkeit zwischen den Ethnien, Sexualität, Gender, psychische Gesundheit und so weiter. Wie Dallas Willard sagte: »Der Grund dafür, dass Tausende von bekennenden Christen ihren Herrn links liegen lassen und in den Tag hinein leben, ist offensichtlich ein Mangel an Respekt und Ehrfurcht.«[19]

Aber Jesus zu respektieren und eine gewisse Ehrfurcht ihm gegenüber zu empfinden, ist entscheidend wichtig, wenn wir davon ausgehen, dass »nachfolgen« bedeutet, Jesus zu vertrauen, dass er dich zu dem Leben führt, nach dem du dich sehnst. Denn es ist nun mal sehr schwer, wenn nicht sogar unmöglich, dein Leben jemandem anzuvertrauen, den du nicht respektierst.

Aber was, wenn Jesus intelligenter war und ist als jeder andere Lehrer in der Geschichte? Schlauer als Stephen Hawking oder Karl Marx oder Buddha? Was, wenn er ein genialer Weiser war, dessen Einsichten in das, was Menschsein ausmacht, auch zwei Jahrtausende später noch unerreicht sind? Was, wenn Jesus einfach alle anderen weit übertrifft?

Das könnte jemand sein, dem du dein Vertrauen schenken kannst. Oder?

Wenn wir Jesus einen brillanten Rabbi nennen, heißt das natürlich nicht, dass er nur ein brillanter Rabbi war. Auf dem Schild, das über seinem Kopf hing, als er gekreuzigt wurde, stand »König der Juden«, nicht »Guru«. Es sagt viel über Jesus aus, dass seine Feinde ihn als politische Bedrohung ansahen.

Der Messias als Rabbi war in der Kultur der damaligen Zeit absolut stimmig. Mose, die große historische Lichtgestalt des jüdischen Volkes, wurde *Moshe Rabbenu*, »Mose, unser Rabbi«, und Israels großer Lehrer genannt. Die Israeliten des ersten Jahrhunderts warteten auf einen neuen Mose, der einen neuen Exodus aus dem Römischen Reich anführen sollte – eine Figur, die sie Messias zu nennen begannen. Einige erwarteten, dass der lang erwartete Messias als Krieger oder militärischer Führer erscheinen würde, aber viele erwarteten, dass er als großer Lehrer kommen würde. So stellen zwei Bibelwissenschaftler fest: »Das jüdische Volk glaubte, dass es die höchste Errungenschaft des Lebens sei, ein großer Gelehrter der Heiligen Schrift zu werden. In einer solchen Kultur war es nur logisch, dass der Messias der größte unter allen Lehrern sein sollte. Kein Wunder, dass Jesus ein jüdischer Rabbi wurde.«[20]

Aber wir Christen glauben, dass er noch mehr war als der Messias. Jesus stellte Behauptungen auf, die kein jüdischer König je zu äußern gewagt hätte – Behauptungen, die ihm Anklagen wegen Gotteslästerung einbrachten, ein Kapitalverbrechen in seiner Welt. Einer seiner Kritiker drückte es so aus: »Nicht wegen einer guten Tat wollen wir dich steinigen, sondern wegen Gotteslästerung, weil du, obwohl nur Mensch, dich zu Gott gemacht hast.«[21]

Aber zu sagen, dass Jesus mehr als nur ein Rabbi oder sogar der Messias war, bedeutet nicht, dass er weniger war als ein brillanter, provokanter, weiser spiritueller Meister, der wusste, wie man in der Welt unseres himmlischen Vaters lebt und gedeiht.

Er war ein Rabbi. Und wie die meisten Rabbis seiner Zeit hatte auch Jesus einige Jünger …

Drei Ziele eines Lehrlings

Auch wenn das viele glauben, hat Jesus die Jüngerschaft nicht erfunden. Rabbiner mit einer kleinen Schar von Jüngern sah man zur damaligen Zeit regelmäßig in Galiläa. Nur ein paar Jahre vor Jesus hatte Rabbi Hillel achtzig Jünger berufen. Rabbi Akiva – ein berühmter Lehrer, der ein paar Jahrzehnte nach Jesus lebte – hatte nur fünf, aber es heißt, dass ihm Tausende in Israel »folgten«. Im

Neuen Testament selbst wird erwähnt, dass Johannes der Täufer Jünger hatte, ebenso die Pharisäer. Der Apostel Paulus war früher Jünger eines landesweit bekannten Rabbiners namens Gamaliel gewesen. Die Jüngerschaft – oder, wie ich es ab jetzt nennen werde, die Ausbildung oder Lehre bei einem Rabbi – war die Spitze des jüdischen Bildungssystems im ersten Jahrhundert, ähnlich wie ein Doktoranden- oder Graduiertenprogramm heute.

Das heißt, um zu verstehen, was es bedeutet, ein Jünger von Jesus zu sein, müssen wir zuerst das jüdische Bildungssystem verstehen. Keine Sorge, ich verspreche, mich kurz zu fassen.

Jüdische Kinder wurden im Alter von etwa fünf Jahren im örtlichen *bet sefer* (»Haus des Buches«) eingeschult, was unserer heutigen Grundschule entsprach. Normalerweise war das *bet sefer* an die Synagoge angegliedert und wurde von einem angestellten Schreiber oder Lehrer geleitet. Auf dem Lehrplan stand die Thora, also die fünf Bücher Mose. In der mündlich geprägten Kultur der damaligen Zeit konnten die meisten Kinder die gesamte Thora bereits im Alter von zwölf oder dreizehn Jahren auswendig aufsagen. Damit war für die meisten Kinder die Schulzeit vorbei. Sie lernten und arbeiteten im Familienbetrieb oder halfen in der Landwirtschaft der Familie.

Aber die Besten und Klügsten gingen weiter auf eine zweite Bildungsebene, die *bet midrash* (»Haus des Lernens«) genannt wurde, und setzten ihre Studien fort. Bis zum Alter von siebzehn Jahren hatten sie – jetzt halt dich fest – das gesamte Alte Testament auswendig gelernt.[22]

Damit war für die große Mehrheit die Ausbildung abgeschlossen und es hieß: »Geht nach Hause, zeugt Kinder, betet, dass sie Rabbiner werden, und geht eurem Beruf nach.«[23] Aber die Besten der Besten der Besten bewarben sich, um selbst bei einem Rabbiner eine Ausbildung zu machen. Es war wirklich schwer, da reinzukommen. Diese Ausbildung war das Äquivalent zu den Elite-Unis heute, nur noch exklusiver. Man musste einen Rabbi finden, zu dessen Joch man sich hingezogen fühlte, und dann darum betteln, in seine Schülergruppe aufgenommen zu werden. Der Rabbi hat einen auf Herz und Nieren geprüft: »Wie gut kennst du die Thora?« – »Wie verstehst du die Nephilim in 1. Mose 6?« – »Bist du bei 5. Mose 24 auf der Seite von Hillel oder Schammai?« – »Wie oft betest du?«

Und für den Fall, dass der Rabbi der Meinung war, man hätte die nötige Intelligenz, Arbeitsmoral und Chuzpe, eines Tages selbst Rabbiner zu werden, hätte er so etwas gesagt wie: »Komm, folge mir nach.«[24] Oder anders ausgedrückt: »Komm, geh bei mir in die Ausbildung.«

Angenommen, du hättest zu den wenigen Glücklichen gehört, die bei einem Rabbiner eine Ausbildung machen durften, dann hätte sich von diesem Tag an dein ganzes Leben nach drei Zielen ausgerichtet:

1. Deinen Rabbi ständig zu begleiten.

Jesus selbst lud seine Jünger ein, ihn ständig zu begleiten (Markus 3,14). Du hättest deine Familie, deinen Wohnort und deinen Beruf verlassen und rund um die Uhr an den Fersen deines Rabbis geklebt. Du wärst sein Schüler gewesen, aber der Unterricht hätte nicht jeden Mittwoch von 11 bis 11:50 Uhr stattgefunden, sondern der »Unterricht« wäre das Leben gewesen. Du hättest jeden Moment mit deinem Rabbi verbracht – an seiner Seite geschlafen, an seinem Tisch gegessen, zu seinen Füßen gesessen – und am Ende, nach langen Stunden, in denen du von Ort zu Ort hinter ihm hergelaufen wärst, hätte sein Staub dich ganz bedeckt. Jeden Tag. Den ganzen Tag.

2. So zu werden wie dein Rabbi.

Jesus sagte einmal: »Ein Schüler ist nicht besser als sein Lehrer. Aber der Schüler, der hart arbeitet, kann werden wie sein Lehrer« (Lukas 6,40).

Das wäre das Herzstück deiner Ausbildung gewesen: mit deinem Meister zusammen zu sein, einzig und allein, um ihm möglichst ähnlich zu werden. Du hättest seinen Tonfall, seine Eigenheiten, seine Redensarten kopiert, um so zu sein wie er. Und dein drittes Ziel wäre gewesen:

3. So zu handeln wie dein Rabbi.

Der Sinn einer solchen Ausbildung bei einem Rabbi bestand darin, eines Tages selbst Rabbiner zu werden. Falls du die Herausforderung dieser Ausbildung bestanden hättest – und das war ein sehr großes »Falls« –, wäre dein Rabbi irgendwann auf dich zugekommen und hätte etwas gesagt wie: »Okay, Junge, ich gebe dir meinen Segen. Geh und bilde nun selbst Schüler aus.«

Das war es, was es bedeutete, Schüler eines Rabbis zu sein.

Und genau das bedeutet es auch heute noch.

Das Problem ist nur: Das ist nicht, was die meisten Christen heute darunter verstehen, Schüler von Jesus zu sein. Oder sagen wir: was sie unter Jüngerschaft verstehen. Doch wenn wir uns das Modell von Jesus ansehen, ob im Israel des 1. oder im Amerika des 21. Jahrhunderts oder wo immer du das hier liest, ist die Bedeutung von Jüngerschaft ganz klar: Jesus nachzufolgen bedeutet, sein Lehrling zu werden. Es bedeutet, dein ganzes Leben auf drei Ziele auszurichten:

- bei Jesus sein,
- wie Jesus werden
- wie Jesus handeln.

Bei Jesus in die Ausbildung zu gehen – also ihm zu folgen –, ist ein lebenslanger Prozess, bei dem wir mit Jesus zusammen sind, um ihm ähnlich zu werden und sein Werk in der Welt fortzuführen. Es ist ein lebenslanger Weg, auf dem es uns allmählich immer mehr gelingt, die Dinge zu sagen und zu tun, die Jesus gesagt und getan hat, weil wir in allen Bereichen unseres Lebens von ihm lernen.

Mit anderen Worten: Jünger zu sein, bedeutet, Lehrling zu sein.

Jünger sind Lehrlinge

Das Problem mit dem Wort »Jünger« ist, dass wir es außerhalb von Kirchenkreisen so gut wie nicht verwenden. Das hebräische Wort ist *talmid* und bezeichnet einfach den »Schüler eines Lehrers oder Philosophen« – nicht nur einen Lernenden, sondern jemanden, der eine bestimmte Lebensweise praktiziert und verkörpert, jemanden, der alles daransetzt, mit seinem Meister zusammen zu sein und ihm ähnlich zu werden.[25]

Es ist nicht so leicht, eine angemessene Übersetzung für *talmid* zu finden, die diese Bedeutungsfacetten gut abbildet. Am ehesten trifft es aus meiner Sicht ein Wort, das ich auch schon auf den letzten Seiten einige Male verwendet habe: Lehrling. Ich finde diesen Begriff sehr hilfreich – auch wenn er ein bisschen veraltet sein mag –, denn er ruft die Vorstellung von einer Art zu lernen wach, die zielgerichtet, im Leben verankert, auf einen Meister ausgerichtet und praxisbezogen ist. Eine Art des Lernens, die ganz anders ist als das schulische Lernen, mit dem ich aufgewachsen bin.

Das Ausbildungsmodell von Jesus ist weit entfernt von unserem westlichen Bildungssystem. Ein Autorengespann hat es so ausgedrückt: »Beim Lernen ging es nicht so sehr darum, Daten und Fakten zu behalten, sondern darum, lebenswichtige Weisheiten zu erwerben, indem man sie von den Menschen im eigenen Umfeld aufnahm. Das war … die antike Methode, mit der Rabbiner ihre *talmidim* oder Jünger ausbildeten.«[26] Jesus nachzufolgen bedeutete also, ihn zu begleiten, und das in einer Haltung des Zuhörens, Lernens, Beobachtens, Gehorsams und der Nachahmung.[27]

Bei Jesus in die Ausbildung zu gehen, ist Praxis pur.

Für die ersten Lehrlinge von Jesus ging es nicht darum, eine Prüfung zu bestehen, einen Abschluss zu machen oder ein Zertifikat zu erhalten, das sie sich einrahmen und an die Wand hängen konnten. Es ging darum, die Kunst des Lebens in Gottes guter Welt zu erlernen, indem sie von Jesus als ihrem Meister lernten, wie sie im Blick auf das Reich Gottes immer weitere Fortschritte machen konnten. Das hatte weniger mit schulischer Büffelei zu tun, sondern war eher wie das Erlernen einer Kampfkunst.

Aber egal, welche Übersetzung du auch wählst – Schüler, Lehrling, Azubi, Praktizierender, Student, Jünger, Nachfolger –, es geht hier immer um einen Weg, für den wir uns freiwillig entscheiden. Warum ist es mir wichtig, das zu betonen? Weil in christlichen Kreisen immer wieder davon gesprochen wird, dass wir »Jünger machen«. Das ist so, als würden wir sagen, dass ein Lehrling jemanden zum Lehrling macht. Aber das ist Sache des Meisters. Er kann einen Menschen, der willig ist, bei ihm eine Ausbildung zu machen, als Lehrling annehmen. Und das Gleiche gilt für unsere Ausbildung bei Jesus. Niemand außer Rabbi Jesus selbst kann uns »zum Lehrling machen«. Und niemand außer dir kann die Entscheidung treffen, die Einladung zu einem Leben als Lehrling von Jesus anzunehmen.

Wenn du dich entscheidest, bei Jesus in die Ausbildung zu gehen – und ich hoffe sehr, dass du das tust –, bedeutet das nichts weniger, als dass dein ganzes Leben ab jetzt auf dieses dreifache Ziel ausgerichtet ist: mit Jesus zusammen zu sein, ihm ähnlich zu werden und zu tun, was er getan hat. Das ist die treibende Leidenschaft deines Lebens. »Der Rest sind nur Details«, wie Einstein sagte.

Tragischerweise ist Lehrling von Jesus zu sein nicht dasselbe, wie Christ zu sein.

Bist du Christ oder bist du ein Lehrling von Jesus?

Das Wort »Christ« wird im Neuen Testament nur dreimal verwendet.

Um diese Tatsache einzuordnen: Das Wort »Jünger« oder »Lehrling« wird in der Bibel 269 Mal verwendet. Das sollte uns nicht überraschen, da das Neue Testament von Lehrlingen von Jesus für Lehrlinge von Jesus geschrieben wurde.[28]

Um das noch einmal herauszustellen:

Christ: 3 Mal.

Lehrling: 269 Mal.

»Christ« bedeutet wörtlich »kleiner Christus« oder »Mini-Messias«, eine sehr schöne Bedeutung. Ursprünglich wurde es jedoch als abwertendes Attribut verwendet, um die Anhänger des »neuen Weges« zu verspotten. Aber im Laufe der Zeit nahmen unsere geistlichen Vorfahren das Schimpfwort an und verwendeten es, um sich selbst als Menschen zu identifizieren, die das Lebensziel verfolgten, Jesus ähnlich zu werden. Ziel #2: Jesus ähnlich zu werden. Alles gut so weit.

Heute transportiert das Wort »Christ« diese Bedeutung für viele nicht mehr. Für die meisten Menschen im Westen ist ein Christ nur jemand, der sich geistig zu den Grundzügen des Christentums bekennt – das Wort »Christentum« kommt in der Heiligen Schrift übrigens nie vor – und gelegentlich in die Kirche geht oder auch nicht.

In seinem Buch *Lincolns Christianity* schreibt Michael Burkhimer über die lang anhaltende Debatte, ob Präsident Lincoln Christ war. John Ortberg bezieht sich wiederum in einem seiner Bücher darauf und stellt fest, dass die Frage von Lincolns Religiosität zu einer Art Rorschachtest geworden ist, der mehr darüber aussagt, was wir glauben, als darüber, was Lincoln glaubte.[29] *Touché.* Burkhimer schreibt, bevor wir über Lincolns Christsein entscheiden können, müssen wir uns erst einmal »der entscheidenden Frage stellen, was es eigentlich bedeutet, Christ zu sein«. Er definiert einen Christen dann als jemanden, der glaubt, dass »Jesus Christus göttlich und eine Person der Trinität ist; dass Christus für die Sünden der Welt gestorben ist und dass der Glaube an diese Lehre notwendig ist, um das Heil zu erlangen«, und fügt an, dies sei »eine Grundlage, die fast jedem geläufig ist«[30].

Nun, ich selbst glaube alles, was hier gesagt wurde – wie so ziemlich alle Anhänger von Jesus überall auf der Welt. Aber was mir an dieser Grundlage, mit der wir fast alle vertraut sind, auffällt, ist, dass sie absolut nichts darüber enthält, dass ein Christ entschlossen sein sollte, Jesus zu folgen und ihm zu gehorchen. Und das sehe ich als Problem.

Warum?

Weil Jesus die Bezeichnung Christ nie verwendet hat. Er sagte: »Wer mein Lehrling sein will ...«, nicht: »Wer bei einem Aufruf seine Hand heben will, um Christ zu werden ...«

Betrachten wir das Problem in Bezug auf mein Land, die Vereinigten Staaten von Amerika.[31] Etwa 63 Prozent der Amerikaner bezeichnen sich selbst als Christen, obwohl diese Zahl stetig sinkt.[32] Der Versuch, den Grad der Spiritualität eines Menschen zu messen, ist schwierig, aber einige Umfragen schätzen die Zahl der Amerikaner, die Jesus wirklich nachfolgen, auf etwa vier Prozent.[33] Also ...

Christen: 63 Prozent.

Lehrlinge: 4 Prozent.

Meine katholischen Freunde unterscheiden zwischen Katholiken und praktizierenden Katholiken. Ersteres ist eher eine kulturelle oder ethnische Kategorie, so wie wenn man aus Italien oder Boston kommt. Letzteres ist ein Maß für geistliches Engagement.

Könnte es für Protestanten in meinem Land an der Zeit sein, liebevoll zwischen Christen und praktizierenden Christen zu unterscheiden? Wie der heilige Maximus im siebten Jahrhundert – einer Zeit, die sich geistlich gesehen von der unseren nicht allzu sehr unterschied – bereits bemerkte: »Jemand, der dem Glauben zustimmt, ist noch kein Jünger.«[34]

Wenn ein Lehrling schlicht jemand ist, dessen höchstes Ziel es ist, mit Jesus zusammen zu sein, um wie er zu werden und um so zu leben, wie Jesus leben würde, wenn er an seiner Stelle wäre, dann ist ein Nicht-Lehrling – egal ob er sich als Atheist, Anhänger einer anderen Religion oder auch als Christ bezeichnet – schlicht jemand, dessen höchstes Ziel im Leben irgendetwas anderes ist.

Das Problem ist, dass wir im Westen ein kulturelles Milieu geschaffen haben, in dem wir Christ sein können, ohne ein Lehrling von Jesus zu sein. Wir haben Nachfolge zu einer Option gemacht.

Vieles, was heute über das Evangelium gepredigt wird, ruft die Menschen nicht zu einem Leben in der Nachfolge von Jesus auf. Jesus in der konkreten Lebenspraxis nachzufolgen, gilt als optional – ein »zweiter Weg« nach der Bekehrung für diejenigen, die weiter gehen wollen. Tragischerweise hat dies zu einer zweigeteilten Kirche geführt, in der ein großer Teil der Menschen, die an Gott glauben und sogar regelmäßig zur Kirche gehen, ihr tägliches Leben nicht im Rahmen einer Ausbildung durch Jesus neu gestalten lassen.[35]

Dieser Gedanke ist den Schriften des Neuen Testaments fremd. In der literarischen Gestaltung der Evangelien gibt es zum Beispiel zwei wiederkehrende Gruppen: die Lehrlinge und die Menge.[36] Zu den Lehrlingen gehören alle, die Jesus folgen – die zwölf Apostel, aber auch noch einige andere, darunter auch Frauen. Die »Menschenmenge« sind einfach alle anderen. Es gibt keine dritte Kategorie von »Christen«, die den meisten Aussagen von Jesus generell zustimmen, ihm aber nicht folgen oder sich ernsthaft bemühen, seine Lehren anzuwenden. Für die aber so weit alles gut ist, weil sie in den Himmel kommen, wenn sie sterben.

Diese scharfe Trennung zwischen den Lehrlingen und der Menge ist ein rhetorisches Mittel, das alle vier Jesus-Biografen verwenden. Die Offenheit des Begriffs Menge ist beabsichtigt. Es ist eine Art, den Leser zu fragen: Zu welcher Gruppe gehörst du? Bist du ein Gesicht in der Menge oder bist du ein Lehrling von Jesus?

Zwei Jahrtausende später ist diese Frage, vor allem im Westen, wichtiger denn je. Ich schiebe das folgende Zitat von Dallas Willard schon seitenlang vor mir her …

> Die größte Herausforderung in der Welt von heute mit all ihren herzzerreißenden Nöten ist also: Sind die, die man »Christen« nennt, bereit, Jünger – Schüler, Lehrlinge, Ausübende – ihres Herrn zu werden? Werden sie sich darauf einlassen, zu lernen, wie man das Leben in Gottes Reich bis in die letzten Winkel der menschlichen Existenz trägt?[37]

Dem kann ich nur voll und ganz zustimmen: Das größte Problem, mit dem die Welt heute konfrontiert ist, sind weder Klimawandel oder Überwachungskapitalismus noch die Menschenrechte oder das Schreckgespenst eines Atomkriegs, so drängend all diese Themen auch sind. Aber kannst du dir vorstellen, wie viele dieser Probleme sich tatsächlich über Nacht lösen würden, wenn die Milliarden Menschen, die sich als Christen bezeichnen, alle bei Jesus in die Ausbildung gehen würden? Wenn ihr Ziel darin bestünde, jede Herausforderung so anzugehen, wie Jesus es tun würde?

Du siehst, Jesus sucht nicht nach Leuten, die zum Christentum konvertieren. Er sucht nach Menschen, die sich darin ausbilden lassen, nach den Regeln seines Reiches zu leben.

Gerettet – aber wozu genau?

Ich bin während einer faszinierenden Zeit in der amerikanischen Kirchengeschichte erwachsen geworden. Jedes Jahr kehren mehr als eine Million Millennials dem Glauben den Rücken. Und von den Millennials, die, wie ich, in evangelikalen Kirchen aufgewachsen sind, gelten nur zehn Prozent als das, was die *Barna Group* als »stabile Jünger« bezeichnet hat – was leider nicht bedeutet, dass sie die nächste Mutter Teresa oder Martin Luther King Jr. sind. Es bedeutet nur, dass sie grundsätzlich Anhänger von Jesus sind.[38]

Puh, gerade mal zehn Prozent! Das ist ein ernstes Problem.

Was aber, wenn diese Krise der Jüngerschaft kein Defekt, sondern ein Merkmal des Evangelikalismus ist? Was, wenn es genau das ist, was wir erwarten sollten, wenn wir bedenken, was viele Menschen unter dem Evangelium verstehen?

Kurzer Ausflug in die Geschichte: Spätestens seit dem Zweiten Weltkrieg wurde das Evangelium in vielen Kreisen so gepredigt, dass man Christ werden konnte, ohne in die Schule von Jesus einzutreten. Wie ich schon erwähnte, war Jüngerschaft im Sinn von »in die Ausbildung gehen« optional – etwas, das man später in Betracht ziehen konnte, wenn man sich dafür interessierte. Viele »Bekehrte« hatten damals das Gefühl, bei der Evangelisation auf eine Art Lockvogeltaktik hereingefallen zu sein: Ursprünglich hatten sie nur das »freie Geschenk des ewigen Lebens« haben wollen. Also hatten sie ihre Hand gehoben und das Übergabegebet gesprochen. Und später wurde ihnen irgendwann gesagt: »Verleugne dich selbst, nimm dein Kreuz auf dich und folge Jesus nach.« Aber dafür hatten sie sich gar nicht gemeldet.

Zwischen Evangelisation und Jüngerschaft klafft eine große Kluft. Auch heute noch. Zumindest in weiten Teilen der westlichen Kirchen.

Warum erzähle ich das? Weil die Art und Weise, wie wir das Evangelium verstehen, der Dreh- und Angelpunkt dafür ist, wie wir unsere Jüngerschaft in Angriff nehmen – oder eben nicht. Ein »Ja zu Jesus« macht noch keinen Lehrling.

Das wirft Fragen darüber auf, wie wir Erlösung verstehen: Wozu oder wofür genau werden wir gerettet? Diese Frage überhaupt zu stellen, kommt in weiten Bereichen der Kirche einer Ketzerei gleich. Aber ich finde sie entscheidend. Denn wenn wir das Evangelium falsch verstehen, verstehen wir auch Jüngerschaft falsch – oder wir verstehen sie überhaupt nicht.

Kleine Vorwarnung: Um meinen Standpunkt[39] zu verdeutlichen, gebe ich im Folgenden überspitzt wieder, was in vielen Kreisen als Evangelium vermittelt wird und was einer meiner Seminarprofessoren als das »Evangelium nach Johannes 3,16«[40] bezeichnet hat:

> Du bist ein Sünder, der in die Hölle kommt.
> Gott liebt dich.
> Jesus ist am Kreuz für deine Sünden gestorben.
> Wenn du an ihn glaubst, kannst du in den Himmel kommen, wenn du stirbst.

Nun könnte ich viel über dieses »Evangelium nach Johannes 3,16« sagen – nämlich dass es überhaupt nicht nach der Botschaft klingt, die Jesus selbst gepredigt hat. Und dass alles darin biblisch ist, auch wenn es dringend einer Nuancierung bedarf. Alles, was es enthält, glaube ich. Nichts davon ist unwahr. Aber es ist unvollständig. Denn es lässt ganze Teile der Wahrheit aus, die wirklich wichtig sind. Es kommt einfach nicht an das vollständige Bild der Erlösung heran, das wir in der Verkündigung von Jesus oder in den Schriften des Neuen Testaments finden. Und diese Botschaft hat eine Art von Erlösung durch minimale Zugangsvoraussetzungen[41] geschaffen.

Wie du dir vielleicht vorstellen kannst, gibt es ernsthafte Probleme mit dieser Auffassung von Erlösung. Denn die Bibel gibt uns keine Garantie dafür, dass wir in den Himmel kommen, wenn wir sterben, nur weil wir uns Christen nennen. Jesus hat uns gewarnt: »Auch wenn sie ›Herr‹ zu mir sagen, heißt das noch lange nicht, dass sie ins Himmelreich kommen. Entscheidend ist, ob sie meinem Vater im Himmel gehorchen« (Matthäus 7,21).

Selbst wenn es möglich sein sollte, das ewige Leben zu bekommen, obwohl wir Christen, aber keine Lehrlinge von Jesus sind – ich habe großes Vertrauen in Gottes Barmherzigkeit –, bleiben wir in einem selbstzerstörerischen Kreislauf aus Sünde und Scham gefangen. Und wir erleben nie, wie es ist, mit Gott zu leben und zu einem Menschen geformt zu werden, der es versteht zu lieben – wonach wir uns letztlich alle mit jeder Faser unseres Seins sehnen.

In der westlichen Kirche wird viel über die Vergebung der Sünden gesprochen, was grundsätzlich gut ist. Die Sünde ist, wie wir auf den nächsten Seiten herausfinden werden, das größte Hindernis auf dem Weg dahin, ein Mensch zu werden, der wahrhaft liebt. Aber was ist Sünde? Regelmäßig wird uns gesagt, dass das Wort Sünde – griechisch *hamartia* – »das Ziel verfehlen« bedeutet.[42] Das stimmt. Aber das wirft die Frage auf: Was ist das Ziel?

Ist das Ziel moralische Vollkommenheit? Ein Konto voller Pluspunkte vor dem Jüngsten Gericht? Besteht das Ziel darin, gegen keines der biblischen Gebote zu verstoßen?

Was, wenn das Ziel die Vereinigung mit Gott ist?

Was, wenn es die Heilung deiner Seele durch die Teilhabe am inneren Leben der Dreifaltigkeit ist?

Was, wenn es die Adoption in die neue multiethnische Familie des Vaters durch das rettende Handeln seines Sohnes Jesus ist?

Was, wenn es darum geht, ein Mensch zu werden, der so sehr von Liebe, Weisheit und Stärke durchdrungen ist, dass er die Fähigkeit entwickelt, schließlich mit Jesus über den gesamten Kosmos zu herrschen?

Wenn all das zum Ziel gehört, dann ist das oben von mir skizzierte verkürzte Evangelium eine unzureichende Grundlage, um darauf ein Leben in der Lehre von Jesus zu gründen. Ein Leben, das eine tiefe innere Heilung und eine umfassende Transformation von Körper und Seele fördert.

Und hier kommt der fatale Fehler: Diese Version des Evangeliums enthält keine Aufforderung, bei Jesus in die Ausbildung zu gehen. Normalerweise verlangt es von dir, dass du ein Übergabegebet sprichst, an eine Reihe von Lehren über Gott glaubst und in die Kirche gehst, damit du eben in den Himmel kommst, wenn du stirbst. Aber in seiner bizarren Verkürzung schließt es nicht unbedingt mit ein, dass du dein Leben im Hier und Jetzt als jemand lebst, der bei Jesus in der Ausbildung ist.

Wenn Jesus sagt, er sei »gekommen, um Verlorene zu suchen und zu retten« (Lukas 19,10), ist diese Verkürzung die Rettung, die er im Sinn hatte?

Schon eine flüchtige Lektüre der Evangelien könnte uns darauf hinweisen, dass wir gewaltig unterschätzen, was Jesus mit uns vorhat: Für Jesus geht es in der Erlösung, die er bringt, weniger darum, uns in den Himmel zu bringen, sondern vielmehr darum, den Himmel in uns hineinzubringen.

Es geht nicht nur darum, dass er Mensch wird so wie wir, sondern auch darum, dass wir so werden wie er.

Es geht weniger um eine Transaktion als vielmehr um eine Transformation.

Es geht nicht nur darum, was er für uns getan hat, sondern auch darum, was er in uns getan hat, tut und noch tun wird, wenn wir bei ihm in die Ausbildung gehen. Es geht darum, ein Mensch zu sein, der nicht nur von Gott geliebt wird, sondern auch von der Liebe zu Gott erfüllt ist. Es geht nicht nur darum, das Verdienst seines Todes anzunehmen, sondern auch die Kraft seiner Auferstehung zu empfangen. Und es geht nicht nur um dich und mich als Individuen, sondern auch um die Herausbildung einer ganz neuen Menschheit und die Heilung des gesamten Kosmos.

Aber das Hauptproblem bei diesem verkürzten Evangelium ist, dass es einfach nicht nach der Botschaft klingt, die Jesus gepredigt hat. Hören wir uns die Zusammenfassung des Evangeliums, das Jesus gepredigt hat, an, wie Markus es wiedergibt:

> »Jetzt ist die Zeit gekommen«, verkündete er. »Das Reich Gottes ist nahe! Kehrt euch ab von euren Sünden und glaubt an diese gute Botschaft!«
> *Markus 1,15*

Das Evangelium von Jesus war, dass Israels lange Geschichte in ihm ihren Höhepunkt erreicht hatte – dass er gekommen war, um Himmel und Erde wieder zu vereinen und das Reich Gottes einzuläuten: eine von Gott durchtränkte Gesellschaft des Friedens, der Gerechtigkeit und der Liebe. Die zentrale Botschaft von Jesus war, dass dieses hereinbrechende Reich jetzt zugänglich ist, für alle. Dass alle Menschen, egal, wer wir sind, woher wir kommen oder welchen Stand wir im Leben haben, in dieses Reich eintreten und »selig« oder »glücklich« sein können. Wir können diese neue Art von Leben haben, wenn wir unser ganzes Leben lang auf Jesus vertrauen.

Hast du das Evangelium bisher so verstanden?

Im Evangelium von Jesus ist die Aufforderung, ein Lehrling zu werden, absolut folgerichtig.

Jesus sagt, das Reich Gottes ist nahe. Aber es ist kein Reich mit Grenzen und Pässen, sondern »den Klugen und Gebildeten verborgen« (Matthäus 11,25; HFA). Dementsprechend ist es sinnvoll, dass wir eine gründliche Ausbildung darin brauchen, wie wir Zugang zu dieser außergewöhnlichen neuen Gesellschaft bekommen und in das innere Leben Gottes eintreten, das uns durch Jesus zugänglich gemacht wurde. Wir benötigen Zugang zu einer neuen Kraft, um unsere alten Lebensgewohnheiten – die zum Reich dieser Welt gehören – abzulegen und zu dem zu werden, was wir schon immer sein sollten: Menschen von Gottes Reich. Wir müssen von dem absolut Besten lernen – von Jesus selbst. Kurz gesagt, wir müssen bei ihm in die Lehre gehen wollen.

Eine Möglichkeit, die Wahrhaftigkeit deines Evangeliums zu beurteilen, ist dieser einfache Test: Würde jemand, der dein Evangelium hört, ganz von selbst zu dem Schluss kommen, dass die einzig angemessene Reaktion darauf ist, bei Jesus in die Ausbildung zu gehen?

Viel ist in den letzten Jahrzehnten über den Aufstieg des Konsumchristentums gesagt worden, viel weniger allerdings über seinen möglichen Zusammenhang mit der Art und Weise, wie das Evangelium gepredigt wurde und wird. Das Verhältnis mancher westlicher Christen zum Evangelium ist passiv. Oft hören wir: »Es geht nicht darum, was du tust, sondern darum, was Jesus für dich getan hat.« Aber das ist eine falsche Alternative. Solche Formulierungen werden von keinem Autor des Neuen Testaments verwendet. Es hat den Anschein, dass die moderne westliche Kirche manchmal mehr darauf bedacht ist, die sogenannte »Werkgerechtigkeit« zu vermeiden, als die Sünde zu meiden.

Natürlich sind die Evangelien voll von Geschichten über Barmherzigkeit. In den Gleichnissen von Jesus sind wir der Knecht, dem der König seine Milliardenschulden vergibt, der verlorene Sohn, der mit einem Festmahl empfangen wird, nachdem er das Erbe seines Vaters verprasst hat, und der Bettler vor dem Tor, der als Ehrengast an Abrahams Tisch sitzt. Es war und ist immer Gnade, reine Gnade.

Und trotzdem ist Jesus nicht herumgezogen und hat gegen eigenes Bemühen gewettert. Wie heißt es doch bei Willard so treffend: »Gnade verträgt sich nicht mit dem Ansatz, sich alles verdienen zu wollen – sehr wohl aber mit aktivem Einsatz. Das Schielen auf den eigenen Verdienst ist eine Lebenseinstellung. Aktives Engagement dagegen ist praktisches Handeln.«[43] Das sollten wir nicht verwechseln.

Jesus beendete die Bergpredigt mit diesen berühmten Worten:

> Wer auf mich hört und nicht danach handelt, ist ein Dummkopf; er ist wie ein Mann, der ein Haus auf Sand baut. Wenn der Regen und das Hochwasser kommen und die Stürme an diesem Haus rütteln, wird es mit Getöse einstürzen.
> *Matthäus 7,26-27*

Kannst du dir vorstellen, dass Jesus im nächsten Satz hinzufügt: »Aber keine Sorge, ich werde das alles für dich übernehmen. Du brauchst nichts zu tun, denn das wäre Werkgerechtigkeit und die ist schlecht«?

Es ist für mich unvorstellbar, dass Jesus jemals so etwas sagen würde. Traurigerweise produziert dieses tragische Missverständnis der Erlösung eher »Konsumenten eines Heils, das Jesus erworben hat«[44] als Lehrlinge seines Weges.

Ein Lebensstil

Der ursprüngliche Name für die Gemeinschaft der Lehrlinge von Jesus war »der Weg« oder »die Anhänger des Weges«, wie unter anderem folgende Bibelstellen zeigen:

> Er bat ihn um Briefe an die Synagogen in Damaskus, dass er, wenn er Anhänger dieses neuen Weges dort finde – Männer und auch Frauen –, sie gefesselt nach Jerusalem bringen solle.
> *Apostelgeschichte 9,2; ZB*

> Zu jener Zeit nun kam es wegen des neuen Weges zu heftigen Unruhen.
> *Apostelgeschichte 19,23; ZB*

> Dies allerdings bekenne ich vor dir, dass ich dem Gott meiner Väter nach dem neuen Weg – den sie eine Sekte nennen – diene …
> *Apostelgeschichte 24,14; ZB*

Das sind nur ein paar Beispiele. Das griechische Wort für »Weg« ist *hodos*. Dieses Wort bedeutet wörtlich »Straße« oder »Weg«, aber Jesus benutzte es als Metapher für die Ausbildung bei ihm.

In diesem Wortbild steckt eine einfache, aber revolutionäre Idee: Der Weg von Jesus ist nicht nur eine Theologie – eine Reihe von Ideen, die wir in unserem Kopf glauben. Das ist er auch, aber er ist noch mehr. Bei diesem Weg geht es auch nicht nur um Ethik – eine Liste von Geboten und Verboten, die wir befolgen oder nicht befolgen. Das ist er auch, aber er ist noch mehr. Der Weg von Jesus ist genau das, wonach er klingt: eine bestimmte Art, durchs Leben zu gehen – eine Lebensweise, ein Lebensstil.

Wir könnten die Aufforderung von Jesus »Folge mir nach!« auch so umschreiben: »Nimm meine gesamte Lebensweise an, um das Leben zu erfahren, das ich dir anbiete.«

Ich bin begeistert von dem folgenden Satz des griechisch-orthodoxen Bischofs Kallistos Ware:

> Das Christentum ist mehr als eine Theorie über das Universum, mehr als auf Papier niedergeschriebene Lehren; es ist ein Weg, auf dem wir reisen – im tiefsten und reichsten Sinne *die* Lebensweise.[45]

In der Kirche wird oft viel darüber geredet, was wir glauben sollen und was richtig oder falsch ist – und dagegen will ich auch gar nichts sagen. Aber wir erfahren so wenig über einen Lebensstil, der dem Leben mit Gott förderlich ist. Dabei ist ein solcher Lebensstil der Dreh- und Angelpunkt unseres Glaubens.

Jesus hat den berühmten Satz gesagt:

> Ich bin der Weg, die Wahrheit und das Leben.
> *Johannes 14,6*

Viele Menschen missverstehen diese Worte als Aussage darüber, wer in den Himmel kommt und wer in die Hölle, aber das ist vermutlich nicht das, was Jesus meinte. Viel wahrscheinlicher wollte er damit sagen, dass die Verbindung seiner Wahrheit und seines Weges – also seiner Lehre und seines Lebensstils – der Schlüssel ist zu jenem Leben mit Gott, das er uns anbietet.

Der Pastor Eugene Peterson sagte einmal: »Der Weg Jesu, verbunden mit der Wahrheit Jesu, bringt das Leben Jesu hervor.« Daraus schloss er: »Jesus als Wahrheit bekommt viel mehr Aufmerksamkeit als Jesus als Weg. Jesus als Weg ist die am häufigsten umgangene Metapher unter den Christen, mit denen ich in fünfzig Jahren als nordamerikanischer Pastor gearbeitet habe.«[46]

Es gibt eine Lebensweise – von Jesus höchstpersönlich vorgelebt –, die weit über alles hinausgeht, was diese Welt zu bieten hat. Sie kann uns für Gottes Gegenwart und Macht in einer Weise öffnen, von der die meisten Menschen nur träumen. Aber dafür müssen wir einem Weg folgen, den Jesus selbst für jeden von uns vorgezeichnet hat. Jesus sagte auch:

> Geht durch das enge Tor! Denn das Tor zum Verderben ist breit und der Weg [*hodos*] dorthin bequem. Viele Menschen gehen ihn. Aber das Tor, das zum Leben führt, ist eng und der Weg [*hodos*] dorthin schmal! Deshalb finden ihn nur wenige.
> *Matthäus 7,13-14; HFA*

Eine gängige Interpretation dieses Satzes ist, dass nur einige wenige Menschen in den Himmel kommen, wenn sie sterben, und dass alle anderen in Richtung ewige Folterkammer unterwegs sind. Hier kommt eine andere Interpretation, die ich überzeugender finde:

Der Weg von Jesus ist »schmal«, das heißt, er ist eine ganz bestimmte Lebensweise. Und wenn du diesem Weg folgst, wird er dich zum Leben führen, sowohl in diesem als auch im kommenden Zeitalter.

Der »bequeme« Weg ist der Weg der Mehrheitskultur, und er ist ebenso einfach wie krass: »Folge der Menge und mach, was du willst.« Milliarden von Menschen leben auf diese Weise, aber das führt sie nicht zum echten Leben – und oft sogar ins Verderben. Dieser Weg bewirkt häufig, dass Menschen abstürzen. Sie entdecken nie die in ihnen angelegten Möglichkeiten und können ihr Potenzial nicht voll entfalten. Sie verpassen das, was Jesus »ewiges Leben« nannte.

»Ewiges Leben« beschreibt nicht nur die Quantität, sondern auch die Qualität des Lebens.

Dieses ewige Leben ist durch die Gemeinschaft mit Gott möglich und meint eine neue Weise, wie wir Mensch sein können. Es beginnt jetzt und erstreckt sich über den Horizont des Todes hinaus bis in die Ewigkeit. Jesus hat dieses Leben jedem angeboten, der ihm folgen wollte: »Ich aber bin gekommen, um ihnen das Leben in ganzer Fülle zu schenken« (Johannes 10,10) – so viel Leben, dass unser »Becher bis zum Überfließen« gefüllt ist (Psalm 23,5; NGÜ).

Ich habe den Eindruck, dass es fast immer eine Minderheit ist, die dieser Einladung von Jesus folgt. Eigentlich seltsam. Denn dieses überwältigende Angebot des Lebens steht allen offen. Auch dir.

Wer ist »wer«?

Jesus stand immer wieder vor großen Menschenmengen und sprach diese Einladung aus:

> Wer mein Jünger sein will, darf nicht mehr sich selbst in den Mittelpunkt stellen, sondern muss sein Kreuz täglich auf sich nehmen und mir nachfolgen.
>
> *Lukas 9,23; HFA*

Beachten wir das erste Wort: *wer*. Das hätte die Zuhörer von Jesus elektrisiert. Weiter oben habe ich gesagt, dass nur die Besten der Besten *der Besten* bei einem Rabbi in die Ausbildung gehen durften. Wie eine Eliteuniversität waren die Rabbiner sehr wählerisch, wen sie als Schüler akzeptierten, denn die Qualität der Schüler sagte etwas aus über die Qualität des Lehrers. In der Regel riskierte ein Rabbiner *nie* eine Ablehnung, sondern er war derjenige, der Ablehnungen aussprach.

Nicht so Rabbi Jesus. Er sagt: »Wer …«

Bei ihm bedeutete dieses »wer« einfach »wer auch immer«: Fischer, Zelot, Zöllner, sogar Verräter. Thora-Anhänger oder Prostituierte. Religiöser Fanatiker oder Ehebrecher. Intellektuelle Elite oder blinder Bettler am Straßenrand. Jesus lud alle ein, bei ihm in die Lehre zu gehen und das Leben in Gottes Reich zu lernen.

Und daran hat sich im Lauf der Zeit nichts geändert: Wir sind immer noch alle eingeladen, egal, wer wir sind oder was wir getan haben. Unterdrückte oder Unterdrücker. Aufsteiger oder Sozialhilfeempfänger. Universalgenie oder Schulabbrecher. Gesundheitsfanatiker oder Suchtkranker. Psychisch gesund oder angeschlagen. Sexuell abstinent oder promiskuitiv. Verheiratet, geschieden oder mehrmals geschieden. Superfromm oder aus der Kirche ausgetreten. Voller Glauben oder von Zweifeln geplagt.

Und jetzt sind wir endlich bereit, zu der Frage zurückzukehren, mit der wir gestartet haben: Was würde einen Simon dazu bringen, seine Netze am Strand liegen zu lassen, seinen Beruf aufzugeben und sich Jesus anzuschließen – und das von jetzt auf gleich?

Auf diese Frage hätte Simon wohl geantwortet: »Soll das ein Witz sein? Eine solche Chance krieg ich nur einmal im Leben!«

Ich will es mal mit einem – zugegebenermaßen etwas konstruierten – Vergleich aus unserer Zeit versuchen: Stell dir vor, du bist Schulversager, hast aber immer davon geträumt, Professor zu werden. Du wolltest unbedingt aufs College gehen, aber du hattest nicht die Voraussetzungen dafür. Jetzt stell dir vor, du arbeitest ohne große Perspektiven irgendwo in der Gastronomie: niedriger Stundenlohn und lange, eintönige Arbeitstage. Eines Tages stehst du hinterm Tresen und schaust auf die Uhr, als plötzlich ein weltberühmter Professor von einer angesehenen Universität durch die Tür kommt. Aus irgendeinem Grund findet er etwas an dir und sagt: »Wenn du jetzt mit mir mitkommst, kannst du bei mir studieren. Ich gebe dir ein Vollstipendium. Du kannst bei mir wohnen und bei mir lernen. Ich werde dir alles beibringen, was ich weiß, und dir Zugang zu all meinen Ressourcen geben. Ich glaube, dass du die Fähigkeit hast, eines Tages das zu tun, was ich tue. Es wird das Schwerste sein, was du je getan hast, aber es wird sich für dich in einer Weise auszahlen, die du dir nicht im Entferntesten vorstellen kannst. Aber du musst jetzt mit mir kommen.«

Was würdest du tun? Was wohl jeder, der bei Verstand ist, tun würde: deine Schürze auf den Boden werfen, einen kleinen Freudentanz aufführen und hinter ihm aus der Tür stürmen.

Simon und Andreas waren Fischer. Machen wir uns kurz klar: Das bedeutet, dass sie es nicht in ein höheres Ausbildungsprogramm geschafft hatten. Sie waren nicht die Besten der Besten der Besten, sondern diejenigen, die nach Hause geschickt wurden, um »Kinder zu zeugen und zu beten, dass sie einmal Rabbiner werden«.

Aber Jesus lud sie ein, bei ihm in die Ausbildung zu gehen. Bevor die Jünger an Jesus glaubten, glaubte er an sie. Und das gilt auch nach 2 000 Jahren noch: Bevor wir an Jesus glaubten, glaubte er schon an uns.

Ich habe nie einen Anlauf genommen, Alexandre Dumas' 1 600 Seiten langen Roman *Der Graf von Monte Cristo* zu lesen, aber der Film mit Jim Caviezel gehört zu meinen Lieblingsfilmen. Die Hauptfigur, Edmond Dantès, wird von seinem besten Freund verraten und zu Unrecht im Inselgefängnis Château d'If eingekerkert. Er schließt eine unwahrscheinliche Freundschaft mit Abbé Faria, einem Mitgefangenen und Priester. Dantès fühlt sich zu dem Priester hingezogen, aber dessen Glaube an Jesus schreckt ihn ab.

Meine Lieblingsszene im Film ist die, in der Abbé Faria mit seinem letzten Atemzug sagt, dass Dantès den Schatz nicht für seine Rache verwenden soll, weil Gott gesagt hat, dass die Rache sein ist.

»Ich glaube nicht an Gott«, antwortet Dantès.

Dann kommt der unvergessliche Satz des Priesters: »Das spielt keine Rolle. Er glaubt an dich.«

Wir sprechen viel über die Aufforderung, an Jesus zu glauben – unser Vertrauen auf ihn zu setzen, damit er uns zum Leben führt. Das ist gut und richtig. Aber es muss auch gesagt werden, dass Jesus an jeden von uns glaubt. Er glaubt, dass du sein Lehrling werden kannst. Dass du ihm so, wie du bist, in Gottes Reich folgen kannst, in ein Leben, das deine tiefsten Sehnsüchte stillt. Er glaubt, dass du unter dem liebevollen Blick des Vaters leben kannst. Sogar, dass du zu einem Menschen werden kannst, der wie der Vater ist: liebevoll und voller Freude, Frieden, Geduld und Freundlichkeit.

Du kannst zu einem Menschen werden, der selbst in Zeiten großen Leids glücklich sein kann. Zu einem Menschen, der keine Angst vor dem Leid oder sogar vor dem Tod hat, der frei ist von dem emotionalen Bedürfnis, dass alles so läuft, wie du es dir wünschst. Du kannst deine Bestimmung erfüllen. Du kannst sogar lernen, viele der unglaublichen Dinge zu tun, die Jesus getan hat. Du kannst erleben, dass sich die Zeichen seines Reiches in deinem ganz normalen Leben manifestieren.

Es ist möglich – all das ist möglich.

Aber es ist nicht unvermeidlich.

Es wird nicht einfach aus Versehen passieren. Es gibt keine Zufallsheiligen.

Es reicht nicht, einfach am Ende einer Predigt die Hand zu heben.

Es gibt eine hohe Hürde: Du musst dein ganzes Leben neu ordnen, damit die Ausbildung bei Jesus unangefochten an erster Stelle steht: vor deinem Job, deinem Geld, deinem Ruf – vor allem. Doch all diese Dinge werden ihren angemessenen Platz finden, wenn du sie in dein Leben als Lehrling bei Jesus integrierst.

Dieses Leben kann dein Leben sein.

Alles, was du tun musst, ist, deine Netze loszulassen und zu Jesus aus ganzem Herzen zu sagen: »Rabbuni! Mein Meister!«

ZIEL #1

MIT JESUS ZUSAMMEN SEIN

Vor Jahren war ein Jesuitenpater namens Father Rick so freundlich, mich auf meinem geistlichen Weg zu begleiten. Er war alt und weise und teilte tiefe Erkenntnisse mit mir. Aber woran ich mich aus unseren Begegnungen am deutlichsten erinnere, ist der Frieden, den er ausstrahlte. Wenn ich bei ihm war, spürte ich buchstäblich, wie sich mein Herzschlag verlangsamte, mein Körper zur Ruhe kam und meine Ängste sich auflösten. Es war, als würde er die Atmosphäre im Raum prägen. Und schon die gleiche Luft zu atmen wie er, wirkte irgendwie reinigend auf meine Seele. Das Zusammensein *mit* ihm machte etwas *mit mir*.

Es überrascht nicht, dass Jesus die Ausbildung seiner Lehrlinge mit der Aufforderung begann: »Kommt mit und folgt mir.« Sie sollten ihn einfach auf seinem Weg begleiten.

In Johannes 1 wird berichtet, dass Jesus Andreas und seinen Freund einlud, einfach mitzukommen und zu sehen, wo er wohnt. »Also gingen sie mit Jesus dorthin, wo er wohnte ..., und sie blieben bei ihm bis zum Abend« (Johannes 1,39; HFA).

In Lukas 10,39 lesen wir von einer Schülerin namens Maria. Sie »saß Jesus zu Füßen und hörte ihm aufmerksam zu«[47].

In Markus 3,13 heißt es: Jesus »rief die zu sich, die er bei sich haben wollte. Sie traten zu ihm.« Das dürfte eine Gruppe von Dutzenden oder sogar Hunderten von Jüngern gewesen sein, die viel Zeit mit Jesus verbrachten. Aus dieser größeren Gruppe von Jüngern wählte Jesus zwölf für eine besondere Ausbildung aus, »die ihn ständig begleiten sollten« (Markus 3,14).

Das ist das erste und wichtigste Ziel der Ausbildung bei Jesus: bei ihm zu sein. Jeden wachen Moment damit zu verbringen, sich seiner Gegenwart bewusst zu sein und auf seine Stimme zu hören.

Das Beisammensein mit Jesus zur Grundlage des gesamten Lebens zu machen.

Jesus nachzufolgen, geschieht nicht nach einem Drei-Punkte-Plan: bei ihm sein, ihm ähnlich werden und so weiter. Aber es gibt trotzdem eine Reihenfolge.

Jesus-Nachfolge ist kein Programm, sondern eine Entwicklung.

Zuerst kommst du zu Jesus und bist mit ihm zusammen. Allmählich wirst du ihm *ähnlicher.* Schließlich kannst du nicht mehr anders: Du fängst an, die Dinge zu tun, die er in dieser Welt getan hat.

Wir sehen diese Entwicklung in den Geschichten der ersten Lehrlinge: Sie verbrachten Monate oder sogar Jahre damit, Jesus auf seinen Reisen durchs Land zu begleiten und ihm zu Füßen zu sitzen. Sehr langsam begannen sie, sich zu verändern, und schließlich »sandte er sie mit dem Auftrag aus, allen Menschen vom Kommen des Reiches Gottes zu erzählen« (Lukas 9,2).

Vielleicht ist es neu für dich, Jesus nachzufolgen, und du fragst dich: Wo soll ich überhaupt anfangen? Die Antwort ist simpel. Du fängst hier an, mit dem ersten Ziel: Sei bei Jesus.

Aber wie genau funktioniert das heute? Ich meine, als Jesus ursprünglich sein »Folge mir!« aussprach, war das keine Metapher. Es war wörtlich gemeint: »Ich gehe nach Osten, das Wadi Qelt entlang nach Jericho. Lauft hinter mir her.« Aber wir können nicht einfach einen Flug nach Tel Aviv buchen, ein Auto mieten, Jesus an einem Berghang treffen und uns ihm zu Füßen setzen.

Wie können wir also bei ihm sein?

»Bleibt in mir«

Am Abend vor seinem Tod gab Jesus seinen Lehrlingen ein rätselhaftes Versprechen:

> Und ich werde den Vater bitten, und er wird euch einen anderen Ratgeber geben, der euch nie verlassen wird.
> *Johannes 14,16*

Kurze Exegese: Die Formulierung »einen anderen Ratgeber« ist schwer zu übersetzen. Das griechische Wort für »ein anderer« ist *allos*, und es bedeutet wörtlich »ein anderer der gleichen Art« oder »ein anderer von mir«.[48] Das Wort für »Ratgeber« ist *paraklētos* und kann mit »Helfer« oder »Fürsprecher« übersetzt werden.[49]

Also wird der Vater uns eine andere Version von Jesus geben? Um bei uns zu sein? Um uns zu helfen und für uns einzutreten?

Ganz genau.

Ein paar Sätze später nennt Jesus diesen geheimnisvollen »anderen von mir« den Heiligen Geist (Johannes 13,26). In Zukunft sollen die Lehrlinge von Jesus durch den Heiligen Geist mit ihm verbunden sein.

Noch ein kleiner theologischer Exkurs: In der Bibliothek der Heiligen Schrift ist der Heilige Geist keine vage Macht wie »die Macht« in *Star Wars*. Auch kein ewiges Meer des Nichtseins wie in der östlichen Mystik. Und auch kein erhebendes Gefühl, das wir beim Beten bekommen. In den Worten von Jesus ist der Geist eine Person, kein Es.

In allem, was Jesus lehrt, ist das, was wir Gott nennen, auf eine geheimnisvolle, aber faszinierende Weise ein Fluss der Liebe zwischen dem Vater, dem Sohn und dem Heiligen Geist. Gott ist eine Gemeinschaft der sich selbst hingebenden Liebe. Jedes Mitglied der Dreifaltigkeit oder Dreieinigkeit, wie die Theologen diese Gemeinschaft nennen, ist anders, und doch sind sie irgendwie eins. Mit dem Geist verbunden zu sein, ist, bei Jesus zu sein, und bei Jesus zu sein, ist, beim Vater zu sein. Es bedeutet, in den Fluss der Liebe in Gottes Innenleben selbst einzutreten.

Kommen wir zurück zur ursprünglichen Frage: Das erste Ziel in der Ausbildung bei Jesus ist es, jeden Augenblick in diesem Fluss der Liebe innerhalb der Dreifaltigkeit zu leben. Noch einmal: Wenn es einen Startpunkt gibt, dann ist es dieser.

Aber Jesus gibt seinen Lehrlingen mehr als ein Versprechen. Er gibt ihnen eine praktische Anweisung. Wir könnten das die »Geistliche Prägung nach dem Modell von Jesus« nennen. Jesus gebraucht dafür eine Metapher aus dem Weinbau: Er spricht von der Notwendigkeit, dass eine Rebe am Weinstock bleiben muss, um viele Früchte hervorzubringen. In dieser Metapher ist Jesus der Weinstock, und wir als seine Lehrlinge sind die Reben.

> Bleibt in mir, und ich werde in euch bleiben.
> *Johannes 15,4*

Das Wort für »bleiben«, das Jesus hier verwendet, ist im Griechischen *menō*. Es kann mit »bleiben« oder »verbleiben« oder »wohnen« oder »Wohnung nehmen« übersetzt werden.[50] Wir könnten den Vers also so übersetzen: »Nehmt Wohnung in mir, so wie ich in euch Wohnung nehme.«

Jesus benutzt dieses Wort *menō* nicht nur einmal, sondern zehn Mal in diesem kurzen Abschnitt. Auf den Punkt gebracht sagt er: »Bleibt durch den Geist in meiner Gegenwart und verlasst sie nie.«

Das klingt im ersten Moment vielleicht so, als könne es nur für Mönche und Nonnen gelten und nicht für den Rest von uns, die damit beschäftigt sind, Kinder zu erziehen, ihr Leben in der Großstadt auf die Reihe zu kriegen oder täglich eine Million E-Mails zu beantworten. Aber Jesus bittet uns nicht, etwas zu tun, was wir nicht ohnehin schon tun. Denn wir »bleiben« alle irgendwo. Die Frage ist: Woran oder worin bleiben wir?

Wir alle haben eine Quelle, in der wir verwurzelt sind, eine Art Standardeinstellung, zu der wir immer wieder zurückkehren. Ein emotionales Zuhause. Darauf richtet sich unser Verstand, wenn er nicht mit konkreten Aufgaben beschäftigt ist. Dorthin wandern unsere Gefühle, wenn wir Trost brauchen. Dorthin geht unser Körper, wenn wir Freizeit haben. Und dorthin fließt unser Geld, nachdem alle Rechnungen bezahlt sind.

Wir werden irgendwo »Wohnung nehmen«. Die Frage ist nur, wo.

Es ist wichtig, dass wir uns diese Frage stellen. Denn das, woran wir bleiben, wird die Frucht unseres Lebens bestimmen – zum Guten oder zum Schlechten.

Wenn wir im unendlichen Scrollen auf *Social Media* verwurzelt sind, wird uns das prägen und formen – und wahrscheinlich zu Menschen machen, die wütend, ängstlich, arrogant, mit simplen Antworten zufrieden und ständig abgelenkt sind.[51]

Wenn wir in den endlosen Schleifen der Streaming-Plattformen unserer Wahl verwurzelt sind, werden auch sie uns formen – wahrscheinlich zu Menschen, die lustgesteuert, ruhelos und gelangweilt sind und sich nie auf das fokussieren können, was gerade wirklich da ist.

Wenn wir in unserem Streben nach Genuss und Vergnügen verwurzelt sind – ein weiterer Drink, ein weiterer Joint oder eine weitere Affäre, um den Schmerz zu lindern und einen Moment Frieden zu finden –, wird uns auch das formen. Wahrscheinlich zu Menschen, die zwanghaft und süchtig sind und die vor dem eigenen Schmerz und damit zugleich vor ihrer Heilung davonlaufen.

Diese Liste könnte ich noch endlos erweitern.

Aber wenn wir im inneren Leben Gottes verwurzelt sind, dann wird uns auch das formen. Es wird langsam die Frucht des Heiligen Geistes in unserem Leben wachsen lassen:

> Liebe, Freude, Frieden, Geduld, Freundlichkeit, Güte, Treue, Sanftmut und Selbstbeherrschung.
>
> *Galater 5,22-23*

Wo ist dein emotionales Zuhause?

Was beschäftigt dich in deinen stillen Momenten? Wohin gehst du, um Trost und Freude zu finden? Und wie würde es für dich aussehen, dir ein emotionales Zuhause bei Gott selbst einzurichten?

Nur um das klarzustellen: Es geht nicht darum, sich in ein Kloster zu verkriechen, sondern darum, zu lernen, immer an zwei Orten gleichzeitig zu sein:

Frühstücken *und* bei Jesus sein.

Morgens in Bus, Bahn oder im Berufsverkehr stecken *und* bei Jesus sein.

Schon wieder Windeln wechseln *und* bei Jesus sein.

Deine Mails durchsehen *und* immer noch bei Jesus sein.

Für deine Familie oder Freunde kochen *und* dein Herz in Jesus ruhen lassen.

Wenn wir bei Jesus in die Ausbildung gehen, dann geht es darum, unseren Körper in einen Tempel zu verwandeln. In einen Ort, an dem sich Himmel und Erde überschneiden. In eine Vorwegnahme dessen, was Jesus eines Tages für den gesamten Kosmos tun wird, wenn Himmel und Erde endlich wieder eine Einheit bilden werden. Das ist das absolut außergewöhnlichste Angebot im ganzen Universum: Wir dürfen unseren Körper zur Wohnung Gottes werden lassen. Und diese Chance können wir jeden Tag aufs Neue ergreifen.

Jesus nannte diese Lebensweise »Bleiben«, aber die Heiligen und Weisen haben im Laufe der Geschichte alle möglichen Ausdrücke verwendet, um die außergewöhnliche Möglichkeit dieser Einladung zu beschreiben.

Paulus nannte es »Beten ohne Unterlass« (1. Thessalonicher 5,17; ZB).

Der spanische Karmelit Johannes vom Kreuz nannte es »schweigende Liebe« und forderte uns auf, »in liebevoller Aufmerksamkeit bei Gott zu verweilen«.

Madame Guyon, die französische Mystikerin, nannte es einen »ständigen inneren Akt des Verweilens«.

Die alten Quäker nannten es »Ausrichtung nach unten«[52] und meinten damit, dass wir mit dem Fundament aller Wirklichkeit in Berührung kommen.

Der jesuitische Seelsorger Jean-Pierre de Caussade nannte es »das Sakrament des gegenwärtigen Augenblicks«[53], so als sei jeder Augenblick mit Gott eine eigene Eucharistie, ein eigener beweglicher Feiertag.

A. W. Tozer nannte es »gewohnheitsmäßige, bewusste Gemeinschaft« und sagte: »Gott selbst ist das Zentrum der christlichen Botschaft, und er wartet nur darauf, dass seine Kinder ein Verlangen danach verspüren, seine Gegenwart bewusst zu erfahren.«[54]

Dallas Willard nannte es gerne »das Mit-Gott-Leben«[55].

So viele Heilige mit so vielen Bezeichnungen für ein Leben mit Jesus.

Aber mein unangefochtener Favorit stammt von einem Mönch: Bruder Lorenz. Er nannte dieses Leben »die Übung, in Gottes Gegenwart zu sein«[56].

Ich finde diese Formulierung großartig. Darin steckt eine tiefe, aber ehrliche Wahrheit: So schön die Vorstellung, bei Jesus zu sein, auch klingen mag, sie bleibt nichts weiter als eine seichte spirituelle Sentimentalität, solange wir nicht akzeptieren, dass Bleiben keine Technik ist, mit der wir unsere Beziehung zu Gott kontrollieren, sondern eine Kunst. Und wie jede Kunst braucht es *Übung*, um sie zu beherrschen.

Gott zur Gewohnheit machen

Wenn du morgens aufwachst, wohin wandern dann deine Gedanken zuerst?

Wenn du nach einem langen, anstrengenden Tag deinen Kopf auf dein Kissen legst, wem oder was gelten deine letzten Gedanken, bevor du in den Schlaf sinkst?

In den kurzen, unbedeutenden Momenten des Tages – wenn du beim Bäcker auf deine Brötchen oder deinen Morgenkaffee wartest, im Stau stehst oder dich zum Essen hinsetzt –, wohin wandern deine Gedanken »automatisch«, ohne dass du darüber nachdenkst?

Seien wir ehrlich: Bei den meisten von uns wandern sie nicht zu Jesus.

Sie drehen sich eher um unsere Wünsche und Bedürfnisse, unsere Ängste, unsere Verletzungen – negatives Grübeln. Ein nicht ausgerichteter Geist neigt zum Chaos. Der Psychologe Mihaly Csikszentmihalyi nannte dieses Phänomen »psychische Entropie«[57].

Aber in diesem Punkt sind sich die alte christliche Spiritualität und die aktuellste Neurowissenschaft einig: Der Geist kann neu trainiert werden. Umgeformt. Ob du diesen Prozess nun Neuroplastizität oder »die Übung, in Gottes Gegenwart zu sein« nennst, die kraftvolle Wahrheit bleibt gültig: Unser Geist muss nicht in einer Negativspirale verharren.

Unser Geist kann umgeschult werden, um in der Gegenwart Gottes zu leben.

Der Mönch, der den Ausdruck »die Übung, in Gottes Gegenwart zu sein« geprägt hat, war kein Priester, sondern Tellerwäscher in einem Kloster im Paris des 17. Jahrhunderts. Bruder Lorenz machte es sich zur Lebensaufgabe, mitten im Chaos einer Klosterküche mit all ihrem Lärm, ihrer Ablenkung und Hektik Gott zu erfahren. Am Ende seines Lebens sagte er:

> Bei mir gibt es keinen Unterschied zwischen der Zeit des Gebets und der übrigen Zeit. Auch [in meiner Küche] alles aus Liebe zu Gott zu verrichten und ihn bei jeder Gelegenheit um den Beistand seiner Gnade zur Ausführung meiner Arbeiten anzuflehen, ist mir während der fünfzehn Jahre, die ich in der Küche beschäftigt gewesen bin, alles sehr leicht gefallen.[58]

Wohlgemerkt: Bruder Lorenz war Katholik. Das »allerheiligste Sakrament«, das Protestanten das Abendmahl nennen, war der heiligste Moment im geistlichen Leben. Aber Bruder Lorenz war an einem Punkt angelangt, an dem sein ganzes Leben heilig war. Es gab keinen Unterschied mehr zwischen der Stille des Morgengebets und dem lauten Durcheinander der Küche, zwischen der Heiligkeit des Altars und der Alltäglichkeit des Abendessens. Das Leben war ein nahtloses, integriertes Ganzes, fest gegründet in der Gegenwart Gottes.

Ähnlich äußerte sich der Quäker-Schriftsteller Thomas Kelly:

> Wie sollen wir also … das Leben des Gebets ohne Unterlass leben? Indem wir uns still und beharrlich darin üben, unser ganzes Wesen Tag und Nacht im Gebet und in der inneren Anbetung und Hingabe dem zuzuwenden, der in den Tiefen unserer Seele ruft. Wir müssen uns geistige Gewohnheiten aneignen, die nach innen gerichtet sind.[59]

Da sind sie wieder: beharrliches Üben und geistige Gewohnheiten. Durch Übung können wir unseren Geist trainieren, mitten im Chaos in Gott zu ruhen. Aber das wird nicht gelingen, wenn wir nicht entsprechende Gewohnheiten entwickeln.

Wenn dieses Leben mit Jesus schon um 1600 – vier Jahrhunderte vor dem iPhone – eingeübt werden musste, wie viel mehr dann heute, im Zeitalter der urbanen Dauerlärmbelästigung und der digitalen Ablenkung durch unablässige Benachrichtigungssignale und ein »Ökosystem von Unterbrechungstechnologien«[60]. Es wird sich nicht von selbst ergeben. Aber: Es kann sich ergeben, wenn du es einübst.

Ich möchte euch die folgenden Worte von Dallas Willard ans Herz legen:

> Die einfachste und zugleich wichtigste Aufgabe, der wir uns widmen müssen, ist: Gott soll in unseren Gedanken stets präsent sein ... Das ist das grundlegende Geheimnis der »Seelenpflege«. Unser Anteil am Leben in Gottes Gegenwart besteht darin, unsere Gedanken immer wieder auf ihn zu lenken. Am Anfang wird das eine Herausforderung sein, weil die alten Gewohnheiten sich dagegen sperren. Aber es sind Gewohnheiten – nicht das Gesetz der Schwerkraft –, die sich verändern lassen. Wenn wir bewusst und kontinuierlich daran arbeiten, wird sich eine neue Gewohnheit einstellen. Bald wird unser Verstand sich auf Gott ausrichten, wie sich eine Kompassnadel nach Norden richtet ... Wenn Gott das Ziel unserer Sehnsucht ist, wird er zum Polarstern unseres Weges.[61]

Willard spricht davon, uns Gott zur Gewohnheit werden zu lassen. Ich liebe Willards Wortbild vom Kompass, der sich immer wieder nach Norden ausrichtet. Wir können unseren Verstand, den Wissenschaftler als »gerichtete Aufmerksamkeit« definieren – also das, worauf wir uns fokussieren –, daran gewöhnen, ständig zu Gott zurückzukehren.

Was Willard und all die anderen spirituellen Meister des »Weges« sagen, ist, dass du durch Gewohnheit zusammen mit Jesus einen Geist schaffen kannst, der den ganzen Tag über auf Gott ausgerichtet ist. Du kannst mit dem Psalmisten sagen: »Ich habe den Herrn immer vor Augen« (Psalm 16,8; NGÜ). Oder mit Paulus:

»Denkt nicht an weltliche Angelegenheiten, sondern konzentriert eure Gedanken auf ihn!« (Kolosser 3,2).

Jedes Mal, wenn du in der Hektik deines Lebens mental kurz durchatmest – der Bruchteil einer Sekunde, nachdem du auf »Senden« gedrückt hast, der Moment, wenn du an einer roten Ampel stehst, oder die ersten bewussten Gedanken, wenn du aufwachst –, kannst du deinen Geist durch bewusste Übung darauf trainieren, zu Gott zurückzukehren, zu Gott zurückzukehren, zu Gott zurückzukehren …

Schließlich wird sich dein Geist – und damit dein ganzer Körper und deine Seele – in Gott verankern, wird in ihm *bleiben*. Selbst in all dem Lärm und Chaos der modernen Welt, in der du den Verkehr ertragen, an Meetings teilnehmen und Babys füttern musst, kannst du einen Geist entwickeln, der in Gott verwurzelt ist.

Wenn der Geist eine Art Tor zur Seele ist und wenn du, wie Hwee Hwee Tan es so schön formulierte, »zu dem wirst, was du betrachtest«[62], dann gibt es nur wenige Dinge, die wichtiger sind. In der Tat: Unser Schicksal könnte davon abhängen.

Ich gebe zu, Gott zur Gewohnheit zu machen, klingt ungefähr so inspirierend, wie Romantik, Lachen oder Poesie zur Gewohnheit zu machen. In einer Kultur, die Authentizität mit spontanen Emotionen gleichsetzt, ist Gewohnheit schwer zu verkaufen. Aber schau auf die Gewohnheiten eines Menschen, und du wirst sehen, worauf seine Leidenschaften wirklich gerichtet sind, wofür er sich am meisten einsetzt, wofür er am ehesten bereit ist, zu leiden, und in wen oder was er am heftigsten verliebt ist. Und du wirst sehen, zu welchem Menschen er werden wird.

Noch einmal: Wenn du diese flüchtige Unterbrechung deiner Gedanken erlebst, diesen gesegneten Freiraum des Denkens, wohin wandern deine Gedanken dann? Gehen sie automatisch zu Gott? Zur Liebe des Vaters, die sich in Christus und durch den Geist ergießt, tief in dir und in allem, was dich umgibt?

Wenn nicht, mach dir klar, es wäre möglich. Der menschliche Geist ist weitaus formbarer, als die meisten von uns anzunehmen gelehrt wurden. Er kann auf eine neue Grundeinstellung zurückgesetzt werden. Auf eine neue Basislinie. Auf eine neue Ausrichtung auf Gott.

Bevor der Neurowissenschaftler Dr. Donald Hebb erklärte, dass Neuronen, die gemeinsam feuern, sich miteinander verdrahten – was Neurowissenschaftler heute als Hebb'sche Regel bezeichnen –, sagte A. W. Tozer bereits, dass etwas Wunderbares in unserem Inneren geschieht, wenn wir »unser Herz auf Jesus ausrichten«: »Auch wir können dies wissen und uns mit dem beruhigenden Gedanken trösten, dass diese Herzenseinstellung allmählich zur Gewohnheit wird und sich nach einer gewissen Zeit eine Art geistlicher Reflex entwickelt, der unser Handeln steuert, ohne dass wir bewusst darüber nachdenken müssen.«[63] Oder wie der Missionar Frank Laubach bezeugte: »Diese einfache Praxis erfordert lediglich einen sanften Druck des eigenen Willens, und zwar nicht mehr davon, als ein Mensch ganz leicht aufbringen kann. Das wird leichter, wenn es zur festen Gewohnheit wird.«[64]

Ich bin kein Rabbi, aber nachdem ich das über ein Jahrzehnt lang praktiziert habe, kann ich diese Hypothesen aus eigener Erfahrung bestätigen: Es wird wirklich einfacher.

In den letzten Jahren habe ich mir angewöhnt, jeden Morgen mit einem Gebet zu beginnen und nach einem täglichen Gebetsrhythmus zu leben. Aber wie die meisten Menschen verbringe ich einen großen Teil meines Tages damit, mich in Eile und Ablenkung zu verlieren. Doch wenn ich aus meinem Leben ein wenig das Tempo rausnehme, wenn mein Verstand zur Ruhe kommt, merke ich mehr und mehr, wie mein Bewusstsein ganz natürlich zu Gott »nach Hause« geht.

Solltest du diesen Weg einschlagen, werden die ersten Tage der »Einübung in die Gegenwart Gottes« wahrscheinlich schwierig und ernüchternd, aber auch immer wieder voll Freude sein: schwierig, weil wir alle ständig Gott vergessen und wieder in Hektik geraten, und ernüchternd aus demselben Grund. Aber auch voller Freude und Glück, wenn wir beginnen, sanft mit dem tiefsten Schmerz unserer Seele in Berührung zu kommen, dem sehnsüchtigen Verlangen nach Gott. Mit der Zeit wird sich die Verdrahtung deines Gehirns verändern und der Bruch mit deinem Schöpfer wird verheilen. Neue Nervenbahnen werden sich bilden. Je mehr du betest, desto mehr denkst du ans Beten. Was sich zuerst fast unmöglich anfühlte, wird schließlich so leicht und natürlich wie das Atmen.

Es gibt so viel, was wir im Blick auf unsere spirituelle Ausbildung *nicht* tun können: Wir können uns nicht selbst reparieren, heilen oder verändern. Aber eines können wir tun: Wir können mit Jesus zusammen sein. Wir können im Lauf des Tages immer wieder einen Moment lang innehalten und unser Herz im stillen Gebet und in Liebe auf Jesus ausrichten. Das können wir schaffen – wenn wir bereit sind zu üben. Du und ich, wir haben als Lehrlinge von Jesus sowohl die Fähigkeit als auch die Verantwortung, unsere Gedanken auf ihn zu richten. Den inneren Blick unseres Herzens auf seine Liebe zu fokussieren. Ihn anzuschauen, wie er uns anschaut: in Liebe.

Ich sehe ihn an, er sieht mich an, und wir sind glücklich

Die Exerzitienleiterin und geistliche Begleiterin Marjorie Thompson erzählt eine Geschichte aus dem 18. Jahrhundert. Darin geht es um ein Gespräch zwischen einem Priester und einem älteren Bauern, der stundenlang allein in der Stille der Kirche saß. Als der Priester ihn fragte, was er dort tue, antwortete der alte Mann einfach: »Ich sehe ihn an, er sieht mich an, und wir sind glücklich.«[65]

Das ist der Höhepunkt der christlichen Spiritualität. Ignatius von Loyola nannte Gott einmal »die liebende Liebe«[66]. Damit spricht er für die Millionen von Kontemplativen, die im Lauf der Geschichte entdeckt haben, dass die schönste Erfahrung diesseits der Ewigkeit die ist, in der Stille zu sitzen und sich von Gott lieben zu lassen. Ja, das ist eine Art Vorgeschmack auf die Ewigkeit.

Der griechisch-orthodoxe Autor Kallistos Katafygiotis aus dem 14. Jahrhundert formulierte kühn:

> Das Wichtigste, was zwischen Gott und der menschlichen Seele geschieht, ist zu lieben und geliebt zu werden.[67]

Glaubst du das? Dass es das Wichtigste im ganzen Leben ist, Gott zu lieben und von ihm geliebt zu werden?

Wir könnten versucht sein, das Bleiben oder Verweilen nur als mentale Hygiene für den präfrontalen Cortex zu betrachten – als christliche Version der Parole: »Denke positiv!« Und obwohl die Ausrichtung unseres Bewusstseins auf das Gute, Schöne und Wahre für die Ausformung unseres Charakters unerlässlich ist, geht es beim Bleiben nicht nur um unsere Gedanken oder um unser Gefühlsleben.

Es geht um eine Ebene der Verbundenheit mit Jesus, die über unsere Gedanken und Gefühle hinausgeht. Es geht um Liebe.

Die Meister auf dem Weg von Jesus haben das lange Zeit Kontemplation genannt. Dieses Wort hatte für verschiedene Menschen zu verschiedenen Zeiten der Kirchengeschichte unterschiedliche Bedeutungen, aber im Grunde bedeutet es einfach, Gott in Liebe anzuschauen und sich selbst von Gott liebevoll anschauen zu lassen.

Das Wort Kontemplation stammt direkt aus dem Neuen Testament, aus einer Schlüsselstelle im zweiten Brief des Paulus an die Korinther:

> Von uns allen wurde der Schleier weggenommen, sodass wir die Herrlichkeit des Herrn wie in einem Spiegel *sehen* können. Und der Geist des Herrn wirkt in uns, sodass wir ihm immer ähnlicher werden und immer stärker seine Herrlichkeit widerspiegeln.
>
> *2. Korinther 3,18*

Das griechische Wort für »sehen«, das an dieser Stelle steht, ist *katoptrizō* und bedeutet »schauen« oder »betrachten«. Die Herrlichkeit des Herrn zu sehen, bedeutet, den inneren Blick des Herzens auf die trinitarische Gemeinschaft der Liebe zu richten. Wie der Psalmist David es ausdrückt, bedeutet es, »die Schönheit des Herrn zu betrachten«[68]. In dem Maße, wie wir das tun, werden wir ihm immer ähnlicher. Das heißt, wir werden so wie das, was wir anschauen – Jesus. Und wir werden immer stärker seine Herrlichkeit widerspiegeln, das heißt, wir werden mit der Zeit immer schöner, wie Jesus, einfach dadurch, dass wir ihn täglich betrachten.

Zum zweiten Ziel, wie Jesus zu werden, kommen wir bald. Hier will ich aber schon mal einen kleinen Vorgeschmack geben: Die entscheidende Frage für das erste Ziel, bei Jesus zu sein, lautete: *Wie* können wir bei ihm sein? Und die Antwort war: Wir bleiben am Weinstock. Wir leben verwurzelt in einer Beziehung zu Jesus durch den Heiligen Geist.

Die Frage für das zweite Ziel ist nicht viel anders: *Wie* werden wir wie Jesus? Eine umfassende Antwort würde ein eigenes Buch füllen, aber hier ist die Kurzversion: durch Kontemplation. Anders ausgedrückt: Wir lassen uns von Gott lieben, bis wir zu Menschen der Liebe werden.

Generell gilt: Liebevoller werden wir, wenn wir Liebe erfahren, nicht, wenn wir eine Vorlesung darüber hören oder ein Buch darüber lesen. Die Faustregel der Psychologen besagt, dass wir in dem Maße liebevoll sind, wie wir geliebt wurden. Deshalb fällt es Menschen, die in ihren ersten Lebensjahren von Eltern oder Bezugspersonen geliebt wurden, viel leichter, als Erwachsene Liebe zu schenken und zu empfangen.

Zugleich gilt aber auch: Keine Herkunftsfamilie ist so gesund, dass sie uns in Menschen verwandeln könnte, die eine Liebe leben können, wie wir sie in Jesus sehen. Und keine Familie ist so dysfunktional, dass sie uns davon abhalten könnte, durch Jesus zu Menschen der Liebe zu werden. Wir alle haben das Potenzial, so weit zu wachsen und zu reifen, dass wir Menschen der *Agape*[69] werden – der bedingungslosen Liebe Gottes. Aber dazu müssen wir Gottes Liebe selbst erfahren.

Ich denke an das Gebet, das Paulus für die Gemeinde in Ephesus schrieb:

Ich bete, dass er euch aus seinem großen Reichtum die Kraft gibt, durch seinen Geist innerlich stark zu werden. Und ich bete, dass Christus durch den Glauben immer mehr in euren Herzen wohnt und ihr in der Liebe Gottes fest verwurzelt und gegründet seid. So könnt ihr mit allen Gläubigen ihr ganzes Ausmaß erfassen, die Breite, Länge, Höhe und Tiefe. Und ihr könnt auch die Liebe erkennen, die Christus zu uns hat; eine Liebe, die größer ist, als ihr je begreifen werdet. Dadurch wird euch der Reichtum Gottes immer mehr erfüllen.
Epheser 3,16-19

Was für Worte: »eine Liebe, die größer ist, als ihr je begreifen werdet«. Paulus war alles andere als antiintellektuell. Aber er war sich dennoch der Grenzen des Verstandes bewusst. Für ihn war klar: Es reicht nicht, dass wir von der Liebe Gottes wissen. Wenn wir in Menschen der Liebe verwandelt werden wollen, müssen wir die Liebe Gottes kennenlernen[70], um sie in unserem Inneren zu erfahren. Und in Paulus' Paradigma geschieht diese Verwandlung, wenn wir sehen, betrachten, kontemplieren. Wenn wir unverwandt Gott anschauen, der uns in Liebe anschaut.

Diese einfache, unkomplizierte Handlung hat das Potenzial, unser Innenleben zu verändern und unsere tiefsten Wunden zu heilen, und zwar in einer Weise, wie wir sie weder durch noch mehr Bibelstudium noch durch Gottesdienstbesuche, ja noch nicht einmal durch Therapie – so gut das alles ist – jemals erreichen können.

Der Psychologe und geistliche Lehrer David Benner sagte über seine eigene Erfahrung der Kontemplation:

> Die Liebe Gottes zu meditieren hat meine Liebe mehr gestärkt als jahrzehntelange Bemühungen, liebevoller zu sein. Dass ich mir erlaubte, seine Liebe tief zu erfahren – dass ich mir Zeit nahm, sie in mich aufzusaugen und zuzulassen, dass sie mich durchdringt –, hat allmählich Veränderungen in mir bewirkt, von denen ich schon nicht mehr gehofft hatte, sie jemals zu erleben. Wenn ich in meinem Scheitern an der Liebe zu Gott zurückkehre, mich ihm in die Arme werfe und ihn bitte, mich daran zu erinnern, wie sehr er mich liebt, so wie ich bin – das ist der Ort, an dem ich beginne, neue Ebenen der Liebe zu erfahren, die ich an andere weitergeben kann.[71]

Ich werde nie vergessen, wie mein geistlicher Begleiter mir riet: »John Mark, setz dich in deiner Sünde vor Gott und lass dich von ihm lieben.« Er meinte damit nicht: »Sündige weiter und fühle dich nicht schuldig.« Sondern: »Wenn du sündigst, dann versteck es nicht vor Gott. Halte deine Sünde Gott hin, ohne Ausreden, ohne Schuldzuweisungen an andere oder die Umstände, ohne sie zu leugnen, nur mit absoluter Verletzlichkeit, und lass Gott dich so lieben, wie du bist. Und dann lass zu, dass Gott dich zu dem Menschen ›hinliebt‹, der du werden kannst.«

Aber das ist eine ganz andere Art von Gebet, als viele von uns es gewohnt sind. Ich bin mit einem Gebetsstil aufgewachsen, der wortreich, schnell und ein bisschen fordernd war. Gebet bedeutete für mich, Gott um Dinge zu bitten – meistens um gute Dinge –, aber trotzdem ging es darum, Gott mit vielen Worten um das zu bitten, was ich brauchte oder wollte. Und das hat durchaus seine Berechtigung.

Doch beim kontemplativen Gebet geht es nicht darum, etwas von Gott zu erbitten, sondern einfach nur darum, Gott zu betrachten: »Ich sehe ihn an, er sieht mich an, und wir sind glücklich.«

Nur wenige von uns wissen, dass diese Art von Gebet überhaupt möglich ist.

Es ist diese tiefere Ebene des Gebets, die ich ebenso höchst herausfordernd wie auch höchst lohnenswert finde. Herausfordernd nicht, weil es unangenehm wäre, auf diese Weise zu beten – ganz im Gegenteil –, sondern weil so zu beten genau die Fähigkeit erfordert, die mir unsere Welt ständig zu rauben versucht: Aufmerksamkeit.

Die Fähigkeit, die Aufmerksamkeit des Herzens auf Gott zu richten, ist so grundlegend für die Nachfolge von Jesus. Doch genau diese Fähigkeit verlieren wir ständig an die Aufmerksamkeitsökonomie,[72] indem wir das Anschauen gegen das Verteilen von Likes und das Betrachten gegen endloses Scrollen eintauschen. Und das ist fatal. Denn: Ohne Aufmerksamkeit können wir nicht beten.

Die französische Philosophin Simone Weil definierte das Gebet als absolut ungeteilte Aufmerksamkeit.[73] Für den Quäker Douglas Steere bedeutete beten, »dem Tiefsten, das [ich] kenne, Aufmerksamkeit zu schenken«[74]. Und Dr. Rich Plass schrieb: »Kontemplatives Gebet ist die Bereitschaft, sich an Gott zu freuen und für ihn da zu sein. Es geht darum, mir beständig meiner Gegenwart in Christus bewusst zu sein und der Gegenwart Christi in mir Beachtung zu schenken. Es bedeutet, mit meinem ganzen Wesen Ja zu sagen zu Gott, aber ohne Worte.«[75]

Es geht nicht darum, dass Worte im Gebet schlecht sind. Das sind sie keineswegs. Es ist nur so, dass es in jeder Beziehung, aber ganz besonders in der Beziehung zu Gott, einen Punkt gibt, an dem Worte und sogar Gedanken uns nicht mehr weiterbringen, wenn es um Intimität geht. Sie bringen uns ein Stück weit, aber nicht bis zum Ende des Weges. Vielleicht halten sie uns sogar zurück.

Gott ist weder ein Konzept noch ein Gefühl und schon gar keine Doktrin in einem Glaubensbekenntnis oder ein Kapitel in einem Theologiebuch. Er ist eine Person, und er hat ein brennendes Interesse daran, dich zu kennen und von dir gekannt zu werden. Und wie in jeder intimen Beziehung gibt es eine Art von Wissen, das über Worte hinausgeht – ein Wissen, das du nur durch direkte Erfahrung von Mensch zu Mensch bekommen kannst.[76]

Hier unterscheidet sich das christliche kontemplative Gebet völlig von Achtsamkeitsübungen und anderen populären Meditationsformen. Bei der buddhistischen Meditation geht es zum Beispiel darum, dass das Selbst leer wird. Beim christlichen Gebet geht es zunächst um ein ganz ähnliches Leerwerden, aber das Ziel dabei ist es, Platz zu schaffen, um mit Gott erfüllt zu werden. Bei der Achtsamkeit geht es einfach darum, im Moment präsent zu sein, während es beim Gebet darum geht, Gottes Gegenwart in jedem Moment zu spüren und letztlich seine Liebe zu erfahren.

Vielleicht klingt das viel zu mystisch für deinen Geschmack. Aber ich schließe mich dem Theologen Karl Rahner an, der gesagt hat: »Der Christ der Zukunft wird ein Mystiker sein, oder er wird nicht mehr sein.«[77] Weißt du, warum ich glaube, dass er recht hat? Weil der Christ der Vergangenheit ein Mystiker war. Und wenn wir uns die Kontemplation nicht zurückerobern, werden wir auf dem alles zersetzenden Boden des säkularen Westens bald »nicht mehr sein«.

Ich weiß, dass das Wort »Mystik« für manche Menschen abschreckend ist. Gelegentlich fragen mich Leute: »Du bist doch kein Mystiker, oder?« Ich reagiere dann meist mit einem verschmitzten Lächeln … Aber ich verstehe das in keiner Weise heterodox. Alles, was ich mit Mystiker meine, ist ein Mensch, der ein Lehrling von Jesus ist und das, was theologisch für ihn wahr ist, geistlich erfahren will. Die Bibel ist eindeutig: Alle, die getauft sind, sind »in Christus«[78]. Wenn wir getauft sind, sind wir in die dreieinige Gemeinschaft von Vater, Sohn und Heiligem Geist eingetaucht und von Gott durchdrungen.

> Euer wahres Leben ist mit Christus in Gott verborgen.
> *Kolosser 3,3*

> Christus lebt in euch! Darin liegt eure Hoffnung: Ihr werdet an seiner Herrlichkeit teilhaben.
> *Kolosser 1,27*

Mystikerinnen und Mystiker sind Menschen, die sich nicht damit begnügen, Bücher über diese wundervolle Realität zu lesen oder Predigten darüber zu hören, sondern die diese Liebe selbst erfahren und durch sie in Menschen der Liebe umgestaltet werden wollen. Denn hier – wenn wir Gott anschauen und er uns in Liebe anschaut –, hier sind wir glücklich, hier sind wir zutiefst frei, zutiefst zufrieden, ruhig, dankbar, voller Freude und zutiefst lebendig.

So viele Christinnen und Christen haben einfach keine Vorstellung davon, wie überwältigend groß Gottes Liebe zu ihnen ist. Sie haben keine Ahnung davon, dass diese Liebe die Kraft hat, sie in Menschen der Liebe zu verwandeln und ihnen großes Glück und dauerhaften Frieden zu bringen. Wenn sie nur wüssten! Sie würden ohne jeden Zweifel alles tun, was nötig ist, um Zeit dafür zu finden, in der Gegenwart dieser Liebe zu sein.

Leider sehen viele von uns Jesus-Nachfolge immer noch als Mittel zum Zweck – als Ticket in den Himmel, als Garantie für schöne Gefühle, für ein erfolgreiches Leben, in dem wir immer weiter aufsteigen.

Wir haben es immer noch nicht kapiert: Er selbst ist das Ziel.

Der Lohn für die, die Jesus folgen, ist Jesus

Ich stehe jeden Morgen früh auf und beginne meinen Tag mit der urchristlichen geistlichen Übung eines richtig guten, von Hand aufgebrühten Kaffees. Anschließend gehe ich in ein kleines Zimmer in meinem Haus, schließe die Tür, setze mich im Schneidersitz auf den Boden und bete. Normalerweise bete ich die Psalmen (Achtung, das heißt nicht: Ich *lese* die Psalmen), meditiere über eine Bibelstelle, spreche mit Gott über mein Leben, höre auf seine Stimme und versuche, einfach loszulassen. Aber die meiste Zeit sitze ich einfach nur da. Ich atme. Und ich schaue auf das, was meine Augen nicht sehen können.

An manchen Tagen ist mein Verstand scharf und wach, mein Herz brennt für Gott, und ich spüre seine Nähe. An anderen Tagen – und das sind die meisten – ist mein Verstand wie eine »Bananenpalme voller Affen«[79], wie Henri Nouwen einmal sagte. Ich bin ganz durcheinander, mein Herz ist aufgewühlt und ängstlich, und ich habe Mühe, mich zu konzentrieren.

Aber selbst dann ist die Zeit in der Stille meist der beste Teil meines Tages. Ehrlich. Es muss schon etwas Außergewöhnliches passieren, um diese Zeit mit Gott in den Schatten zu stellen. Denn hier, wo ich Gott am tiefsten wahrnehme, bin ich am glücklichsten und entspanntesten.

In unserer schnelllebigen, von Produktivität und digitaler Ablenkung besessenen Kultur, die endlos dem Lebensskript von »Höher, schneller, weiter!« hinterherjagt, ist Zeit Geld, und Geld ist Gott. Die Vorstellung, das Leben zu entschleunigen, zur Ruhe zu kommen, die unzähligen Ablenkungen von innen und außen beiseitezuschieben und sich einfach von Gott zu einem Menschen der Liebe machen zu lassen – das klingt nach reiner Zeitverschwendung. In der Tat, Professor James Houston nannte das Gebet einmal »Zeit verschwenden mit Gott«. Er meinte nicht, dass das Gebet eine Verschwendung ist. Er meinte, dass sich das Gebet in einer Kultur wie der unseren wie eine Zeitverschwendung anfühlen kann. Aber für diejenigen, die die Möglichkeit eines Lebens mit Gott entdeckt haben, ist es der Höhepunkt der menschlichen Existenz. Wenn du einmal in den Genuss des Gebets – des wahren Gebets – gekommen bist, erkennst du, dass buchstäblich das Wichtigste auf dieser Welt darin besteht, deine Hingabe an Gott zu vertiefen und deine Aufmerksamkeit für ihn zu schärfen.

Das Gebet als ein Bei-Jesus-Sein ist unser wichtigstes Tor zur Freude. Es ist nicht nur der beste Teil jedes Tages, sondern der beste Teil des ganzen Lebens.

Das Gebet – egal welcher Art – wird immer eine lästige Pflicht oder nur eine weitere Aufgabe auf unserer religiösen To-do-Liste bleiben, bis wir erkennen, dass Jesus selbst unser »sehr großer Lohn« (1. Mose 15,1; ELB) ist. Dass der Lohn dafür, Jesus zu folgen, nun ja, Jesus selbst ist – die schiere Freude an der Freundschaft mit ihm.

Jesus selbst sagte zu seinen Lehrlingen: »Ich nenne euch nicht mehr Diener … Ihr seid jetzt meine Freunde« (Johannes 15,15).

Durch das Gebet kultivieren wir diese Freundschaft. In seinem Andachtsklassiker *Nachfolge Christi* definiert der geistliche Schriftsteller Thomas von Kempen aus dem 15. Jahrhundert die Kontemplation als »vertrauliche Freundschaft mit Jesus«[80].

Du kannst mit Jesus befreundet sein. Das heißt, du kannst täglich vor Jesus sitzen und ihn zu dir sprechen, dich unterweisen, dich leiten und vor allem dich lieben lassen. So wie wir es von Maria lesen: Sie »saß Jesus zu Füßen und hörte ihm aufmerksam zu« (Lukas 10,39). Das ist das Leben, das wirklich Leben bedeutet – das »wahre Leben« (1. Timotheus 6,19).

Vielleicht entspricht das nicht deiner Erfahrung mit dem Gebet. Vielleicht bedeutet Beten für dich eher Langeweile oder Ablenkung. Oder du meidest das Gebet, weil es bei dir beängstigende Gefühle an die Oberfläche deines Herzens bringt. Dafür brauchst du dich weder zu schämen noch dich selbst fertigzumachen. Das hilft ohnehin nichts.

Bete einfach weiter.

Die eine nicht verhandelbare Regel des Gebets ist: Bleib dran. Bleib auf diesem Weg des Betens, bis du erfährst, warum so viel Wirbel darum gemacht wird. Hör nicht auf, bis du aus eigener Erfahrung weißt, was ich hier mit Mühe in Worte zu fassen versuche.

Mir ging es jahrelang so: Wenn ich von Mönchen und Nonnen las, die ihr »normales« Leben aufgegeben hatten, um nichts anderes zu tun, als zu beten, dachte ich immer: »Die müssen ein bisschen verrückt gewesen sein.« Fürs Protokoll: Manche waren es tatsächlich, und einige mehr als nur ein bisschen. Aber was, wenn *wir* im Grunde die Gestörten sind? Wir, die lieber Netflix schauen, shoppen gehen oder Fantasy Football spielen, als mit der liebenden

Liebe zu kommunizieren? Wir, die wir den Großteil unserer Zeit lieber damit verbringen, für einen Job zu schuften, der uns auffrisst, nur um uns wieder auszuspucken, sobald wir dem Unternehmen nicht mehr nützlich sind? Die jeden Tag Stunden am Handy verbringen und behaupten, keine Zeit für Gott zu haben? Was, wenn wir es sind, die den Bezug zur Realität verloren haben? Wir, die wir unser Leben mit trivialen Dingen verplempern?

Wacht dein Herz gerade auf? Flackert in deiner Seele eine kleine Flamme, die sich nach Freundschaft mit Jesus sehnt? Wenn ja, dann möchte ich dir Hoffnung machen: Du kannst »das wahre Leben« ergreifen. Denn um uns dieses Leben zu ermöglichen, ist Jesus gestorben.

Finde deinen verborgenen Ort

Jesus sagte etwas über das Gebet, das ich überraschend finde. Sein erster Ratschlag bezog sich nicht darauf, was wir beten sollen, sondern wo:

> Wenn du beten willst, geh in dein Zimmer, schließ die Tür, und dann bete zu deinem Vater, der auch im Verborgenen gegenwärtig ist; und dein Vater, der ins Verborgene sieht, wird dich belohnen.«
> *Matthäus 6,6; NGÜ*

Das Wort, das Jesus für »Zimmer« verwendet, heißt auf Griechisch *tameion* und kann auch mit »innerer Raum« übersetzt werden.[81] In einem typischen galiläischen Haus des ersten Jahrhunderts gab es einen Innenraum, eine Art Schrank oder Vorratskammer, in dem Lebensmittel und Vorräte gelagert wurden. Das Leben fand weitgehend im Freien statt, daher diente das Haus hauptsächlich als Schlaf- und Lagerraum. Jesus riet den Menschen, sich im *tameion* zu verstecken und dort im Verborgenen zu beten.

Ich schreibe dieses Buch in einem kleinen Büro, das mitten in einem Wald in Oregon liegt. Es ist ruhig hier. Und die einzigen Ablenkungen sind die, die ich mir selbst eingebrockt habe. Warum schreibe ich hier und nicht an irgendeiner Straßenecke in der Stadt? Weil ich eine Person bin und einen Körper habe und weil die Umgebung für mich ausschlaggebend ist. Manche Orte helfen mir, mich auf meine Arbeit zu konzentrieren, während andere meine besten Absichten sabotieren.

Wenn wir die Tiefe des Lebens mit Gott erreichen wollen, die Jesus vorgelebt hat, müssen wir einen Ort finden, der frei ist von Ablenkungen – einen Ort, an den wir uns zurückziehen und mit dem Vater allein sein können. Das kann ein Büro im Wald sein, dein Schlafzimmer frühmorgens oder spätabends oder ein Park in der Nähe deines Hauses. Oder, wenn alles andere versagt, ein Schrank oder eine Speisekammer.

Wir müssen lernen, uns zurückzuziehen – ebenso wie Jesus es tat.

Wenn ich die vier Biografien über Jesus im Neuen Testament lese, wird mir eines schmerzlich bewusst: Sein Leben war geprägt von einem Rhythmus aus Rückzug und Rückkehr, wie das Ein- und Ausatmen. Jesus zog sich regelmäßig zurück: Er entkam dem Lärm und dem Druck der Menge und suchte sich einen Ort, an dem er beten konnte, allein oder manchmal mit ein paar engen Freunden. Er atmete ein, atmete aus, kehrte zurück. Er kam zurück, um zu predigen, seine Lehrlinge zu unterweisen, Menschen zu heilen, zu befreien und Liebe zu verschenken. In Markus 1 lesen wir:

> Ganz früh, es war noch Nacht, ging Jesus allein an einen einsamen Ort, um zu beten.
> *Markus 1,35*

Der Ausdruck »einsamer Ort« ist im Griechischen ein einziges Wort: *erēmos*. Es kann mit »verlassener Ort«, »einsamer Ort« oder »stiller Ort« übersetzt werden.[82] In Lukas 5 lesen wir dasselbe Wort wieder: »Jesus aber zog sich immer wieder in die Einsamkeit [*erēmos*] zurück, um zu beten« (Lukas 5,16; HFA).

Bemerkenswert ist, dass Jesus sich immer wieder an den *erēmos* zurückzog. In der Nacht vor seiner Verhaftung ging Jesus nach Gethsemane, einen Garten außerhalb von Jerusalem. Und der Verfasser des Lukasevangeliums berichtet, dass er »wie gewohnt« (Lukas 22,39) diesen Weg nahm. Das kann auch übersetzt werden mit »wie es seine Gewohnheit war«[83]. Und der Evangelist Johannes fügt hinzu, dass der Verräter Judas wusste, dass Jesus dorthin ging, »weil Jesus oft mit seinen Jüngern dort gewesen war« (Johannes 18,2).

Für Jesus war die Einsamkeit nicht nur ein Ort, sondern eine Praxis, eine Gewohnheit, ein fester Bestandteil seines Lebens. Er schien überall in Israel solche kleinen verborgenen Orte zu kennen, an die er sich zum Beten zurückzog.

Diese Praxis, die wir aus dem Leben von Jesus kennen, wurde später als die »geistliche Übung von Einsamkeit, Stille und Schweigen« bezeichnet. Und ganz gleich, was für ein Typ Mensch du bist – ein Denker oder ein Macher, ein Introvertierter, der sich nach Einsamkeit sehnt, oder ein Extrovertierter, der gar nicht genug feiern kann –, diese Praxis ist für dein geistliches Leben absolut entscheidend. Henri Nouwen sagte es einmal unverblümt, aber treffend:

> Ohne Einsamkeit ist es praktisch unmöglich, ein geistliches Leben zu führen.[84]

Es gibt eine legendäre Geschichte, wie Nouwen einmal Mutter Teresa um geistlichen Rat bat. Ihre Antwort war spartanisch: »Verbringe eine Stunde am Tag in der Anbetung des Herrn und tue nie etwas, wovon du weißt, dass es falsch ist.«[85]

Vielen von uns mag eine Stunde am Tag unrealistisch erscheinen.[86] Aber könntest du eine halbe Stunde schaffen? Zwanzig Minuten? Mit zehn Minuten kannst du ganz sicher anfangen, oder?

Wir haben alle unsere Ausreden, warum es uns schwerfällt, Zeit zum Beten zu finden. Aber viele davon sind genau das: Ausreden. In unserem Herzen – meines eingeschlossen – geht eine Art Tauziehen ab. Ein Teil von uns sehnt sich zutiefst nach Gott und ein anderer Teil von uns widersetzt sich dieser Sehnsucht und will Herrscher im eigenen Reich bleiben.

Ein Grund, warum so viele Menschen die Stille meiden, ist, dass sie noch nicht die passende Art gefunden haben, mit Gott zusammen zu sein, die ihrer Persönlichkeit und ihrer Lebensphase entspricht. Ich geb's zu: An dieser Stelle habe ich es leicht. Denn ich bin ein introvertierter Mensch, ich habe inzwischen keine kleinen Kinder mehr und ich lebe in einem Haus, nicht in einer winzigen Wohnung. Aber ich denke gerade an meinen Freund Tyler, der das volle Gegenteil von mir ist: Er ist megaextrovertiert, liebt die Action und ist Vater von drei kleinen Jungs. Trotzdem hat er einen

Weg gefunden, Stille in seinen Alltag zu integrieren. Er geht früh ins Bett und steht jeden Tag um fünf Uhr morgens auf, weil das die einzige Zeit ist, in der er nicht gebraucht wird. Dann geht er raus, betet auf seiner Veranda einen Psalm und spaziert anschließend zum Weiterbeten in den Park gegenüber. Und das tut er das ganze Jahr über, auch im Winter – in Portland! »Die Kälte macht mich so lebendig« war seine Antwort, als ich ihn fragte, ob er eigentlich verrückt sei.

Tyler und ich sind von unserer Persönlichkeit und unserer Lebenssituation her sehr unterschiedlich, aber was wir gemeinsam haben, ist die Sehnsucht nach Gott und dass wir gelernt haben, das Gebet zu lieben. Ich bete im Schneidersitz in der Stille meines Zimmers, er betet im Regenmantel in einem Stadtpark. Unterschiedliche Methoden, gleiches Ziel.

Wenn der verborgene Ort zu etwas verkommt, das nur introvertierte Intellektuelle für ihr Gebet nutzen, ist das eine große Tragödie – ähnlich wie im Mittelalter ein ernsthaftes Bemühen um ein Leben mit Jesus nur als etwas für Mönche und Nonnen angesehen wurde, nicht für normale Menschen. Es ist eine Tragödie für extrovertierte Menschen, weil sie nie die Tiefe des Lebens mit Jesus erreichen, die möglich wäre. Und es ist auch eine Tragödie für Introvertierte, weil eine geistliche Übung, die uns von uns selbst befreien und uns zu Menschen mit selbstloser Liebe formen sollte, zu »ein bisschen Zeit für mich, damit Papa sich erholen kann« verdreht wird, was oft nur dazu führt, dass es unser Versklavtsein an unser Ego verstärkt, statt uns davon zu befreien.

Arbeite also im Einklang mit deiner Persönlichkeit, nicht gegen sie. Such dir gerne geistliche Übungen, die zu deinem DISG-Typ und deiner Lebensphase passen. Aber finde deinen verborgenen

Ort. Such ihn auf, so oft du kannst. Setze Prioritäten. Verliebe dich in Einsamkeit, Stille und Gebet – und in Gott. Ohne stilles Gebet wird dein Leben mit Gott verkümmern. Aber mit dieser Übung wirst du die größte Freude des Lebens erleben: eine innige, vertrauensvolle Freundschaft mit Jesus.

Du musst alle Hektik aus deinem Leben verbannen. Radikal.

Ja, das klingt im ersten Moment nach viel. Aber ich möchte eines klarstellen: Der Ruf, bei Jesus in die Lehre zu gehen, ist kein Ruf danach, mehr zu tun, sondern ein Ruf, weniger zu tun.

Es geht nicht um Addition, sondern um Subtraktion.

Es geht nicht darum, die Komplexität zu erhöhen, sondern nach Einfachheit zu streben.

Es geht weniger um *Habit Stacking*[87] als darum, Nein sagen zu lernen.

Jesus ruft dich auf, dein Leben zu verlangsamen und zu vereinfachen, um die drei Ziele eines Lehrlings zu erreichen: mit deinem Rabbi zusammen zu sein, ihm ähnlich zu werden und zu handeln, wie er handelt. Es ist der Aufruf, die Ausbildung bei ihm zum belebenden Mittelpunkt deines gesamten Lebens zu machen.

Tatsache ist, dass die große Mehrheit von uns viel zu beschäftigt ist, um Jesus auch noch in unseren überfüllten Terminkalender »einzubauen«. Auch wenn das jetzt schwer zu schlucken ist, aber ich kann das nur so knallhart sagen:

Es gibt einfach keine Möglichkeit, Jesus zu folgen, ohne unser Leben zu entschleunigen.

Dallas Willard bezeichnete die Eile als »den großen Feind des geistlichen Lebens in unserer Zeit« und sagte: »Du musst alle Hektik aus deinem Leben verbannen. Radikal.«[88] Hektik ist wohl die Herausforderung Nummer eins, der wir uns stellen müssen, wenn wir uns entscheiden, Jesus ernsthaft zu folgen. Wie ein Feind wird sie uns nicht nur im Weg stehen, sie wird aktiv gegen uns kämpfen.

Die gemeinnützige Organisation, die ich derzeit leite, begann mit einer fünfjährigen Initiative für geistliches Wachstum in der *Bridgetown Church*. Wir gaben ihr den Namen: *Practicing the Way*. Gemeint ist natürlich der Weg, den Jesus uns vorlebte. Bevor wir begannen, setzte ich mich mit einem Psychologen zusammen, der einer der klügsten Christen ist, die ich kenne, um konstruktive Kritik an unserer Vision für eine neue Art von Gemeinde zu bekommen. Er bestätigte größtenteils, dass unsere Ideen sowohl in der Heiligen Schrift als auch in der Wissenschaft gut begründet sind, und gab uns seinen Segen. Aber dann dämpfte er seine positive Einschätzung mit dieser unheilvollen Warnung: »Das größte Problem, das ihr haben werdet, ist die Zeit«, sagte er. »Die meisten Menschen sind einfach zu beschäftigt, um ein emotional gesundes und geistlich lebendiges Leben zu führen.«[89]

Wir leben ein zeitlich zerrissenes Leben: Wir wollen bei Jesus sein, aber wir haben einfach keine Zeit zum Beten. Wir wünschen uns wirklich, zu Menschen der Liebe zu werden, aber unsere To-do-Listen sind zu lang, um es ernsthaft zu versuchen. Wir wissen, dass Ruhe das Geheimnis des geistlichen Weges ist, aber den Sabbat halten? Das wäre ja ein Siebtel unseres Lebens! Und dabei sind wir völlig unzufrieden: Wir fühlen uns gehetzt, angespannt, weit weg von Gott und geistlich oberflächlich. Wir stecken in unseren selbstzerstörerischen Verhaltensweisen und Gewohnheiten fest.

Die geistliche Reise, die wir angetreten haben, um die höchsten Höhen von Gottes Reich zu erreichen, ist irgendwo auf halber Höhe stecken geblieben. Unser Weg ist zu einer ziellosen Schleife geworden.

Es ist nicht gut für uns, so weiterzuleben. Rich Villodas, ein Pastor in New York, hat es so formuliert:

> Unsere Seele ist nicht für die Geschwindigkeit geschaffen, an die wir uns gewöhnt haben. Deshalb sind wir ein Volk, das aus dem Rhythmus gekommen ist, ein Volk, das zu viel zu tun hat und nicht genug Zeit, um es zu tun …
> Unser Leben kann uns leicht an den Rand eines Burn-outs bringen. Das Tempo, in dem wir leben, ist oft zerstörerisch. Der Mangel an Freiraum ist lähmend. Wir sind erschöpft. Bei all dem ist das Problem nicht nur das hektische Tempo, mit dem wir leben, sondern das, was dadurch aus unserem Leben verdrängt wird, nämlich das Leben mit Gott.[90]

Es ist also erforderlich, dass wir bewusst Schritte zur Entschleunigung unternehmen.[91] Und das beginnt am besten mit einer Bestandsaufnahme unseres geistlichen Lebens. Zunächst prüfen wir ernsthaft, wie wir unsere Zeit verbringen, und dann lassen wir mehr weg, als wir hinzufügen, um unserer Sehnsucht, mit Jesus zusammen zu sein, Raum zu geben.

Das hört sich nicht nach Spaß an, stimmt's? Aber am Ende des Tages ist es eine gute Nachricht – die beste Nachricht überhaupt. Jesus ist kein Motivationstrainer, der uns anspornt, uns noch mehr anzustrengen, sondern der gute Hirte aus Psalm 23, der uns zu einem Ruheplatz am Wasser führt.

Wenn Jesus sagt: »Komm, folge mir!«, sagt er damit gleichzeitig, dass es einige Dinge gibt, die wir alle zurücklassen müssen. »Nimm dein Kreuz auf dich« ist eine Art zu sagen, dass es Opfer erfordern wird. Es gibt Dinge, denen wir den Rücken kehren, die wir loslassen, von denen wir uns trennen müssen.

Ronald Rolheiser fasste es folgendermaßen zusammen: »Jede Entscheidung ist ein tausendfacher Verzicht.«[92] Das heißt, jedes Ja ist ein tausendfaches Nein. Unser Ja dazu, Jesus einzuladen, ist ein Nein zu unzähligen anderen Einladungen.

Ich habe tatsächlich meinen Job gekündigt, inzwischen sogar schon zweimal, um ein langsameres, einfacheres Leben zu führen. Bis jetzt bereue ich nur, dass ich es nicht früher getan habe. Wahrscheinlich musst du dafür nicht gleich deinen Job kündigen – es könnte nur sein. Für die meisten bedeutet es vermutlich nur, ein paar digitale Abos zu kündigen, sich von ein paar Verpflichtungen zu verabschieden, weniger fernzusehen, früher ins Bett zu gehen – um früher aufzustehen und zu beten – und einfach Platz im Alltag zu schaffen, um innezuhalten, durchzuatmen und bei Jesus zu sein.

Wie wäre es, dein Leben zu entschleunigen, um bei Jesus in die Ausbildung zu gehen?

Wie wäre es, die Praktiken von Jesus zu nutzen, um geistig und körperlich einen Gang runterzuschalten? Um Gottes Schönheit zu bewundern? Um Jesus anzuschauen, der dich in Liebe ansieht?

Könnte es sein, dass dieser Weg mehr Erfüllung für dich bereithält als dein jetziges Leben?

Ich möchte dir Mut machen, es einfach mal auszuprobieren.

In Johannes 1 sagt Jesus zu einigen potenziellen Schülern: »Kommt und seht!« (Johannes 1,39; LUT). Das bedeutet: »Kommt, und geht eine Weile den Weg mit mir, und seht, ob das gemeinsame Leben im Reich der Liebe nicht viel besser ist als jedes andere Reich. Seht, ob dieser Weg nicht besser ist als jeder andere Weg.«

Also dann: Komm und sieh …

ZIEL #2

WIE JESUS WERDEN

Der Totenschädel. Er starrt mich an. Seine leeren Augenhöhlen bohren sich in meine Seele und machen es mir unmöglich, die Augen zu verschließen vor der ultimativen menschlichen Realität: dem Tod.

Es kann mich in einer halben Stunde oder in einem halben Jahrhundert treffen, aber ich werde irgendwann sterben. Und du ebenfalls. Die Statistiken sind da ziemlich überzeugend: nahezu 100 Prozent. Der Sensenmann kommt und holt uns alle.

Daher der Totenkopf auf meinem Schreibtisch.

Nein, nein, keine Panik, er ist nicht echt. Also, kein Grund, mich einweisen zu lassen.[93] Aber trotzdem braucht es hier wohl ein bisschen Hintergrundwissen, um zu verstehen, warum ich mir einen Totenkopf aus Keramik auf meinen Schreibtisch gestellt habe.

Im sechsten Jahrhundert schrieb ein Mönch namens Benedikt die berühmte *Regel des Heiligen Benedikt*, das Gründungsdokument eines der ältesten Mönchsorden der Welt. Darin gab er seinen Mönchsbrüdern folgenden Rat: den unberechenbaren Tod täglich vor Augen zu haben.[94]

Klingt in unseren modernen Ohren ein bisschen masochistisch, oder? Aber ich übersetze mal für unser heutiges Empfinden, was Benedikt damit im Wesentlichen sagen wollte: »Verschwende dein Leben nicht mit Trivialitäten. Mach dir klar, was zählt. Das Leben ist flüchtig und kostbar. Verplempre es nicht! Halte dir deinen Tod vor Augen. Und behalte die Ewigkeit in deinem Herzen.«

Wir sind aufgefordert, täglich das Wunder des Lebens mit Freude bewusst zu erleben.

Lange bevor der Totenkopf zum Markenzeichen von Punkrockbands, Motorradgangs oder Hollywood-Piraten wurde, war er das visuelle Leitmotiv christlicher Mönche. Jahrhundertelang knieten Mönche in ihren Zellen auf ihren Gebetsbänken und hatten drei Gegenstände vor sich liegen: einen Teil der Heiligen Schrift, eine Kerze (um in der Schrift lesen zu können) und einen Totenkopf. Keinen auf Etsy gekauften wie meiner, sondern einen echten – wahrscheinlich von einem früheren Bewohner des Klosters: »Mein alter Zimmergenosse, Bruder Makarios.« (Autsch!)

Der Schädel war eine tägliche Erinnerung: Das Leben vergeht rasch, verpass es nicht!

Bis heute tragen Benediktinermönche schwarze Gewänder – nicht, weil sie versuchen, schick zu sein, sondern weil sie das Leben in der Nachfolge von Jesus als eine Art Vorbereitung auf den Tod, auf die Ewigkeit bei Gott, betrachten.

Benediktinerklöster haben oft ihre eigenen Friedhöfe, da ihre Mönche das Gelübde der Beständigkeit ablegen und sich verpflichten, bis zu ihrem Tod in derselben Gemeinschaft zu bleiben. Manche Klöster lassen das Grab für den, der als Nächster sterben wird, schon ausheben, damit die Mönche jeden Tag, wenn sie an dem Grab vorbeigehen, daran denken, dass sie bald zu ihren Brüdern gehen werden.

Archäologen haben sogar alte Katakomben entdeckt, in denen in der Wand über dem Beinhaus folgender Spruch eingemeißelt war:

Was du jetzt bist, waren wir früher.
Was wir jetzt sind, wirst du sein.

Also, zurück zu dem Schädel auf meinem Schreibtisch: Er ist mein Versuch, mich selbst daran zu erinnern, dass ich sterben werde. Er ist da, weil es in jeder Zeit, aber besonders in der unseren, unglaublich einfach ist, unser Leben zu verschwenden. Denn es war noch nie so einfach und bequem wie heute, uns »zu Tode zu amüsieren«, wie es der Sozialkritiker Neil Postman nannte.[95] Du kannst im schwarzen Loch von Netflix verschwinden, ein Workaholic auf der Suche nach Ruhm oder Reichtum werden oder einfach nur auf einem der zahllosen Spielplätze für Erwachsene in einer modernen Großstadt »essen, trinken und fröhlich sein«. Vermutlich ist die ganze westliche Kultur auf die Verleugnung des Todes durch den Bewältigungsmechanismus der Ablenkung aufgebaut. Ronald Rolheiser hat es so ausgedrückt: »Wir lenken uns selbst ab bis zur geistlichen Besinnungslosigkeit.«[96]

Aber – und das soll jetzt nicht entmutigend rüberkommen – du wirst irgendwann sterben. Das werden wir alle. Und wenn dieser Tag kommt und deine Freunde und Familie an deinem Grab stehen, wird das Wichtigste sein, wer du zuvor geworden bist.

David Brooks, ein Kolumnist der *New York Times*, unterscheidet zwischen »Lebenslauf-Tugenden« und »Trauerrede-Tugenden«.[97] Lebenslauf-Tugenden sind das, worüber wir im Bewerbungsgespräch reden: wo wir schon überall gearbeitet haben, was wir erreichen konnten, welche Auszeichnungen wir erhalten haben und so weiter. Trauerrede-Tugenden sind all das, worüber andere reden, nachdem wir gestorben sind: nämlich darüber, was für Menschen wir waren, was unseren Charakter kennzeichnete und welche Beziehungen unseren Aufenthalt auf dieser Erde ausmachten.

Sich bewusst zu machen, dass wir sterben werden, bedeutet, uns daran zu erinnern, dass wir gewissermaßen für unsere Trauerrede leben und nicht für unseren beruflichen Lebenslauf. Es geht darum, unsere kostbare, flüchtige Zeit hier nicht zu verschwenden, sondern uns auf das zu konzentrieren, was im großen Plan der Ewigkeit zählt: Letztlich geht es darum, durch die Verbindung zu Jesus ein Mensch der Liebe zu werden.

Benedikt war ein Lehrling von Jesus, der mit der Zeit ein richtiger Heiliger wurde. Wie ein echter Lehrling betrachtete er die Jahre, die wir in unserem Körper verbringen, als eine Art Übungsplatz für die Ewigkeit. Letztendlich lernen wir hier, wie wir Menschen der Liebe werden können – Menschen, die wie Jesu sind.

Jetzt sind wir bei dem zweiten Ziel für einen Lehrling: Wie Jesus werden.

Um es kurz zu wiederholen: Das Ziel eines Lehrlings im ersten Jahrhundert bestand nicht nur darin, von einem klugen Rabbi die Thora zu lernen, sondern von jemandem, der darin ein Meister des Lebens geworden war, *leben* zu lernen. Das sehen wir in einem Lehrsatz von Jesus:

> Ein Schüler ist nicht besser als sein Lehrer. Aber der Schüler, der hart arbeitet, kann werden wie sein Lehrer.
> *Lukas 6,40*

Für Jesus liegt das Ziel einer Ausbildung bei ihm darin, *bei* ihm zu sein, um zu *werden wie er*, was durch einen gründlichen Trainingsprozess erreicht wird. Lehrlinge von Jesus sind diejenigen, die sich auf dieses Trainingsprogramm verpflichten und ihr Leben bewusst auf dieses Ziel von geistlichem Wachstum und persönlicher Reife ausrichten.

Und nur noch mal zur Erinnerung: Nicht-Lehrlinge von Jesus sind Leute, die bewusst irgendetwas anderes zum Mittelpunkt ihres Lebens machen.

Die Mönche nennen diesen Prozess der Ausbildung bei Jesus seit Langem *imitatio Christi*, also »Nachahmung Christi«. Heute sprechen wir von geistlichem Wachstum, geistlicher Formation (vor allem im Kontext katholischer Priester- und Ordensausbildung), geistlicher Prägung oder geistlicher Formung.

Geistliche Formung ist nicht nur für Christen

Das Erste, das wir über geistliche Formung wissen müssen und was absolut zentral ist: Sie ist nicht nur für Christen. Sie ist menschlich.

Mensch zu sein bedeutet, sich ständig zu verändern. Ob wir religiös sind oder nicht, wir wachsen, entwickeln uns, haben unsere Krisen und rappeln uns wieder auf. Es ist nun einmal so: Das Wesen der menschlichen Seele ist dynamisch, nicht statisch. Das ist der Grund, warum wir peinliche Teenagerfotos auf Hochzeiten und Hochzeitsfotos auf Beerdigungen zeigen – wir alle sind von diesem Prozess der Veränderung fasziniert.

Auch auf die Gefahr hin, mich dauernd zu wiederholen, die Frage lautet nicht: Wirst du geformt? Sie lautet: Zu wem oder zu was wirst du geformt?

Wer wir sind, ist das Ergebnis unserer geistlichen Prägung oder Formung.

Gelegentlich höre ich Menschen sagen, dass sie jetzt an ihrem geistlichen Wachstum arbeiten möchten. In der Regel ist damit gemeint, dass sie anfangen, geistliche Übungen zu praktizieren, geistliche Bücher zu lesen und möglicherweise in Therapie oder Seelsorge an sich zu arbeiten. Das ist alles sehr gut und hilfreich.

Nur dürfen wir dabei eins nicht vergessen: Wir wurden schon geistlich geformt, bevor wir aus dem Bauch unserer Mutter kamen.

Eine geistliche Prägung findet bei jedem statt, egal ob er oder sie daran arbeitet oder nicht. Mutter Teresa war ebenso ein »Produkt« geistlicher Prägung, wie Hitler es war. Gandhi wurde geistlich geformt und Mao ebenfalls. Dasselbe gilt für Michelle Obama, Lady Gaga, Brené Brown oder Volodymyr Zelenskyy. Ihr Geist wurde über einen langen Zeitraum hinweg geformt durch ein komplexes Gemisch aus genetischer Vererbung, Familienmustern, Kindheitstraumata, Erziehung, Gewohnheiten, Entscheidungen, Beziehungen, inneren Orientierungen, Einstellungen, Umfeld, Reaktionen auf dieses Umfeld und vieles andere mehr.

Das Gleiche gilt für uns alle.

Du wurdest bereits geformt. Du wirst jetzt geformt, während du das hier liest. Und du wirst in den nächsten Tagen geformt werden. Mit anderen Worten: Du wirst zu einer bestimmten Person[98] – zu einer Seele, die in Schönheit erstrahlt, oder zu einer, die durch Sünde verunstaltet ist.

Die Frage, die zu stellen der Ordensgründer Benedikt uns nahelegen würde, lautet: Zu was für einer Art Mensch werde ich?

Geistliche Formung ist nicht optional. Jeder Gedanke, den du denkst, jede Emotion, die du in dein Verhalten einfließen lässt, jede Einstellung, die du in deinem Körper verankerst, jede Entscheidung, die du triffst, jedes Wort, das du sprichst, jede Beziehung, die du eingehst, alle Gewohnheiten, die deinen Tag ausmachen, ob du soziale Medien nutzt oder nicht (und wenn ja, wie du sie nutzt), wie du auf Schmerz und Leid reagierst, wie du mit Misserfolg oder Erfolg umgehst – all diese Dinge und noch viel mehr formen uns zu einer bestimmten Person.[99]

Stillstand ist keine Option. Wir werden entweder in die Liebe und Schönheit von Jesus verwandelt oder im Strudel von Sünde und Tod verunstaltet. »Wir werden entweder zu Repräsentanten von Gottes heilender und befreiender Gnade oder zu Trägern der Krankheit dieser Welt.«[100] Etwas anderes zu glauben, ist eine Illusion. Und wenn wir uns darüber überhaupt keine Gedanken machen, neigen wir vermutlich umso mehr dazu, unser Leben zu verplempern.

C. S. Lewis schrieb über die Hölle und behauptete, dass wir uns alle auf einem Weg befinden, der entweder zum Leben oder zum Tod führt, und je weiter wir diesem Weg folgen, desto stärker wird er sich auf unsere Person auswirken: Wir werden entweder zu »unsterblichen Schrecken oder zu ewiger Herrlichkeit«[101]. Willard argumentierte, dass der Tod nur den Weg besiegelt, den wir im Leben gewählt haben.[102] Es ist klar, dass manche Menschen schon jetzt in einer Hölle leben, während andere in einer Art »Himmel auf Erden« zu Hause sind.

Wir folgen nicht alle dem gleichen Weg.

Das zeigt sich für mich sehr deutlich, wenn ich mir ältere Menschen anschaue. Die meisten Menschen, die älter als achtzig Jahre alt sind, gehören entweder zu den besten oder den schlimmsten Menschen, die ich kenne. Ich meine das ganz und gar nicht altersdiskriminierend. Im Gegenteil. Die meisten Mitzwanziger, die ich kenne, sind einfach nur »so mittel«, wie meine Teenager-Kinder sagen würden. Sie sind weder Heilige noch potenzielle Terroristen, sie sind einfach durchschnittlich. Das trifft auf die meisten älteren Menschen, die ich kenne, nicht zu. Wenn ich meine mentale Kartei von Menschen über achtzig durchgehe, stelle ich fest: Die meisten davon sind entweder die liebenswürdigsten, glücklichsten, dankbarsten, geduldigsten, liebevollsten und selbstlosesten Menschen, die ich kenne, und einfach nur glücklich, am Leben zu sein, oder sie sind die verbittertsten, manipulativsten und boshaftesten Menschen, die mir je begegnet sind, und versprühen ständig nur emotionales Gift in ihren Familien und ihrem ganzen Umfeld. Sicher, einige liegen auch in der Mitte, aber die meisten bewegen sich deutlich darüber oder darunter.

Das liegt daran, dass sie fast ein Jahrhundert damit verbracht haben, zu einer bestimmten Art Mensch zu werden: geformt zu werden – durch eine seltsame, unsichtbare chemische Reaktion von Gewohnheiten, Einstellungen, Lebensumständen, Leiderfahrungen, Erfolgen, Misserfolgen und zufälligen Ereignissen.

Das ist geistliche Formung.

Geistliche Formung – eine Definition

Okay. Definieren wir also mal, wie geistliche Formung bei Jesus aussieht.

Wenn geistliche Formung einfach die Art und Weise ist, wie der menschliche Geist oder das Selbst in eine bestimmte Form gebracht wird – im Guten wie im Schlechten –, dann ist geistliche Formung auf dem Weg von Jesus die Art und Weise, wie wir geformt werden, um wie Jesus zu werden und dadurch unser tiefstes, wahres Selbst zu werden: das Selbst, das Gott im Sinn hatte, als er vor Anbeginn der Zeit sein Ja zu unserer Existenz sprach.

Die Ironie an unserer »Sei einfach du selbst!«-Kultur ist, dass am Ende alle gleich aussehen. Denn Sünde ist unglaublich klischeehaft.

Wir verfallen unseren niederen tierischen Instinkten nach Selbsterhaltung und Vergnügen – Gier, Maßlosigkeit, Unmoral, Lügen, Machtspielen. Es ist immer wieder die gleiche Geschichte, von Homers *Ilias* bis zu den Schlagzeilen von heute.

Ein wahres Original ist jemand, der den Weg von Jesus einübt und auslebt. Denn niemand ist origineller als ein Heiliger. In diesem Sinne werfe ich eine Arbeitshypothese für geistliche Formung in den Raum:

> Geistliche Formung ist der *Prozess*, durch den wir *in Christus* zu *Menschen der Liebe geformt werden*.

Lasst uns das mal durchbuchstabieren.

Der Prozess

Geistliche Formung nach dem Bild von Jesus ist ein langer, langsamer Prozess, kein einmaliges Ereignis. Es gibt keinen Blitzschlag vom Himmel. Geistliches Wachstum ist ähnlich wie körperliches Wachstum – sehr langsam. Es vollzieht sich im Laufe des Lebens in einem schrittweisen, manchmal nicht wahrnehmbaren Tempo. Ja, wir erleben Zeiten dramatischer Veränderungen wie die Geburt oder einen Wachstumsschub im Teenageralter, aber diese deutlichen Wendepunkte sind die Ausnahme, nicht die Regel.

Wie James Houston, Professor am Regent College in Vancouver, gern sagte: »Geistliches Wachstum ist die langsamste aller menschlichen Bewegungen.«

Das ist provokant. Eine Herausforderung für unsere Kultur der sofortigen Befriedigung. Wir sind daran gewöhnt, dass alles immer schneller geht – die ganze Welt ist nur einen *Swipe* weit entfernt. Wir klicken auf einen Button und bekommen alles innerhalb kürzester Zeit nach Hause geliefert. Aber die Formung der menschlichen Seele funktioniert nicht in Höchstgeschwindigkeit. Wenn wir das aus den Augen verlieren – und ich spreche hier ebenso sehr zu mir selbst wie zu dir, während ich den Schädel auf meinem Schreibtisch in den Blick nehme –, werden wir entweder entmutigt und geben auf, oder wir geben uns mit einem billigen Mittelmaß zufrieden.

»Wir Christen sind nicht perfekt, uns ist nur vergeben.« Das ist faktisch wahr, aber – für mein Empfinden – ein ziemlich schrecklicher Spruch. Als ob das Beste, worauf wir hoffen können, ein kleines Upgrade auf dem Weg ins Jenseits ist. Aber wir dürfen den Horizont der Möglichkeiten, der uns durch das außergewöhnliche Leben mit Jesus und die Gabe seines Geistes eröffnet wird, nicht eingrenzen. Nein, wir müssen so lange in diesem Formungs- und Wachstumsprozess bleiben, wie es braucht, um unsere wahre Bestimmung zu erreichen.

Und das kann sehr, sehr lange dauern.

Kürzlich äußerte ich gegenüber meiner Frau, wie sehr mich der lebenslange Kampf gegen meine Angstzustände frustriert. Ich finde es schrecklich, wie gestresst ich immer wieder bin und wie oft ich in negativen Gedankenspiralen festhänge.

»Glaubst du, dass ich da jemals rauskomme?«, fragte ich sie.

»Natürlich«, erwiderte sie. »Ganz sicher. Ich glaube, du wirst irgendwann sehr glücklich und entspannt sein.«

»Meinst du das ernst? Und wie lange soll das dauern?«

»Ich schätze, bis du ungefähr Mitte sechzig bist«, sagte sie todernst.

Es war kein Scherz, sondern ihre ehrliche Einschätzung. Und wahrscheinlich hat sie recht.

Der geistliche Lehrer Peter Scazzero gab mir einmal eine Maxime weiter, die er selbst von einem älteren, weiseren Mentor erhalten hatte: »Das beste Jahrzehnt deines Lebens werden deine Siebziger sein, das zweitbeste deine Achtziger und das drittbeste deine Sechziger.« Mit dem besten meinte er nicht das glücklichste – obwohl ich auch das erwarte –, sondern das erfüllteste und freudigste – und das hilfreichste für andere.

Nur um das klarzustellen: Freude können wir auf dem gesamten Weg mit Jesus erleben. Ich würde sogar sagen, dass Freude das entscheidende Merkmal eines Lebens ist, das sich um Gott dreht. Aber diese Freude ist selten das explosive Glück eines emotionalen Hochs – dramatisch, aber unbeständig und flüchtig. Sie ist eher wie eine leise Unterströmung, die sich allmählich am Grund unserer Seele ansammelt und immer mehr anschwillt. Die wie eine sanfte Melodie im Laufe der Jahre zum Soundtrack unseres Lebens wird.

Aber: Es ist ein Prozess.

Geformt werden

In das Ebenbild von Jesus hineingeformt zu werden, ist nicht so sehr etwas, das wir tun, sondern etwas, das an uns geschieht. Und zwar durch Gott selbst, wenn wir uns dem Wirken seiner verwandelnden Gnade überlassen. Unsere Aufgabe ist dabei vor allem, uns dafür zur Verfügung zu stellen.

Such dir aus, welches Bild aus der Bibel für dich am treffendsten ist: Wir sind die Schafe, er ist der Hirte. Wir sind der Ton, er ist der

Töpfer. Wir sind das Kind im Mutterleib, er ist die Mutter, die in Geburtswehen liegt.[103]

Das bedeutet nicht, dass wir völlig unbeteiligt sind. Nein. Wir haben die Verantwortung, mit der Gnade Gottes, die uns verwandeln wird, zusammenzuarbeiten. Er wird sie uns nicht aufzwingen. Wie Augustinus schon im vierten Jahrhundert sagte: »Ohne Gott können wir nichts tun. Ohne uns wird Gott nichts tun.«

Ein Großteil der Enttäuschung, die Christen derzeit empfinden, weil sie so wenig Veränderung an sich wahrnehmen, ist darauf zurückzuführen, dass sie nie gelernt haben, ihren Teil zum geistlichen Geformtwerden beizutragen. Gleichzeitig ist es nicht unsere Aufgabe, uns selbst zu retten, sondern uns Gott zu überlassen.

Eines der vielen Geschenke, das die Selbsthilfebewegung der Suchtkranken uns gemacht hat, ist die schonungslose Ehrlichkeit, mit der sie uns vor Augen führt, wie schwach wir sind, wie sehr wir alle der Gnade und der Gemeinschaft bedürfen und wie unzulänglich unsere Willenskraft ist. In gewisser Weise sind wir nämlich alle süchtig. Die Frage ist nur, wonach. Als die *Anonymen Alkoholiker* anfingen, von einer »Höheren Macht« zu sprechen, trugen sie damit der Tatsache Rechnung, dass wir eine Macht brauchen, die viel größer ist als wir selbst, um frei zu werden von der Sucht. Wir haben uns diesen Schlamassel selbst eingebrockt, aber wir können uns nicht selbst daraus befreien. Wir sind zu kaputt, um uns selbst wieder zusammenzuflicken. Zu verloren, um uns selbst zu finden. Wenn wir die menschliche Fassade unserer Selbsttäuschung ablegen, erkennen wir, wie unfassbar wenig wir Christus im tiefsten Inneren unseres Herzens gleichen. Wir werden gezwungen, uns mit unserer wahren Natur auseinanderzusetzen – damit, wie verdreht und verwundet wir tatsächlich sind. Und an dieser empfindlichen Stelle erkennen wir alle: Ich kann mich nicht selbst retten. »Arzt, heile dich selbst!« – Diese Strategie ist hier zum Scheitern verurteilt. Wir brauchen Hilfe, Kraft, die von außen kommt. Wir brauchen Gnade.

Geformt zu werden ist nicht die christliche Version von Selbstverwirklichung. Es ist ein Prozess des Heilwerdens. Ein Prozess, in dem wir von Jesus gerettet werden.

Zu Menschen der Liebe werden

Ein Lehrling von Jesus ist jemand, der das eigene Leben ganz darauf ausrichtet, wie Jesus zu werden – mit der eigenen Persönlichkeit, der sexuellen Identität, den Lebensphasen, in der kulturellen und ethnischen Zugehörigkeit und so weiter. Aber wenn wir in einem Wort zusammenfassen müssten, was das Wesen von Jesus ausmacht, gäbe es nur einen Begriff: Liebe.

Liebe ist die Feuerprobe für geistliches Wachstum.

Die eine entscheidende Frage ist: Werden wir zu Menschen, die mehr lieben? Nicht: Kennen wir uns besser in der Bibel aus? Oder machen wir mehr geistliche Übungen? Oder engagieren wir uns häufiger in unserer Gemeinde? Das ist alles gut und richtig. Aber es ist nicht das Wichtigste.

Wenn du messen willst, ob du auf dem geistlichen Weg vorankommst, schau dir an, wie es um deine engsten Beziehungen steht – gemessen am Maßstab der Liebe und der Frucht des Geistes. Würden die Menschen, die dich am besten kennen, sagen, dass du in den letzten Jahren liebevoller geworden bist, mehr erfüllt von Freude und Frieden? Geduldiger und weniger schnell frustriert? Freundlicher, sanfter? Dass du mit der Zeit milder geworden bist?

Dass du so etwas wie Güte ausstrahlst? Dass du voller Hoffnung bist, besonders in schweren Zeiten? Und selbstbeherrschter?

Wächst in dir die Liebe nicht nur zu deinen Freunden und deiner Familie, sondern auch zu deinen Feinden? Wenn du verletzt oder ungerecht behandelt wirst – und das erleben wir alle –, bist du dann zunehmend in der Lage, die Bitterkeit loszulassen, den Schmerz zu verkraften und nicht mit gleicher Münze zurückzuzahlen? Für die Menschen zu beten, die dich verletzt haben, und sogar für das Glück derer zu beten, die dich verfluchen (Lukas 6,28)? Und fühlt sich das alles immer natürlicher und weniger gezwungen an? Mehr und mehr so, als wärst du einfach nur du selbst?

Wenn nicht, dann ist es egal, wie gut du die Bibel kennst, wie viele theologische Bücher du liest, wie viele Erkenntnisse du sammelst oder wie viele geistliche Übungen du in deinen Alltag einbaust. Du bist nicht auf der richtigen Spur.

Denn das Ziel des geistlichen Weges ist es, Gott ähnlich zu werden. Und »Gott ist Liebe« (1. Johannes 4,8). Erinnerst du dich an die Erkenntnis von Ignatius von Loyola, dass Gott »die liebende Liebe« ist? Liebe ist nicht nur etwas, was Gott tut, sondern Liebe ist das, was ihn ausmacht. Er kann gar nicht anders, als zu lieben. Das ist sein Wesen. Manche Menschen wundern sich, dass Jesus uns nicht hasst, bei all unseren Fehlern und unserem Versagen. Aber das zeigt nur, wie verzerrt unsere Sicht auf Gott ist. Es wäre für Gott viel schwieriger, uns zu hassen, als uns zu lieben.

Liebe ist das, wie Gott in seinem tiefsten Inneren ist.

Und aus diesem Grund ist Gott dreifaltig: weil Gott Liebe ist und Liebe nicht ohne Beziehung existieren kann. Also muss Gott eine Art von Beziehung sein – eine Liebe, die sich selbst gibt, der es nur um den anderen geht, eine demütige, freudvolle Liebe, die nur

Segen und Wohlwollen ist. Um noch einmal Augustinus zu zitieren: »Wo es Liebe gibt, gibt es eine Dreifaltigkeit: einen Liebenden, einen Geliebten und die Quelle der Liebe.«[104] Er ist der, der liebt, der geliebt wird und die ultimative Quelle aller Liebe ist.

Und wir sollten nicht vergessen: Liebe nach der Definition von Jesus ist nicht nur ein schönes Gefühl der Zuneigung. Liebe ist eine Haltung – eine Haltung des Mitgefühls, der Wärme und der Freude –, aber sie ist auch Tat. Sie ist *agape* – die Bereitschaft, das Wohl eines anderen über das eigene zu stellen, egal, wie hoch die Kosten oder Opfer sind. Jesus sagte: »Die größte Liebe beweist der, der sein Leben für die Freunde hingibt« (Johannes 15,13). Das ist das Kreuz. Das ist nicht nur etwas, das Jesus für uns getan hat, sondern auch etwas, das wir mit ihm tun: »Wir haben die wahre Liebe daran erkannt, dass Christus sein Leben für uns gegeben hat. Deshalb sollen auch wir unser Leben für unsere Brüder einsetzen« (1. Johannes 3,16).

Hier unterscheidet sich geistliche Formung grundlegend vom Trend der Selbstverwirklichung oder der westlichen Besessenheit vom Projekt »Selbst«: Sie hat ein anderes Endziel, ein *telos* – sie soll uns zu Menschen der *agape* formen.

M. Robert Mulholland definiert geistliche Formung als »einen Prozess, in dem wir in das Bild Christi umgestaltet werden, und zwar zum Wohl anderer«[105], und betont besonders den Aspekt »zum Wohl anderer«. Ohne dieses entscheidende Element degeneriert geistliche Formung unweigerlich zu einer privaten therapeutischen Selbsthilfe-Spiritualität. Und das ist, ehrlich gesagt, dann nur eine christianisierte Version des radikalen Individualismus ohne die Funktion eines Schmelzofens, der alles Störende aus unserer Seele brennt und uns zu Menschen der Liebe formt, die Jesus gleichen.

Ja, es gibt eine Reise nach innen und sogar eine Selbsterkenntnis – beides Schlüssel für christliche Spiritualität –, aber darauf folgt eine Reise nach außen: eine Reise in die Liebe, ins Handeln in der Welt. Das Ziel ist es, von Jesus geprägt zu werden, auf allen Ebenen unseres Seins, und damit zu Menschen zu werden, die von Liebe durchdrungen sind.

Aber ich betone es noch einmal: Wir können das nicht allein.

In Christus

Christus ähnlich zu sein, ist die Folge davon, dass Christus in uns lebt. Es ist letztlich alles Gnade. Es war schon immer Gnade. »Christus lebt in euch! Darin liegt eure Hoffnung …« (Kolosser 1,27), und wir leben in Christus.

Tatsächlich wird der Ausdruck »in Christus« im Neuen Testament immer wieder verwendet, allein in den Briefen des Paulus mehr als achtzig Mal. Theologen nennen diese Lehre »Inkorporation« – das Eingebundensein, die Integration in das innere Leben Gottes durch Christus. Jesus ist gekommen, um uns ins innerste Leben Gottes, in die liebende Liebe, hineinzuziehen. Wie Pastor Darrell Johnson es in seinem Buch über die Dreifaltigkeit ausdrückt, bedeutet diese Erfahrung, »mitten in der Intimität zu leben, die das Zentrum des Universums ist«[106].

Jesus hat kurz vor seinem Tod gesagt:

> Ich bete nicht nur für diese Jünger, sondern auch für alle, die durch ihr Wort an mich glauben werden. Ich bete für sie alle, dass sie eins sind, so wie du und ich eins sind, Vater – damit

sie in uns eins sind ... ich in ihnen und du in mir, damit sie alle zur Einheit vollendet werden. Dann wird die Welt wissen, dass du mich gesandt hast, und wird begreifen, dass du sie liebst, wie du mich liebst.
Johannes 17,20-21.23

Das ist das Evangelium: Gott hat sich in Jesus zu uns auf den Weg gemacht – zu uns, die wir sündig, kaputt, verletzt, sterblich, sterbend und unfähig sind, uns selbst zu retten; zu uns, von denen viele völlig desinteressiert an Gott sind oder ihm sogar feindlich gegenüberstehen. Er nähert sich uns, um uns in sein inneres Leben zu ziehen, uns zu heilen, indem er uns in seine trinitarische Liebe einhüllt, und um uns dann als Botschafter seiner Liebe in die Welt hinauszusenden.

Die Einladung, bei Jesus in die Ausbildung zu gehen, ist nicht nur eine Chance, zu Menschen der Liebe zu werden, die Gott *ähnlich* sind, sondern auch eine Chance, in das innere Leben Gottes selbst einzutreten. Die Kirchenväter nannten das *unio*, »Vereinigung« mit Gott. Und das ist der eigentliche Sinn unserer menschlichen Existenz – für mich, für dich und für jeden Menschen auf dem Planeten, ob er es erkennt und annimmt oder nicht.

Das ist also geistliche Formung: der Prozess, in dem wir zu Menschen umgestaltet werden, die hingebungsvoll lieben, indem wir uns immer tiefer in die Liebe des dreieinigen Gottes hineinfallen lassen und aus der Einheit mit ihm leben.

Jeder von uns wird zu einer Person geformt, das ist unvermeidlich. Und wir werden im Leben immer irgendwo ankommen. Ich für meinen Teil möchte zu einer Person werden, die von Gottes Liebe durchdrungen ist. Und ich möchte in der Einheit mit Gott ankommen.

Wie sieht es bei dir aus?

Heilig wird man nicht aus Versehen

Für viele von uns hört sich das wundervoll an: zu einem Menschen der Liebe werden und in der Einheit mit Gott ankommen. Aber hier kommt der Haken: Es wird nicht einfach auf magische Weise von allein passieren.

Wie Jesus zu werden ist möglich, aber es geschieht nicht von selbst.

Sehr wahrscheinlich werden dich die Schwerkraft und die Trägheit des Lebens eher in die entgegengesetzte Richtung ziehen. »Das Tor zum Leben … ist eng und der Weg dorthin ist schmal, deshalb finden ihn nur wenige«, sagt Jesus in Matthäus 7,14. Anders ausgedrückt: Wir werden nicht aus Versehen zu Heiligen.

Niemand wacht mit knapp fünfzig eines Morgens auf und sagt sich: »Wow, sieh mal einer an! Ich bin ein Heiliger geworden. Krass!« Oder: »Hmm, es scheint, als hätte ich tatsächlich nach der Bergpredigt gelebt. Ich bin zunehmend frei von Sorgen, Lust und Wut. Ich urteile nicht mehr über andere. Geld hat keinen Reiz mehr für mich. Ich werde nicht mehr von Angst und Menschenfurcht dominiert, sondern fühle mich frei und bin erfüllt von Liebe, sogar von Liebe zu meinen Feinden. Na, das hat sich aber fein ergeben.«

Tja, schön wär's! Aber … nein. So läuft das nicht.

Wir werden geformt, und zwar, wie wir ja bereits festgestellt haben, auch ohne eine bewusste Entscheidung unsererseits. Aber zu einem Menschen der Liebe zu werden, das geschieht nicht von selbst. Dafür müssen wir uns entscheiden, und zwar jeden Tag aufs Neue. Es erfordert einen bewussten Entschluss. Wir müssen bei Jesus in die Lehre gehen und seinem Trainingsplan folgen.[107]

Vielleicht sagst du jetzt: »Ja, ich bin dabei. Aber ich weiß nicht, wo ich anfangen soll.«

Wenn du das von ganzem Herzen meinst, bist du nicht allein. Viele Menschen wollen wirklich bei Jesus in die Ausbildung gehen, aber sie wissen nicht, wie. Geistliche Formung wird in vielen Gemeinden in der westlichen Welt oft auf eine Formel mit drei Schritten verkürzt:

- Geh zum Gottesdienst.
- Bete und lies in der Bibel.
- Gib den Zehnten.

Ich finde das alles wichtig. Und alle drei Punkte sind Bestandteil meiner Lebensregel. Allerdings habe ich die Erfahrung gemacht, dass viele Christen, die diese Formel als Schablone für ihr gelebtes Christsein hernehmen, auch nach Jahrzehnten nur wenig positive Veränderung an sich bemerken. Sie fühlen sich nur älter.

Dr. Janet Hagberg und Robert Guelich vom Fuller-Seminar haben jahrzehntelang Daten von Tausenden von Christen analysiert. Sie haben einen Entwicklungsprozess gesucht, durch den Menschen, die Jesus nachfolgen möchten, im Laufe ihres Lebens tatsächlich auch mehr wie Jesus werden. Daraus ist eine Theorie entstanden, nach der geistliche Entwicklung in sechs Stufen verläuft.[108]

Die entscheidende Reise

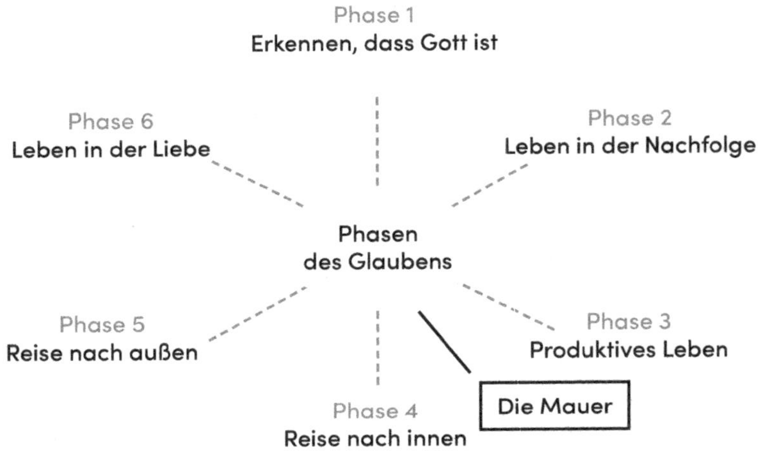

Nachdem sie diesen Prozess im Leben vieler Christen jahrelang beobachtet hatten, mussten sie eine ernüchternde Feststellung machen: Die meisten Christen reifen nie über die dritte Stufe hinaus und bleiben somit bei einem recht geringen Reifegrad stehen. Das heißt, nur sehr wenige erreichen ihr volles Potenzial in Christus.[109]

Dafür gibt es viele Gründe, aber einer davon ist ganz praktisch:[110] Die meisten Menschen haben keine brauchbare Vorstellung davon, wie Veränderung geschieht. Sie kennen keinen verlässlichen Weg zur Veränderung, dem sie folgen könnten.

Nach meiner persönlichen und auch seelsorgerlichen Erfahrung liegt das Problem nicht darin, dass die Menschen sich nicht ändern wollen – die meisten wollen das durchaus – oder dass sie nicht versuchen würden, sich zu ändern – die meisten bemühen sich wirklich. Das Problem ist, dass sie nicht wissen, wie sie sich verändern können. Wir haben kein zuverlässiges Verständnis davon, wie die menschliche Seele von der geistlichen Geburt zur geistlichen Reife gelangt. Und deshalb haben wir in unseren Gemeinden viele Menschen, die geistlich gesehen in der Pubertät stecken, aber nur wenige geistliche Weisen.

Vor Jahren hatte ich die Gelegenheit, die letzte öffentliche Vorlesung von Richard Foster zu besuchen. In den späten Siebzigerjahren schrieb Foster ein Buch mit dem Titel *Nachfolge feiern*[111], das sich im englischsprachigen Kontext über eine Million Mal verkaufte. Und das, obwohl der Titel im Original das Wort »Disziplin« enthält. Das Buch inspirierte viele Menschen in evangelikalen und protestantischen Gemeinden zu einer Renaissance des Interesses an geistlichem Wachstum und bewusster geistlicher Lebensgestaltung.

Als ich an der letzten öffentlichen Vorlesung teilnahm, die Richard Forster hielt, war das für mich so etwas wie ein heiliger Moment. Richard ist tatsächlich ein Weiser. Nachdem er jahrzehntelang in der ganzen Welt über geistliches Wachstum und spirituelle Formung gelehrt hatte, kam er liebevoll zu dem Schluss, dass die meisten Menschen keine Theologie des geistlichen Wachstums haben. Er äußerte sich betroffen darüber, wie abgrundtief unwissend die Menschen im Hinblick darauf sind, wie sie sich verändern können. Er sagte dies ohne eine Spur von Verurteilung, allerdings voller Trauer.

Nur sehr wenige Menschen haben überhaupt schon einmal tiefer über dieses Thema nachgedacht. Deswegen sind die Vorstellungen darüber, wie Veränderung möglich ist, bei den meisten Menschen eher

- unbewusst, nicht bewusst;
- zufällig, nicht gezielt;

- weltlich, nicht biblisch;
- meistens ineffektiv, nicht transformativ.

Die Folgen dieser Unwissenheit sind etliche Phänomene, die uns in der westlichen Kirche gut bekannt sind:

Wir haben Gemeinden mit vielen Menschen, die Christen sind, aber keine Lehrlinge von Jesus.

Wir sehen ein weitverbreitetes Krebsgeschwür der Heuchelei, das die Kirche infiziert hat, durch das die Kluft zwischen dem, was Jesus gelehrt hat, und dem täglichen Leben der Menschen – einschließlich vieler Pastoren – viel zu groß ist, um großzügig darüber hinwegsehen zu können.

Es gibt eine ganze Generation von »Gemeindekindern«, die vom Glauben desillusioniert ist. Eine Million Millennials treten jedes Jahr aus ihren Gemeinden aus. Viele davon geben es ganz auf, Jesus zu folgen, und suchen stattdessen das Heil in quasiwissenschaftlichen therapeutischen Selbsthilfestrategien oder östlichen Religionen, die ihnen als vielversprechendere Optionen für Erlösung erscheinen.

Es gibt viele Christen in den Kirchen und Gemeinden, die sich im Stillen nach mehr von Gott und seiner verändernden Kraft sehnen, aber den Eindruck haben, dass ihr geistlicher Weg sie in eine Sackgasse geführt hat. Das sind Leute, die sich in ihrem Wachstum blockiert fühlen.

Ich schreibe das hier nicht, um irgendjemanden zu kritisieren, zu verurteilen oder anzuklagen. Es geht darum, zu benennen, was unsere Realität ist. Viele von uns haben einfach kein Modell kennengelernt, durch das echte Veränderung nach dem Vorbild von Jesus möglich wird. Uns wurde kein effektiver Weg zur Umgestaltung gezeigt, kein entsprechender Lebensstil beigebracht. Oder noch schlimmer: Uns wurden Wege gezeigt, aber es waren nicht die richtigen.

Drei Strategien, die nicht funktionieren

Um wie Jesus zu werden, brauchen wir eine funktionierende Theorie der Veränderung – etwas, das … nun ja, eben *funktioniert.*

Fangen wir damit an, was nicht funktioniert. Zu den Dingen, die funktionieren, kommen wir später. In meinen über zwanzig Jahren als Pastor bin ich immer wieder auf drei Strategien gestoßen, die nicht funktionieren.

Verliererstrategie #1: Willenskraft

Das Problem mit der Willenskraft ist nicht, dass sie grundsätzlich schlecht wäre – das ist sie nicht, sie funktioniert nur nicht besonders gut. Wir alle kennen die Statistik: 80 Prozent der Neujahrsvorsätze sind Ende Januar bereits gescheitert.[112] Das liegt daran, dass Willenskraft eine Ressource ist, die sich schnell erschöpft. Wir haben jeden Tag nur ein begrenztes Maß davon zur Verfügung. Meine ist normalerweise schon am Mittag aufgebraucht. Sie ist wie ein Muskel. Er ermüdet nicht nur, wenn er überstrapaziert wird, sondern ist selbst im besten Zustand selten stark genug für richtig schwere Aufgaben.

Kleine Veränderungen, beispielsweise morgens einen Psalm zu lesen oder weniger zu fluchen, liegen normalerweise im Bereich der Willenskraft. In dir selbst und in deinem gesamten Umfeld gibt es jedoch starke Kräfte, die deine Willenskraft in rasantem Tempo verschlingen: tief verwurzelte Gewohnheiten der Sünde, die aus deiner Familiengeschichte stammen, automatische Reaktionen deines Körpers und jede Form von Trauma, Sucht oder Angst.

Das Geniale an der ethischen Lehre von Jesus ist, dass er sagt: Du kannst das Gesetz nicht halten, indem du versuchst, das Gesetz nicht zu brechen. Du kannst nicht liebevoller werden, indem du versuchst, liebevoller zu sein, egal, wie viel Mühe du dir gibst. Du musst im Inneren deiner Person verändert werden, in dem, was Jesus »das Herz« nennt.

Das heißt nicht, dass wir die Rolle der eigenen Anstrengung negieren: Eigenes Bemühen ist ein Schlüssel zur geistlichen Formung und zu geistlichem Wachstum. Es gibt eine synergetische Beziehung zwischen unserem Geist und Gottes Geist, zwischen unserer Willenskraft und seiner Kraft.

Unser eigenes Bemühen und Gottes Gnade sind Partner, keine Konkurrenten.

Aber die Hauptfunktion des eigenen Bemühens in unserer Formung ist es, das zu tun, was wir tun können – Raum zu schaffen, um uns Gott auszusetzen, und zwar durch die Praktiken, die Jesus uns vorgelebt hat –, damit Gott tun kann, was wir nicht tun können: uns heilen, uns befreien und uns in Menschen der Liebe verwandeln. Leslie Jamison formuliert in ihren Memoiren über die Überwindung ihrer Sucht: »Ich musste an etwas glauben, das stärker war als meine Willenskraft.«[113]

Willenskraft ist wichtig, aber sie ist nicht die Lösung.

Verliererstrategie #2: Mehr Bibel lesen

Viele Gemeinden gehen davon aus, dass mit zunehmender Bibelkenntnis auch die Reife eines Menschen zunimmt. Ich habe mein ganzes Leben im Umfeld von Gemeinden verbracht, in der die Bibel einen hohen Stellenwert einnimmt. Protestanten betonen – zu Recht, wie ich finde – die prägende Kraft der Bibel, um uns nach dem Vorbild von Jesus zu formen. »Die ganze Schrift ist von Gottes Geist eingegeben und kann uns lehren …« (2. Timotheus 3,16). Jesus selbst war ein Rabbi. Seine Lehre war bis ins kleinste Detail von der Heiligen Schrift durchdrungen. Aber wir Protestanten lassen uns leicht von anderen westlichen Grundannahmen blenden, zum Beispiel von René Descartes' berühmter These: »Ich denke, also bin ich.« Wir können leicht in eine völlig unbiblische Sichtweise der menschlichen Seele als einer Art »Hirn auf zwei Beinen« verfallen. Wie Thomas Edison einmal behauptete: »Die Hauptfunktion des Körpers ist es, das Gehirn herumzutragen.«

Aber der Philosoph James K. A. Smith hat es treffend ausgedrückt: »Wir können unseren Weg zur Christusähnlichkeit nicht erdenken.«[114] Denn, noch einmal: Den Weg von Jesus zu praktizieren gleicht weniger dem Verständnis der Quantenphysik als vielmehr dem Erlernen von Aikido. Es ist etwas, das wir mit unserem ganzen Körper tun.

Liebe ist keine intellektuelle Theorie, sie ist eine verleiblichte Weise zu sein.

Das ist der Grund, warum Information allein keine Veränderung bewirkt. Denn etwas zu wissen, ist nicht dasselbe, wie etwas zu tun. Und das wiederum ist nicht dasselbe, wie zu einem Menschen zu werden, der etwas ganz natürlich als Nebeneffekt eines veränderten inneren Wesens tut.

Ein Beispiel: Ich habe immer wieder mit Ängsten zu kämpfen – vielleicht kennst du das auch –, obwohl ich weiß, dass Jesus uns immer wieder anweist, uns nicht zu fürchten. Mein Problem ist weder ein Mangel an Information noch ein Mangel an Inspiration. Ich glaube, wir wünschen uns alle, frei zu sein von Angst. Die Frage ist, wie wir das, was wir bereits wissen und uns zutiefst wünschen, in unser zentrales Nervensystem bekommen und wie wir angstbestimmte Gewohnheiten überwinden können, die in der Neurobiologie unseres Körpers verankert sind.

Oder nehmen wir ein anderes Beispiel: Großzügigkeit. Wenn wir jeden einzelnen Christen auf der Welt fragen würden: »Möchte Gott, dass du großzügig bist?«, würden vermutlich 100 Prozent mit Ja antworten. Warum sind viele von uns Christen dann trotzdem nicht großzügig? Es liegt nicht daran, dass wir die richtige Antwort nicht kennen würden. Das Problem ist, dass alles, was Jesus über Geld und Großzügigkeit gesagt hat, noch nicht ins Innerste unseres Wesens vorgedrungen ist.

Ich will damit sagen: Gottesdienstbesuch, gute Predigten und regelmäßiges Bibelstudium sind allesamt gut und richtig – mehr als das, sie sind lebenswichtig. Aber wir müssen ehrlich zugeben: Für sich genommen bewirken sie nicht gerade massenhaft nachhaltige Veränderung in uns Christen.

Verliererstrategie #3: Download von oben

Ich nenne sie die »Matrix-Theorie geistlichen Wachstums«. Erinnerst du dich an die Szene in dem Film *Matrix*, in der Neo und Trinity auf dem Dach festsitzen? Sie müssen fliehen, und es gibt auch einen Hubschrauber. Der Haken ist nur: Keiner von beiden kann ihn fliegen. Null Problemo in der Matrix. Trinity ruft Tank an: »Ich brauche ein Pilotenprogramm für einen B-21-2-Hubschrauber – schnell!« Du siehst, wie ihre Augen flattern, und dann, *zack*, kann sie den Hubschrauber fliegen und die beiden können entkommen.

Ungefähr so stellen sich viele Menschen geistliches Wachstum und die geistliche Prägung ihrer Person vor: Sie warten auf einen Download von oben, der sie von einem Augenblick auf den anderen radikal verändert.

Im besten Fall spricht das für eine hohe Meinung von der Kraft des Heiligen Geistes – und das ganz zu Recht. Gottes Geist kann uns durch die Begegnung mit ihm tief greifend verändern. Er kann Festlegungen in unserem Leben brechen, unsere Erinnerungen heilen, unser Nervensystem neu programmieren und unseren Körper berühren. Ich würde sogar so weit gehen zu sagen, dass jede Theorie der Veränderung, die nicht auch die Notwendigkeit von Momenten des Durchbruchs berücksichtigt, nur begrenzte Ergebnisse bringen wird.

Aber im schlimmsten Fall ist diese Haltung nichts anderes als pure Faulheit. Denn es ist viel einfacher, einmal in der Woche in die Kirche zu gehen, um ein geistliches Hochgefühl zu erleben und auf einen Download vom Himmel zu hoffen, als sich auf die tägliche, wenig glamouröse Arbeit einzulassen, bei Jesus in die Ausbildung zu gehen. Diese Herangehensweise ist nur ein weiterer Versuch einer schnellen Lösung, einer Abkürzung, die der Psychologe John Welwood »spirituelles Bypassing« bezeichnete – der Versuch, unseren Schmerz zu übergehen und uns einfach von Jesus »reparieren« zu lassen. So entstehen Menschen, die regelrecht süchtig nach christlichen Großveranstaltungen sind. Geistliche Junkies auf der Suche nach dem nächsten spirituellen Highlight. Oder Menschen, die Dauergast in der Kirche sind, sich aber weigern, sich dort wirklich prägen und somit verändern zu lassen.

Ja, Jesus geht es darum, Seelen zu heilen. Das ist sein Metier. Aber während es in den vier Evangelien Dutzende von Geschichten gibt, in denen Jesus den Körper eines Menschen sofort heilt – und danach übrigens häufig Anweisungen gibt, etwas zu tun und etwas anderes zukünftig zu lassen –, scheint er mit dem Charakter von Menschen nicht auf die gleiche Weise zu verfahren. Wir finden keinen einzigen Fall, in dem Jesus einfach mit der Hand winkt, um eine hässliche Angewohnheit oder einen Charakterzug bei einem seiner Lehrlinge zu beseitigen. Das Gegenteil ist der Fall: Wir sehen, wie ihre hartnäckige unheilige Wesensart noch Jahre fortbesteht. Jesus hat sie nicht einfach kurz weggeschnippt, sondern seine Schüler weiter unterwiesen, getadelt und geliebt. Er hat seinen Lehrlingen Zeit gegeben, um zu wachsen und zu reifen.

Wunder, emotionale Durchbrüche und echte Momente radikaler Veränderung passieren und müssen passieren, aber sie machen nicht den täglichen Weg der Nachfolge aus. Wie Wachstumsschübe bei einem Kind oder Jugendlichen sind sie ein wesentlicher Teil unserer Persönlichkeitsentwicklung, aber zum größten Teil vollzieht sich unser Wachstum als langsame, schrittweise, aber spürbare Reifung zum Erwachsensein. Ein Blitz vom Himmel scheint nicht die Lösung zu sein.

Es ist mir ein großes Anliegen, noch einmal zu betonen, dass alle drei Verliererstrategien etwas Wichtiges betonen: die zentrale Rolle unseres Willens, die Schlüsselrolle der Bibel und unser Bedürfnis nach Begegnung mit Gottes Kraft. Doch für sich allein genommen scheinen sie nicht so gut zu funktionieren, wie wir oft meinen.

Warum ist das so?

Wegen dieser zwei Probleme …

Das erste Problem: Die Sünde

Ich weiß, dass immer mehr Menschen eine emotionale Allergie gegen das Wort »Sünde« haben, aber es ist einfach das Wort, das wir benutzen, um die gefühlte Erfahrung des menschlichen Grundzustands zu benennen, über die sich so ziemlich alle großen Leuchten unter den Denkern einig sind. Ob antik, modern, östlich, westlich, religiös oder säkular, in diesem Punkt stimmen sie alle überein: Etwas im Herzen des Menschen ist zutiefst aus dem Lot.

Wir tun nicht nur schreckliche Dinge, sondern – schlimmer noch – wir wollen oft schreckliche Dinge tun. Und selbst wenn wir keine schrecklichen Dinge tun wollen, werden wir trotzdem dazu verleitet, sie zu tun – wie ein Drogensüchtiger, der in einem selbstzerstörerischen Teufelskreis gefangen ist.

Für die Autoren des Neuen Testaments ist Sünde nicht nur eine Handlung, sondern auch ein Zustand – dass ein Mensch von Sünde versklavt ist, unfrei außerhalb von Sünde zu denken, fühlen oder handeln. Wir vermasseln es, wir beleidigen, wir verletzen, wir verraten, wir vergessen, wir sagen Dinge, die wir bereuen – irren ist eben menschlich. Doch Menschen als sündig zu bezeichnen, ist genauso wenig herabwürdigend wie die Aussage eines Arztes, dass sein Patient ein Problem mit der Leber hat. Es ist einfach nur ehrlich.

Um in dem Prozess der geistlichen Formung voranzukommen, müssen wir uns unserer Sünde stellen. Andernfalls ist die spirituelle Reise so, als würden wir mit einem gebrochenen Bein und Krebs im fortgeschrittenen Stadium versuchen, einen Triathlon zu bestreiten.

Die folgende Unterscheidung ist zentral für ein echtes Verständnis unserer Situation. In der biblischen Theologie gibt es nämlich drei Dimensionen von Sünde.

1. Dimension: Sünde, die wir tun

Das ist das Offensichtlichste: Wir bauen Mist. Wir vergessen, am Muttertag zu Hause anzurufen. Wir haben eine Affäre. Wir schreien unsere Kinder an. Wir finden Ausreden, anstatt uns zu entschuldigen. Wir lügen, um unser Gesicht zu wahren. Wir …

Francis Spufford, der etwas respektlose, aber witzige Autor von *Heilige (Un)Vernunft!*, nannte es »diesen menschlichen Hang, ständig alles in den Sand zu setzen«[115].

2. Dimension: Sünde, die uns angetan wird

Was wir in den Sand setzen, ist nicht die einzige Dimension von Sünde. Wir alle wurden in unserem Leben schon verletzt, misshandelt, verwundet, beleidigt, verraten, verlassen, ungerecht behandelt, fälschlicherweise beschuldigt, verleumdet, in Misskredit gebracht oder bestohlen. Kurz gesagt: An uns wurde gesündigt. Wir sind sowohl Täter als auch Opfer, schuldig und verwundet.

Eine der Korrekturen, die die Generation der Millennials und die Generation Z uns gebracht haben – mit allen Überkorrekturen, die so etwas immer mit sich bringt –, ist die Erkenntnis, dass unsere Bosheit mit unseren Verletzungen zusammenhängt. »Verletzte Menschen verletzen Menschen«, heißt es, und das stimmt auch.

Schon seit unserer Geburt haben wir eine Reihe schmerzhafter Erinnerungen angesammelt, die wir unbewusst in unserem Körper gespeichert haben. Und tragischerweise und trotz all unserer besten Absichten geben wir sie oft an die Menschen weiter, die uns am nächsten stehen. Die Statistiken über die Anzahl von Missbrauchstätern, die zuvor selbst Missbrauch erfahren haben, von Betrügern, die betrogen wurden, von Kritikern, die kritisiert wurden, und so weiter sind herzzerreißend.

Ein entscheidender Teil unserer spirituellen Reise zu einer ganzheitlichen Wiederherstellung, besonders für diejenigen, die traumatische Lebenserfahrungen gemacht haben, ist die Heilung von Erinnerungen, sowohl in unserem Geist als auch in unserem Körper. Die Heilung unserer Seele, die durch die Sünde, die uns angetan wurde, Schaden genommen hat.

3. Dimension: Sünde in unserem Umfeld

Aufgrund unserer hyperindividualistischen Kultur übersehen wir diese letzte Dimension oft, aber das Zeugnis der Bibel ist eindeutig: Unsere Umwelt hat unseren Blick verzerrt. Wir können es wie die Psychologen »sekundäres Trauma« nennen oder wie Jesus »die Welt«. Es ist wie Passivrauchen oder giftige Luft einzuatmen: Wir würden niemanden dafür vor Gericht für schuldig erklären, aber das macht es nicht weniger schädlich.

Eine der besten Möglichkeiten, die christliche Lehre von der Erbsünde zu verstehen, sind diese Worte von Kallistos Ware:

> Die Lehre von der Erbsünde bedeutet ..., dass wir in ein Umfeld hineingeboren werden, in dem es leicht ist, Böses zu tun, und schwer, Gutes zu tun; leicht, andere zu verletzen, und schwer, ihre Wunden zu heilen; leicht, Misstrauen in Menschen zu wecken, und schwer, ihr Vertrauen zu gewinnen. Das bedeutet, dass jeder von uns durch die Solidarität des menschlichen Geschlechts in seiner Anhäufung von falschem Handeln und falschem Denken und damit von falschem Sein geprägt ist. Und zu dieser Anhäufung von Unrecht haben wir selbst durch unsere eigenen bewussten sündhaften Handlungen beigetragen. Die Kluft wird immer größer.[116]

Treffender kann man es nicht sagen: Wir leben in einer Welt, in der es »schwer ist, Gutes zu tun«.

Warum stelle ich dir diese drei Aspekte der Sünde vor?

Die meisten Menschen konzentrieren sich auf die erste Dimension der Sünde, aber nicht auf die beiden anderen Aspekte. Deshalb erkennen wir nicht, wie verzweifelt unsere Situation ist.

Ein Grund dafür ist, dass westliche Christen – Protestanten wie Katholiken, aber wir Protestanten in besonderer Weise – Sünde vor allem in den Kategorien von Schuld bzw. Schuldlosigkeit betrachten. Theologen nennen das eine »forensische«, d. h. eine juristische Sicht der Sünde. Der Grundgedanke ist, dass Gott ein Gott ist, der es moralisch ernst meint. Er ist nicht nur liebevoll und barmherzig, sondern auch heilig und gerecht. Vor seinem Gesetz der Gerechtigkeit sind wir schuldig, und unsere einzige Hoffnung ist die Vergebung durch Christus. Und die gute Nachricht ist die: Jesus »ist gerecht und macht gerecht den, der aus dem Glauben an Jesus lebt« (Römer 3,26; ZB). Das bedeutet: Gott ist ein gerechter Richter und gleichzeitig derjenige, der sein Leben gab, um uns für gerecht zu erklären.

Das ist *eine* biblische Sicht der Dinge. Aber es ist nicht *die* biblische Sicht der Dinge. Es ist nur die Version, die in den letzten Jahrhunderten im Westen besonders betont wurde. Viele Menschen wissen nicht, dass es in der Bibliothek der Bibel noch viele andere Erklärungsmuster, sogenannte »Sühnetheorien«, zum Verständnis von Sünde und Erlösung gibt:

- Schuld/Unschuld
- Ehre/Schande
- Macht/Furcht
- Reinheit/Unreinheit
- Zugehörigkeit/Verlorenheit
- Schalom/Chaos
- Hoffnung/Verzweiflung[117]

Und damit sind nur einige Deutungsmuster genannt. Alle sind zutreffend, und keines davon widerspricht den anderen oder konkurriert mit ihnen. Das Problem ist nicht, dass die Menschen im Westen Sünde durch die juristische Brille von Schuld oder Unschuld sehen, sondern dass sie Sünde oft einzig und allein aus diesem einen Blickwinkel betrachten und dabei das Gesamtbild aus dem Blick verlieren. Solange wir Sünde nicht als weit mehr verstehen als das Übertreten von Gesetzen, werden wir wahrscheinlich in einem durch und durch dysfunktionalen Leben stecken bleiben.

Ein Erklärungsmuster, das ich für unsere Überlegungen zum geistlichen Wachstum besonders hilfreich finde, ist folgende Vorstellung: Sünde ist eine Art Krankheit der Seele, und Erlösung ist die Heilung unserer Person in ihrer Gesamtheit.

Der christliche Psychologe und Traumaexperte Dan Allender drückt es so aus: »Wir sehen die Sünde auf den ersten Blick selten als das, was sie wirklich ist – krank und deformierend.«[118]

Jesus sagt: »Nicht die Gesunden brauchen den Arzt, sondern die Kranken. Ich bin gekommen, um Sünder zur Umkehr von ihren Sünden zu rufen, und nicht, um meine Zeit mit denen zu verbringen, die sich schon für gut genug halten« (Lukas 5,31-32). In seiner Analogie ist die Sünde wie eine Krankheit, und er ist der Arzt. Umkehr bedeutet nicht nur, vor einem Richter um Gnade zu bitten, sondern auch, die eigenen Wunden vor einem Arzt offenzulegen. In Anlehnung an diesen Satz nannten die frühen Christen Jesus »den Arzt der Seele«.

Wenn wir auf Ignatius von Antiochien hören – einen Kirchenvater aus dem ersten Jahrhundert, der vom Apostel Johannes selbst gelernt hat –, bekommen wir einen Einblick, wie die Leiter der frühen Kirche über die Erlösung dachten. Er sagte:

> Aber unser Arzt ist der einzig wahre Gott ... Jesus der Christus ... Er hat sich dem Verderben unterworfen, damit er unsere Seelen vom Tod und vom Verderben befreie und sie heile und gesund mache, wenn sie von Gottlosigkeit und bösen Lüsten krank geworden sind.[119]

Denkst du so über die Sünde? Als eine tödliche Krankheit? Denkst du auch so über Jesus? Als den Arzt deiner Seele?

Nur wenige Menschen wissen, dass das griechische Wort *sōzō*, das im Neuen Testament häufig mit »gerettet« übersetzt wird, an vielen Stellen auch mit »geheilt« übersetzt wird.[120] Wenn wir also in den Evangelien lesen, dass Jesus jemanden »gerettet« hat, und an anderer Stelle, dass er jemanden »geheilt« hat, steht in beiden Fällen in der Regel genau dasselbe Wort. Jesus verwischte absichtlich die Grenze zwischen Rettung und Heilung. Einmal, nachdem er eine Frau von einer zwölfjährigen chronischen Krankheit geheilt hatte, sagte Jesus: »Tochter, dein Glaube hat dich gesund gemacht. Geh in Frieden« (Lukas 8,48). Manche Übersetzungen sagen hier auch »geheilt«, andere »gerettet«. Warum? Weil die Errettung eine Art Heilung ist.

Bei der Erlösung geht es nicht nur darum, durch einen gerichtlichen Freispruch wieder auf die Seite von Gottes Barmherzigkeit zu gelangen. Es geht darum, dass die Seele durch Gottes liebevolle Berührung geheilt wird. Ironischerweise kann ebendiese Sünde, die uns von der Beziehung zu Gott trennt, nur von Gott geheilt werden. Aber noch einmal: Wir haben es nötig, gerettet und erlöst zu werden.

Und der Beginn von Heilung und Erlösung ist das, was Christen »Sündenbekenntnis« nennen.

Das Sündenbekenntnis ist zentral, um den Weg zu praktizieren. Dabei geht es keineswegs darum, uns in aller Öffentlichkeit selbst runterzumachen – auch wenn das viele denken. Es geht darum, dass wir unsere Verletzungen und unsere eigene Schlechtigkeit in einer liebevollen Gemeinschaft mutig beim Namen nennen und uns in dieser Gemeinschaft auf den Weg zu ganzheitlicher Heilung machen.

Es geht nicht nur darum, Sünden zu bekennen. Es geht auch darum, einzugestehen, was wahr ist – wer du bist, wer Christus ist und wer du in Christus wirklich bist.

Sündenbekenntnis heißt, uns nicht mehr zu verstecken, Annahme zu erfahren und alle Scham hinter uns zu lassen.

Das Sündenbekenntnis ist unser Teil, um mit der Sünde umzugehen. Gott ist der Arzt, wir sind der Patient. Alles, was wir tun können, ist, unsere Sünde in sein Licht zu stellen. Seine Aufgabe ist es, mit unserer Sünde umzugehen. Unsere Aufgabe ist es, unsere dunklen Geheimnisse zu bekennen. Es geht darum, so zu leben, dass wir vor Gott und in der Gemeinschaft offen und wahrhaftig sind und unsere Masken fallen lassen.

Das beste Beispiel für ein Bekenntnis dieser Art, das mir einfällt, stammt wiederum von den Anonymen Alkoholikern. Dort stellen sich Menschen mit den Worten vor: »Hallo, ich heiße … und ich bin Alkoholiker.« Das ist viel eher ein Bekenntnis, als wenn wir im Gottesdienst sitzen und uns in Gedanken bei Gott entschuldigen.

Es ist sehr wahrscheinlich, dass jedes Modell von geistlichem Wachstum, wenn es funktioniert, Berührungspunkte mit den Verfahren der Anonymen Alkoholiker aufweisen wird.[121] Darin gibt es drei Elemente:

- radikale Selbsterkenntnis, Ehrlichkeit und Bekenntnis,
- totale Hingabe an die Macht Gottes
- und eine liebevolle, engmaschige Gemeinschaft, die dich sowohl liebt als auch dafür verantwortlich macht, dein wahres Selbst in dir zum Zuge kommen zu lassen.

Wenn du eines dieser drei Elemente weglässt, fällt der sprichwörtliche dreibeinige Hocker um.

Kurz gesagt: Der Weg zur Heilung beginnt damit, dass du deine Krankheit benennst. Wie der Aktivist James Baldwin es einmal ausdrückte: »Nicht alles, dem man sich stellt, kann verändert werden; aber nichts kann verändert werden, bevor man sich ihm nicht stellt.«[122]

Das Problem ist: Wir Menschen weigern uns meist, der Realität ins Auge zu sehen. Die menschliche Fähigkeit zur Selbsttäuschung ist erstaunlich. Aber wenn es um Sünde geht, ist Unwissenheit kein Segen. Sie ist ein Krebsgeschwür, das in unserem Inneren metastasiert. Die richtige Diagnose ist entscheidend für die Heilung. Vor über anderthalb Jahrtausenden sagte Evagrius Ponticos: »Der Anfang des Heils liegt darin, sich selbst zu verurteilen.« Er drückt aus, dass wir erst dann von unserer Sünde gerettet und von unseren Wunden geheilt werden, wenn wir sie Gott offen hinlegen.

Das heißt nichts anderes, als dass wir damit anfangen müssen, alles, was uns ausmacht, unter den liebenden Blick Gottes zu stellen. Nur wenn wir ehrlich sind – vor Gott, vor anderen und uns selbst gegenüber – und uns eingestehen, dass wir am Maßstab der Liebe scheitern, können wir uns auf den Prozess der Veränderung einlassen, um zu liebevolleren Menschen zu werden.

Das heißt also: Je mehr wir uns verstecken, desto weniger können wir heilen.

Das zweite Problem: Du wurdest bereits geprägt

Aber nehmen wir mal an, dass ich völlig danebenliege. Du hast keinen seelischen Krebs, der geheilt werden muss. Du bist von Natur aus gut und heil und kommst sehr gut allein zurecht. Auch wenn wir als Christen das nicht glauben, nehmen wir einfach mal an, deine Seele sei anfänglich ein unbeschriebenes Blatt gewesen.

Wenn es dein Ziel ist, wie Jesus zu werden und von ihm geformt zu werden, hast du trotzdem ein großes Problem: Du wurdest bereits geprägt.

Wie wir zu den Menschen werden, die wir im Laufe unseres Lebens werden, ist ein heiliges Geheimnis, das die klügsten Köpfe der Wissenschaft und der Spiritualität beschäftigt, deshalb müssen wir uns dieser Frage mit echter Demut nähern. Aber es gibt ein überraschendes Maß an Übereinstimmung zwischen verschiedenen Traditionen und Disziplinen.

Mindestens drei grundlegende Einflussfaktoren prägen uns nachhaltig.

Prägekraft #1: Geschichten, die wir glauben

Wir sind Geschöpfe, die Geschichten brauchen. Die Drehbuchautorin Bobette Buster vertritt die Ansicht, dass der Mensch ein erzählendes Tier ist. Unser zentrales Nervensystem ist von Gott so verdrahtet, dass es nach Sinn sucht und »mentale Landkarten« der Realität erstellt, wie Neurologen es nennen. So wie wir mentale Landkarten haben, um von zu Hause zur Arbeit, zum Supermarkt oder zu unserem Lieblingscafé zu gelangen, haben wir auch mentale Landkarten für unser gesamtes Leben – Sex, Beziehungen, Geld, Arbeit, Gott, … –, Geschichten darüber, wie ein gutes Leben aussieht und wie wir es finden.

Die Geschichten, an die wir glauben, prägen tausend alltägliche Entscheidungen. Sie bestimmen, was wir tun oder lassen und wer wir werden. Wie mein Freund Pete Hughes von der *King's Cross*

Church in London zu sagen pflegt: »Die Geschichte, in der du lebst, ist die Geschichte, die du auslebst.«

Nehmen wir zum Beispiel Geld. Wenn du die populäre westliche Geschichte glaubst, dass mehr Geld gleichbedeutend ist mit mehr Glück, dass das gute Leben aus Leistung und dem Anhäufen von materiellen Werten besteht, wird dich das als Mensch formen – zu jemandem, der getrieben ist, gierig, neidisch, missmutig, von Gott abgelenkt, nie zufrieden und vielleicht sogar unehrlich und grausam.

Du kannst auch die Sicht von Jesus auf Geld übernehmen: nämlich dass alle guten Dinge in unserem Leben Geschenke Gottes sind. Dass Reichtum es den meisten von uns schwerer und nicht leichter macht, in Gottes Königreich zu gelangen. Dass die Freiheit von unserem latenten Verlangen nach mehr durch Geben und nicht durch Nehmen zu erreichen ist. Und dass es uns helfen wird, »frei und leicht«[123] zu leben, wenn wir seinem Weg der Einfachheit, Großzügigkeit und Gastfreundschaft folgen. Wenn du diese Geschichte glaubst, wird auch sie dich formen – zu jemandem, der Jesus ähnlich ist.

Wähle deine Geschichten sorgfältig aus. Denn sie bestimmen, wer du wirst.

Prägekraft #2: Unsere Gewohnheiten

In den letzten Jahrzehnten wurde viel über ein Phänomen geschrieben, das auch der Journalist Charles Duhigg in seinem Buch *Die Macht der Gewohnheit* beschreibt. Zusammenfassung: Wir sind kaum mehr als die kumulative Wirkung unserer regelmäßigen Gewohnheiten. Wir werden zu dem, was wir immer wieder tun.

Die Dinge, die wir tun, machen etwas mit uns. Sie dringen in den Kern unseres Wesens ein und formen unsere Vorlieben und Sehnsüchte.

Wir denken vielleicht, dass wir einfach nur Netflix schauen, noch ein Glas Wein trinken oder ein neues Hemd kaufen, aber unter der Oberfläche geht viel mehr ab. Denn dabei geschieht etwas mit unserem Herzen. Wir lenken den Dreh- und Angelpunkt unserer inneren Person in eine bestimmte Richtung.

Auch das ist erst mal moralisch neutral. Es kann gut oder schlecht sein. Aber es ist wichtig zu wissen: Es geschieht. Wir werden zu dem, was wir tun.

Prägekraft #3: Unsere Beziehungen

Es braucht keinen Doktortitel in Psychologie, um zu erkennen, dass wir den Menschen, die wir lieben und mit denen wir das Leben teilen, immer ähnlicher werden. Das tun wir alle. Nirgendwo trifft das mehr zu als in unseren Herkunftsfamilien. Neulich habe ich online mal den Spruch gelesen: »Jesus mag in deinem Herzen sein, aber Opa steckt dir in den Knochen!«

Ähnliches gilt aber auch für unsere ethnische Zugehörigkeit, Nationalität, unseren Wohnort, unsere Schule oder Uni, unseren Arbeitsplatz, unsere digitale Blase und vieles mehr.

Für uns als Lehrlinge von Jesus ist es besonders wichtig, dass wir uns klarmachen, was uns vor allem geformt (oder verformt) hat – nicht das Reich Gottes, sondern unser Nachname, unsere Abstammung, unsere politische Heimat oder unsere Postleitzahl.

Du wirst sicher ahnen, worauf ich schon seitenlang hinauswill: Genau! Auch hier und jetzt, am heutigen Tag, wirst du geformt – von einem komplexen Netz aus Ideen, kulturellen Erzählungen, wiederkehrenden Gedanken, Gewohnheiten, Tagesabläufen, Einkaufsverhalten, Beziehungen, Familienbanden, Aktivitäten, Umgebungen und vielem mehr. Einfach dadurch, dass du morgens aufwachst und in den Tag startest.

Wir haben nicht den Luxus, ein unbeschriebenes Blatt zu sein. Es gibt Kräfte – in uns und außerhalb von uns –, die ein Interesse daran haben, dass wir *nicht* wie Jesus werden. Deshalb gilt: Jede Prägung durch Jesus ist eine Gegen-Prägung.

Im Römerbrief schreibt Paulus:

> Passt euch nicht den Maßstäben dieser Welt an, sondern lasst euch von Gott verändern.
>
> *Römer 12,2; HFA*

Bemerkenswert finde ich, dass es hier genau zwei Möglichkeiten gibt: sich anpassen oder sich verändern lassen. Und jetzt muss ich mal kurz den Nerd raushängen lassen: Beide Verben stehen in der Originalsprache im Präsens Passiv Imperativ. Das heißt, sie sind jeweils eine Aufforderung, etwas weiterzubetreiben, was bereits geschieht. Wir sind also bereits dabei, uns entweder anzupassen oder uns verändern zu lassen. Es gibt keine dritte Option.

Paulus schreibt hier an Christen in Rom. Diese Stadt war eine derartige Prägemaschinerie, dass daneben sogar Los Angeles ziemlich blass ausgesehen hätte. Das ausdrückliche Ziel des kaiserlichen Propagandaapparats war es, Bürgerinnen und Bürger aus den verschiedensten kolonisierten Kulturen »römischer« zu machen. Paulus' Ziel war es hingegen, Menschen in Rom christusähnlicher zu machen.

Dabei ist eines wichtig zu wissen: Die Standardeinstellung von uns Menschen ist Anpassung, nicht Umwandlung.

Das heißt, wenn wir unsere Ausbildung bei Jesus nicht ernst nehmen, ist die Wahrscheinlichkeit sehr hoch, dass wir mit der Zeit Jesus immer unähnlicher werden – weil wir uns unserem Umfeld anpassen – und immer mehr wie »Rom« werden – oder wie L. A. oder Berlin oder London.

Die Schriftstellerin Flannery O'Connor riet einmal: »Wehre dich mit ebenso viel Kraft gegen dein Zeitalter, wie dieses Zeitalter dich bedrängt.«[124] Wir müssen uns gegen die Kräfte wehren, die versuchen, uns zu deformieren. Kräfte, die uns davon abhalten, unser Potenzial in Jesus zu entfalten.

Auch hier werden wir wohl mit einer Art Bestandsaufnahme unserer Prägung beginnen müssen, mit einem ehrlichen Blick auf alle Kräfte, die in unserem Leben am Werk sind, um uns in das Bild der Welt und des Feindes zu deformieren. Und dann werden wir diese Kräfte bewusst durch Geschichten, Gewohnheiten und Beziehungen ersetzen müssen, die uns so prägen können, dass wir dem Bild von Jesus immer ähnlicher werden. Dazu ist es nötig anzuerkennen, dass unser gesamtes Leben ein geistliches Geformtwerden ist. Jeder Moment eines jeden Tages ist wie eine Liturgie, ein heiliges Ritual, das unser Herz formen soll. Tish Harrison Warren schreibt in einem anderen Buch:

> Erst als ich meine tägliche Routine als das sah, was sie war – *eine Liturgie*, etwas, das zugleich offenbarte und

bestimmte, was ich liebe und anbete –, konnte ich erkennen, dass meine täglichen Gewohnheiten mich deformierten, mich weniger lebendig, weniger menschlich machten und es mir erschwerten, im Lauf des Tages Liebe zu geben und zu empfangen.[125]

Die Alternative besteht darin, aus der Beziehung zu Jesus und nach seinem Weg zu leben. Das bedeutet, eine ganze Reihe von Lebensentscheidungen zu treffen, die sich von denen der Mehrheitskultur um uns herum unterscheiden – Entscheidungen, die unsere Liebe und unsere Sehnsucht darauf ausrichten, Einheit mit Gott zu finden und zu Menschen geformt zu werden, die ihm ähneln.

Wir können uns gegen die Deformierung unserer Seele wehren. Wir können uns mit Jesus zusammentun, um *wie er* zu werden – oder wie der alte Weise Irenäus es ausdrückte: um zu »lebendigen Menschen« zu werden.

Das wirft natürlich eine nächste Frage auf: Wie schaffen wir das?

Wie Veränderung tatsächlich klappen kann

Nur um das von vornherein klarzustellen: Was du gleich lesen wirst, ist nicht *die* Wahrheit schlechthin. Aber es kann hilfreich sein. Was jetzt kommt, ist mein bester Versuch einer Synthese aus Bibel, Psychologie, Neurobiologie, dem Besten aus Sozialwissenschaften, Literatur, Poesie und mehr.

Ich nenne es eine funktionierende Theorie, weil es eine Theorie ist und keine kalte, harte Tatsache, aber auch, weil es funktioniert. Ich habe als Pastor und Lehrling von Jesus Jahre damit verbracht, dieses Paradigma in meinem Leben umzusetzen. Und auch wenn es keine Zauberformel für die Seele gibt, halte ich das, was ich hier beschreibe, für einen recht zuverlässigen Weg zur Veränderung.

Um die folgende Theorie für Veränderung umfassend zu behandeln, bräuchten wir wahrscheinlich ein weiteres Buch, aber ich möchte dir einen Überblick aus der Vogelperspektive geben. Hier ist mein bester Versuch eines Modells der Gegen-Prägung.

Geistliche Formung bewusst fördern

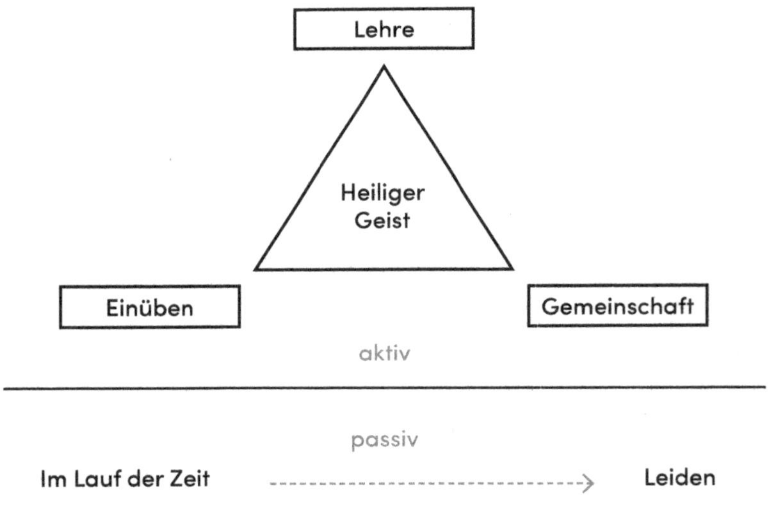

Eine Gegenkraft zu den Geschichten, die wir glauben, ist …

Gegenprägung #1: Lehre

Ein anderes Wort, das man hier verwenden kann, ist Wahrheit. Jesus kam als Rabbi, als Lehrer, als jemand, der Wahrheit vermittelt. Warum? Weil Wahrheit für unser geistliches Wachstum eine zentrale Rolle spielt.

In meinem Buch *Live No Lies* bin ich schon etwas genauer darauf eingegangen: Der Mensch unterscheidet sich von den Tieren unter anderem durch seine Vorstellungskraft. Wir haben die Fähigkeit, in unserem Kopf Unwirkliches zu erfassen – uns vorzustellen, was (noch) nicht existiert – und es dann durch unseren Körper in die Realität zu bringen. Diese Fähigkeit ermöglicht alles, was menschliche Kreativität hervorbringt. Vom Schreiben eines Romans über einen Flug zum Mars bis dahin, ein gutes Essen auf den Tisch zu stellen. Tragischerweise ist diese Fähigkeit auch unsere Achillesferse, denn wir können uns nicht nur Unwirkliches vorstellen, wir können auch an dieses Unwirkliche *glauben*. Wir können unser Vertrauen auf Lügen setzen und dann, durch unseren Körper, so leben, als wären diese Lügen wahr.

Deshalb kam die Schlange, als sie Eva im Garten ansprach, nicht mit einem Knüppel, sondern mit einer Idee. Denn Ideen und die Ideensysteme der gefallenen Gesellschaft sind das Hauptgeschäft des Bösen. Sie bringen uns dazu, Lügen zu glauben.

Aber die beste aller Lehren – unsere Ausbildung bei Jesus – leistet weit mehr, als uns nur zu informieren: Sie verankert in unseren Köpfen eine Vision des guten Lebens. Sie untergräbt die unwahren Geschichten, die wir glauben, indem sie sagt: »Das ist wahr, und das ist eine Lüge.« Sie verlagert unser Vertrauen. Sie verknüpft unsere mentalen Landkarten mit der Realität und macht es uns dadurch möglich, so zu leben, dass wir entsprechend der Weisheit Gottes und seiner guten Absichten wachsen und aufblühen.

Natürlich gilt das nirgendwo mehr als im Blick auf das, was uns über Gott beigebracht wird. Tozer sagte: »Das, was uns einfällt, wenn wir über Gott nachdenken, ist das Wichtigste in unserem Leben«[126], denn wir werden uns so entwickeln, wie unser mentales Bild von Gott ist.

Deshalb gilt: Geistliches Wachstum beginnt immer mit der Heilung unserer falschen Gottesbilder.

Wenn das Gottesbild eines Menschen verzerrt ist – wenn er sich Gott als hart, erniedrigend oder chronisch zornig vorstellt oder auch als liberal, laissez-faire und nur dazu da, unsere Gier zu befriedigen –, dann wird dieser Mensch immer schlimmer, je religiöser er wird. Denn wir werden so, wie wir glauben, dass Gott ist.

Wenn wir der täglichen Flut von Lügen, die uns von allen Seiten ständig aufgetischt werden, etwas entgegensetzen wollen, ist es unerlässlich, Jesus und seiner Lehre und der Wahrheit die höchste Priorität einzuräumen – wie gute Lehrlinge es nun mal tun. Dazu gibt es viele verschiedene Möglichkeiten:

- die Bibel lesen
- die Bibel auswendig lernen
- die Bibel studieren
- Predigten hören
- hilfreiche Podcasts hören
- passende Bücher lesen
- meditieren

Um nur ein paar zu nennen.

Paulus nannte es »die Erneuerung eures Geistes«. Und das ist der Dreh- und Angelpunkt unserer geistlichen Formung.

Aber die richtigen Ideen in unseren Gedankenstrom hineinzubekommen, ist nur der Anfang. Wir haben ja schon festgestellt: Informationen allein reichen nicht aus, um etwas zu verändern.

Das Nächste, womit wir unseren alten Gewohnheiten entgegenwirken können, ist …

Gegenprägung #2: Einüben

In der biografischen Beschreibung von Jesus, wie sein Lehrling Matthäus sie erzählt, finden wir die wichtigste Zusammenstellung seiner Lehren. Wir nennen sie die »Bergpredigt«, und sie ist ein unendlich wertvoller Schatz.

Tragischerweise gibt es in der Kirche eine lange Tradition, kreative Wege zu finden, ihre Bedeutung wegzuerklären. Viele Theologen haben argumentiert, dass es unrealistisch sei, so zu leben. Grund? Schlicht unmöglich.

Aber wenn wir den Text genau lesen, merken wir: Jesus legt zwar die Messlatte hoch, aber er kennt auch die Grenzen unseres Menschseins sehr genau. Er geht sehr wohl davon aus, dass wir neidisch und lustgesteuert sind, uns scheiden lassen wollen, andere beschimpfen, das Geld lieben und uns Sorgen um unsere Zukunft machen. Aber was leicht übersehen wird, ist, dass Jesus auch davon ausgeht, dass es möglich ist, die Tätigkeiten einzuüben, um nach seinem Weg zu leben.

Ziemlich am Anfang, direkt vor seiner ersten Anweisung, macht Jesus deshalb folgendes Statement:

> Wer nun eins dieser geringsten Gebote auflöst und so die Menschen lehrt, wird der Geringste heißen im Reich der Himmel; wer sie aber *tut* und lehrt, dieser wird groß heißen im Reich der Himmel.
> *Matthäus 5,19; ELB*

Und das Letzte, was Jesus in der Bergpredigt sagt, ist ein Echo dieses Satzes:

> Jeder nun, der diese meine Worte hört und sie *tut*, den werde ich mit einem klugen Mann vergleichen …
> *Matthäus 7,24; ELB*

Jesus beginnt und beendet die Bergpredigt mit einem Aufruf zu einem anhaltenden Tun. Ein ganz bestimmtes Tun, das wir eben nicht bereits beherrschen, sondern das wir einüben. Nur: Wie viele von uns verknüpfen ihre Jesus-Nachfolge zuerst mit Training?

Zurück zu Richard Foster. Nach Jahrzehnten, in denen er in ganz Nordamerika über geistliches Wachstum und Formung nach dem Vorbild von Jesus gelehrt hatte, kam er zu dem Schluss: Die meisten Menschen denken, dass sie Jesus ähnlicher werden, indem sie sich möglichst stark anstrengen. Aber das Gegenteil ist der Fall. Es braucht kontinuierliches Einüben, kontinuierliches *Tun*.

Ich biete mal eine Analogie an: Angenommen, du bist nicht in Form, übergewichtig und hast Asthma, aber du willst einen Marathon laufen. Wie machst du das?

Kaufst du dir ein Paar Nikes, gehst vor die Tür und strengst dich einfach richtig hart an, die 42 Kilometer zu laufen? Natürlich nicht! Das wäre idiotisch. Was würde passieren? Du würdest es ein paar

Kilometer weit schaffen und dann am Straßenrand zusammenbrechen. Und warum? Weil du derzeit nicht zu der Sorte Mensch gehörst, die in der Lage sind, einen Marathon zu laufen. Einen Marathon zu laufen, ist nicht unmöglich. Aber für dich, so wie du jetzt bist, ist es das. Was machst du also stattdessen?

Ganz einfach: Du trainierst. Du schnürst deine Schuhe, gehst vor die Tür und läufst erst mal nur einen Kilometer. Jeden Tag, außer am Sabbat. In der nächsten Woche schaffst du vielleicht zwei Kilometer. In der Woche darauf drei. Wenn du schon mal einen Marathon gelaufen bist, weißt du, dass du im Grunde jede Woche einen Kilometer zu deinem »langen Lauf« hinzufügst. Aus drei Kilometern werden irgendwann fünf, aus zehn werden zwanzig. Und was passiert?

Über einen langen Zeitraum hinweg veränderst du dich – durch Training. Du wirst zu jemandem, für den es zwar anstrengend ist, 42 Kilometer zu laufen (und das ist es für jeden), dem es aber nicht mehr unmöglich ist. Es liegt jetzt im Rahmen deiner Möglichkeiten als Mensch. Und dann stellen sich nach all dem Training allmählich diese schönen Dinge ein: Fitness, Energie, Leistungsfähigkeit und Freude.

Unser geistlicher Weg ist auch ein Marathon. Und den laufen wir auch am besten einen Kilometer nach dem anderen. Das Problem ist, dass nur sehr wenige von uns bewusstes geistliches Wachstum auf diese Weise angehen – durch Einüben, durch Training.

Nun, der Vergleich hat seine Grenzen, wie jeder Vergleich. Und nur um Missverständnissen vorzubeugen: Ich behaupte nicht, dass wir uns allein durch diszipliniertes Üben in die Christusähnlichkeit hineintrainieren können. Das würde auch dem widersprechen, was ich über Gnade gesagt habe. Wir brauchen eine Kraft, die größer ist als wir selbst, um uns zu ändern. Mehr dazu demnächst …

Ich will damit sagen: Wenn wir dem Weg von Jesus folgen wollen, müssen wir das einüben. Es bringt nichts, wenn wir einfach drauflosaufen und es versuchen. Obwohl in den meisten unserer Gemeinden viel pro Gnade und kontra eigenes Tun geredet wird, versuchen viele Menschen immer noch, das, was Jesus lehrt, allein mithilfe von Bibelkenntnis und Willenskraft umzusetzen. Wir hören Standardsätze wie »Verlass dich auf Gott!« oder »Du kannst es nicht aus eigener Kraft schaffen«. Alles wahr. Aber selten lernen wir, wie das konkret geht, uns auf die Gnade zu verlassen und Gottes Kraft zu nutzen, wenn wir sie am meisten brauchen.

Lasst uns also den Fokus auf das Einüben schärfen und ihm deutliche Konturen geben.

Was ich mit Einüben meine, sind genauer gesagt die Dinge, die auch Jesus eingeübt und ausgelebt hat, auch bekannt als geistliche Übungen. Dabei handelt es sich im Wesentlichen um bestimmte Tätigkeiten, die wir als Lehrlinge von Jesus unternehmen, um uns die automatischen Reaktionen der Sünde in unserem Körper abzugewöhnen und sie durch die Eingebungen des Geistes zu ersetzen. Es sind Versuche, den Lebensstil von Jesus nachzuahmen, in der Hoffnung, das »wahre Leben« zu erfahren – das Leben, nach dem wir uns aus tiefstem Herzen sehnen.

Nehmen wir zum Beispiel an, du möchtest die Anweisung von Jesus aus der Bergpredigt befolgen und dir keine Sorgen machen. Du willst sorgenfrei und präsent in dieser Welt leben. Wie machst du das? Hörst du dir eine gute Predigt über Matthäus 6 an und gehst dann einfach vor die Tür und … machst dir keine Sorgen mehr? Also, bei mir klappt das nicht. Und ich schätze, bei dir auch nicht.

Für die meisten von uns ist die Aufforderung, uns ab heute nicht mehr zu sorgen, vergleichbar mit der Aufforderung, jetzt sofort einen Marathon zu laufen. Wir können es nicht. Noch nicht. Wie können wir also ohne Sorgen leben? Nun, wir müssen zu Menschen werden, die gelernt haben, Gott so sehr zu vertrauen, dass wir frei von Sorgen und Ängsten sind. Um das zu erreichen, müssen wir unseren Geist, unsere Seele und unseren Körper umtrainieren. Also hören wir uns eine gute Predigt über Matthäus 6 an *und*… wir halten den Sabbat. Wir nehmen uns einen ganzen Tag Zeit, um zu üben, Gott zu vertrauen. *Und*… wir verbringen Zeit allein mit Gott, wo wir ihm alle unsere Ängste zu Füßen legen. *Und*… wir leben in einer Gemeinschaft, in der andere uns ermutigen, auf Gott zu vertrauen. *Und*… wir üben uns in Großzügigkeit, um unser Herz von seinem Hang zu Nichtigkeiten zu befreien. *Und*… so weiter.

Und im Lauf der Zeit – einer langen Zeit – wird unsere Angst allmählich ersetzt durch einen Frieden und ein unerschütterliches Vertrauen in Gott.

Gegenprägung #3: Gemeinschaft

Du kannst Jesus nicht allein nachfolgen.

Nicht: Du solltest es nicht. Sondern: Du kannst es nicht.

Eine Ausbildung bei Jesus ohne Gemeinschaft ist nicht mal eine Option. Jesus hatte nicht *einen* Lehrling, sondern er hatte Lehrlinge. Mehrzahl. Er rief Menschen zu sich, um bei ihm in die Ausbildung zu gehen, und zwar in einer Gruppe.

Die Gemeinschaft ist wie ein Inkubator für unsere geistliche Formung. Dr. Joseph Hellerman drückt es so aus: »Langfristige zwischenmenschliche Beziehungen sind der Schmelztiegel für echten Fortschritt im christlichen Leben. Menschen, die bleiben, wachsen auch. Menschen, die gehen, wachsen nicht.«[127]

Erlösung an sich ist eine Gemeinschaftserfahrung.

Eines der wichtigsten Bilder für Erlösung im Neuen Testament ist das der Adoption. Durch das Erlösungswerk von Jesus sind wir in die Familie Gottes aufgenommen worden. Ich bin selbst Adoptivvater, daher ist dieses Bild für mich besonders eindrücklich. Als meine Frau und ich unsere Tochter Sunday adoptierten, wurde sie in diesem Moment zu unserer Tochter – und die Schwester unserer anderen beiden Kinder, Jude und Moses. Die Kinder kommen gut miteinander aus (also meistens), aber selbst wenn das nicht der Fall wäre, hätte unsere Sunday keine Wahl: Eine »Comer« zu sein, bedeutet für sie, sowohl Tochter als auch Schwester zu sein.

Das Gleiche gilt für unsere Erlösung: Wir werden zu Söhnen und Töchtern Gottes, des Vaters, und zu Brüdern und Schwestern untereinander. Und das ist eine gute Nachricht. Gleichzeitig ist es auch schwer, denn das Kernproblem unserer menschlichen Existenz sind zerstörte Beziehungen – sowohl zu Gott als auch zu anderen Menschen. Die Liebe wurde durch den Sündenfall zerbrochen. Schmerz, Verrat und Einsamkeit deformieren bis heute die menschliche Seele. Jesus ist dabei, uns aus diesem Elend zu retten, indem er uns – durch sein Ausbildungsprogramm – zu einer wunderbaren neuen Familie der Liebe formt.

Und während wir darauf warten, dass diese neue Familie der Liebe immer deutlicher sichtbar wird, sollten wir uns bewusst machen, dass wir auch hier in dem oft beschriebenen »Schon-jetzt-und-noch-nicht« leben. Denn das gilt auch für die Familie von Jesus: Die Kirche ist zugleich herrlich und zutiefst fehlerhaft.

Engagierte Christen streiten oft über die beste Form christlicher Gemeinschaft: Ist es die Megachurch oder die Hauskirche? Oder wir debattieren über die Feinheiten der kirchlichen Tradition:

liturgisch, pfingstlerisch oder predigtorientiert? Aber je älter ich werde, desto weniger Gedanken mache ich mir über Formen und Traditionen. Sie alle haben ihre Vor- und Nachteile. Das Wichtigste ist, sich dessen bewusst zu sein und das Beste daraus zu machen. Heute geht es mir viel mehr um die Kultur einer Gemeinde. Egal, ob Tausende von Menschen um eine Bühne oder zehn bis fünfzehn Personen um einen Tisch herumsitzen, ob sie zu modernen Rockballaden anbeten oder im Stillen alte Gebete meditieren – was mich interessiert, ist: Ermutigt diese Gemeinschaft Menschen, in ihrer Ausbildung bei Jesus weiterzukommen? Oder geben sich die Menschen mit dem kleinsten gemeinsamen Nenner von Reife (oder Unreife) zufrieden?

Natürlich ist es gefährlich, abstrakt über Kirche zu sprechen. Bonhoeffer hat gesagt: »Wer seinen Traum von einer christlichen Gemeinschaft mehr liebt als die christliche Gemeinschaft selbst, der wird zum Zerstörer jeder christlichen Gemeinschaft, und ob er es persönlich noch so ehrlich, noch so ernsthaft und hingebend meinte.«[128] Er nannte das ein »Traumbild« einer idealen Gemeinde. Keine reale Gemeinde kann jemals dem Traumbild einer idealen Gemeinde gerecht werden. Deshalb geben viele Menschen die Gemeinde entweder ganz auf oder sie verfallen in Zynismus und hauen Sprüche raus wie: »Die Kirche ist eine Hure, aber sie ist meine Mutter.«

Wir sollten unsere Gemeinde lieben und so akzeptieren, wie sie ist. Natürlich müssen wir echte Missstände ehrlich anschauen und beheben. Aber wenn es um Kleinigkeiten geht, ist es wichtig, dass wir unsere Gemeinde, unsere Leitung und unsere Mitmenschen annehmen. Wir sollten unsere Unzulänglichkeiten verzeihen und unsere Stärken feiern.

Gemeinschaft ist immer eine nicht abstrakte Reise dahin, die Realität anzuerkennen.

Ich habe über ein Jahrzehnt in einer sehr engen Gemeinschaft gelebt und muss ehrlicherweise zugeben: Es ist absolut nicht einfach. Und zugleich lohnt es sich trotzdem. Wir können alle Geschichten davon erzählen, wie tief der Schmerz geht, wenn es schrecklich schiefläuft.

Aber wenn es gut läuft … dann ist das wie ein Blick auf die Ewigkeit mitten in dieser Zeit.

Gegenprägung #4: Der Heilige Geist

Jetzt sind wir wieder beim Thema Einübung in die Gegenwart Gottes. Und hier greift der Vergleich mit dem Marathon tatsächlich viel zu kurz. Geistliche Übungen stärken nicht nur die Muskeln unserer Willenskraft, sondern sie öffnen uns für eine Kraft *außerhalb unserer selbst. Und das ist* die wahre Kraft, uns zu verändern.

Gottes Geist ist die ultimative Quelle unserer Veränderung.

Ja, nicht nur Gott, auch wir haben eine Rolle in unserer geistlichen Formung zu spielen. Aber diese Partnerschaft läuft nicht fifty-fifty. Ich kann keine exakte prozentuale Aufschlüsselung nennen, aber sagen wir einfach: Die ganze schwere Arbeit erledigt Gott. Es ist seine Kraft – allein seine Kraft –, die unsere Seele da verändern, heilen, wiederherstellen und erneuern kann, wo sie am meisten beschädigt ist.

Die Christusähnlichkeit in unserem innersten Kern ist nicht das Ergebnis davon, dass wir alle geistlichen Übungen vorschriftsmäßig praktizieren, eine »gute Gemeinde« finden oder endlich die richtige Lebensweise auf die Reihe kriegen, sondern sie ist immer ein Geschenk der reinen Gnade.

Einerseits wirst du in deinem Leben nie härter an etwas arbeiten als daran, in deinem Wesen mehr wie Jesus zu werden. Und gleichzeitig wird sich nichts anderes jemals so sehr wie ein unverdientes Geschenk anfühlen. Das ist ein Paradox, das du einfach selbst erleben musst.

Wenn wir am Ende unserer langen Reise ankommen und zurückblicken, wie weit wir gekommen sind, werden wir mit allen Heiligen ausrufen: »Heil und Rettung kommen von unserem Gott« (Offenbarung 7,10; HFA) – »Heil und Rettung« richtig verstanden als die Heilung unserer ganzen Person.

Gegenprägung #5: Der Lauf der Zeit

Wir werden nicht über Nacht wie Jesus, sondern durch einen langen Gehorsam in dieselbe Richtung. Anders ausgedrückt: »Die Seele geht zu Fuß.«[129] Das ist in unserer Kultur des hohen Tempos und der sofortigen Befriedigung schwer zu vermitteln, aber es gibt keine schnelle Kurzversion für seelische Entwicklung. Sie braucht *Zeit*.

Natürlich ist »Zeit« hier doppeldeutig gemeint: Zum einen wird unsere Formung über eine lange Zeitspanne andauern – nämlich ein Leben lang. Und zum anderen wird sie auch viel Zeit in Anspruch nehmen. Denn wie in jeder Beziehung gilt: Je mehr Zeit du investierst, desto intensiver wird sie.

Wie lange jemand schon bei Jesus in der Ausbildung ist, ist also ein Faktor für seinen Reifegrad, aber auch, wie viel Zeit er in seinem Alltag mit Jesus verbringt.

»Ich habe zu viel zu tun.« Das ist die häufigste Schwierigkeit – oder Ausrede –, mit der die meisten Menschen in ihrem geistlichen

Wachstumsprozess konfrontiert werden. Aber: Die harte Realität ist, dass die meisten von uns Unmengen an Zeit verschwenden.

Hier sind die Statistiken: Der durchschnittliche Millennial hängt fast vier Stunden am Tag am Handy.[130] Die meisten Erwachsenen zwischen 35 und 44 sehen täglich zwei bis drei Stunden fern. Zusammengenommen sind Handyzeit und Fernsehen also fast ein Vollzeitjob. Stell dir vor, was wir mit nur einem Zehntel dieser Zeit tun könnten.

Der Schlüssel dazu, ein Heiliger im Sinne Jesu zu werden, liegt darin, Jesus zu folgen, und zwar auf lange Sicht. Wie ein nettes Sprichwort unter Kampfsportlern sagt: »Ein schwarzer Gürtel ist nur ein weißer Gürtel, der nie aufgegeben hat.«

Ein Heiliger ist nur ein gewöhnlicher Nachfolger, der bei Jesus und seiner Sache geblieben ist.

Gegenprägung #6: Leiden

Ein letzter Gedanke, den niemand von uns hören will: Die schwierigsten Momente in unserem Leben – die, die wir fürchten und um jeden Preis vermeiden wollen – sind unsere Schmelztiegel. Sie haben das größte Potenzial, unsere Seele in die Gestalt von Jesus umzuschmieden.

Alle Autoren des Neuen Testaments bezeugen dieses heilige Geheimnis.

Jakobus sagt uns, dass wir uns »darüber freuen« sollen, wenn wir »schwierigen Situationen« ausgesetzt sind, denn wenn wir uns darin »bewähren«, werden sie in uns »Geduld« und mit der Zeit die »volle Reife« hervorbringen (Jakobus 1,2-4). Paulus schreibt, dass Geduld uns »innerlich stark« und »zuversichtlich in der Hoffnung« macht (Römer 5,3-4). Petrus fordert uns auf: »Freut euch von Herzen … auch wenn ihr für eine Weile viel erdulden müsst« (1. Petrus 1,6-7), denn das ist wie ein »läuterndes Feuer«, das die Schlacke verbrennt und das »Gold« zum Vorschein bringt.

Gerade die Dinge, vor denen wir weglaufen, die wir um jeden Preis vermeiden, die wir fürchten, mit Medikamenten betäuben oder verleugnen, tragen in sich das Geheimnis unserer Befreiung. Diese unglücklichen Zeiten großen emotionalen Schmerzes bergen – in einer wunderbar erlösenden Wendung – das Potenzial, uns in geerdete, zutiefst freudige Menschen zu verwandeln, wenn wir uns darin für Gott öffnen.

Leid ist Traurigkeit, die den Körper verlässt.

Deshalb schau hin: Wo schmerzt etwas in deiner Seele? Ein Schmerz im tiefsten Inneren, der sich nur in einem gequälten Seufzen ausdrücken kann. Das könnte dein Moment der Befreiung sein.

Dafür braucht es nur eins: Öffne deinen Schmerz für Gott.

Um also auf unsere ursprüngliche Frage zurückzukommen: Können wir wirklich wie Jesus werden? Ist Veränderung möglich?

Ja. Sie ist möglich. Aber sie passiert nicht von allein.

Es braucht einen bewussten Plan für eine Gegenprägung – gegen alles in unserer Kultur, was uns anders prägen will. Später werde ich diesen Plan als Lebensregel bezeichnen und noch etwas näher erläutern.

Aber eines ist klar: Wir können uns wirklich verändern. Wir können wachsen, frei werden und Heilung finden.

Oder wie Jesus sagen würde: Wir können gerettet werden.

Eine schrecklich wunderbare Botschaft: Du kannst es nicht kontrollieren!

Ich möchte das noch mal betonen: Du hast deine geistliche Formung nicht selbst in der Hand. Das ist heute eine der schwierigsten Lektionen für alle, die Jesus folgen. Wir können weder unseren geistlichen Weg noch die meisten Umstände unseres Lebens kontrollieren, und schon gar nicht Gott.

Wir leben im digitalen Zeitalter. Eine Interpretation des gesellschaftspolitischen Chaos der letzten Jahre in Amerika und darüber hinaus besagt, dass es gar nicht um Politik geht, sondern um den gesellschaftlichen Umbruch, der durch den Übergang von einer industriellen zu einer digitalen Welt verursacht wird.[131] Wir leben an einem entscheidenden Wendepunkt der Menschheitsgeschichte und spüren das Schwindelgefühl einer ganzen Welt, die in nur wenigen Jahrzehnten komplett auf den Kopf gestellt wurde.

Ich bin im Silicon Valley aufgewachsen und bin mir sehr wohl darüber im Klaren, wie die Macht der neuen Technologien zum Guten genutzt werden kann. Aber so wertvoll sie für die Welt auch sein mag, die digitale Technologie hat unsere Generation mindestens in dreierlei Hinsicht auch katastrophal geprägt.

Sie hat uns dazu gebracht, zu erwarten, das Leben sei

1. einfach,
2. schnell,
3. kontrollierbar.

Schließlich können wir einfach ein paar Mal über ein Display wischen, und zwanzig Minuten später steht wie von Zauberhand das Abendessen vor der Tür.

Wir sind darauf konditioniert, schnelle Ergebnisse mit minimalem Aufwand zu erwarten, und zwar auf Abruf. Und diese Denkweise übertragen wir oft auf unsere geistliche Formung. Wir gehen davon aus, dass wir nur die richtige Technik oder den richtigen Lifehack finden müssen, um das Problem der Seele zu lösen.

Aber in Wirklichkeit ist der Prozess, in dem wir so geformt werden, dass wir werden wie Jesus,

1. hart,
2. langsam,
3. unverfügbar.

Es gibt keine Killer-App, keine schnelle Patentlösung, keine Abkürzung. Die Formung der menschlichen Seele ist eher mit dem Anlegen eines Weinbergs vergleichbar als mit einer Fast-Food-Bestellung.

Wenn wir uns hier eine Arbeitstheorie der Veränderung zurechtlegen, besteht die Gefahr, dass wir uns einer Illusion hingeben: Wenn ich nur die richtige spirituelle Technik beherrsche, kann ich mich zum perfekten Menschen formen. Glaub mir, das Leben wird diese Illusion als einen grausamen Scherz entlarven.

Der französische Philosoph Jacques Ellul verglich die westliche Besessenheit von Technik einmal mit der mittelalterlichen Fixierung auf die Magie. Es ist eine moderne Form von Aberglauben, bei der es nur darum geht, zu kontrollieren, was wir unmöglich kontrollieren können.[132]

An diesem Punkt besteht für diejenigen von uns, die eher kontrollorientierte Persönlichkeiten sind, eine latente Gefahr, wenn wir unsere geistliche Formung ernst nehmen. Die Einübung in geistliche Formung kann zu einem weiteren Versuch entarten, Kontrolle zu erlangen. Dabei will uns geistliche Formung genau das Gegenteil eröffnen: Wir dürfen die Illusion der Kontrolle an Gott zurückgeben und uns für die Gnade öffnen.

Und auch wenn diese Wahrheit wahrscheinlich gegen einige unserer Lieblingsansichten verstößt, ist sie eine gute Nachricht. Wirklich. Wir können uns nicht selbst retten, und wir müssen es auch nicht. Wir sind gerettet worden und werden gerettet – durch Jesus und durch ihn allein. Er ist der Retter, nicht wir. Er ist der gute Hirte. Unsere Aufgabe ist es, ihm zu folgen – durch alle Höhen und Tiefen des Weges hindurch. Unser Job ist es, dranzubleiben.

Es kann lange dauern – Jahre, sogar Jahrzehnte –, bis wir werden, wer wir sein sollen. Es kann sein, dass wir den Erfolg erst in unseren Sechzigern oder noch später sehen. Wie bei der Verwandlung einer Raupe in einen Schmetterling kann eine lange Zeit der Dunkelheit und scheinbaren Erstarrung nötig sein, bis wir verwandelt und wunderschön daraus hervorgehen. Und es kann sein, dass diese Verwandlung erst ganz am Ende unserer Reise diesseits der Ewigkeit geschieht. Aber es wird alle Mühen und Dunkelheiten mehr als wert sein. Wie Jesus es ausdrückte: Wir werden einer Mutter gleichen, bei der die heftigen Schmerzen der Wehen »verblassen … angesichts der Freude, dass ein neuer Mensch zur Welt gekommen ist« (Johannes 16,21).

Etwas, das einer Jesusähnlichkeit nahekommt, ist tatsächlich hier in diesem Leben möglich. Wirklich. Wir können geheilt werden, wir können frei werden von schädlichen Mustern, die Generationen zurückreichen, wir können in Menschen verwandelt werden, die wirklich von Liebe, Freude und Frieden erfüllt sind. Unsere Seele kann erfüllt sein von der Glückseligkeit der Vereinigung mit Gott. Unser Leib kann ein Tempel sein, unser Wohnumfeld heiliger Boden. Unsere Tage können zur Ewigkeit inmitten der Zeit werden, unsere Momente zu Wundern.

Alles zu seiner Zeit …

Für dein Heute ist der Ruf des Meisters recht einfach: »Folge mir.«

ZIEL #3

WIE JESUS HANDELN

»Geht und macht alle Menschen zu meinen Schülern.«[133] So in etwa lauten die letzten Worte von Jesus an seine Lehrlinge, wie sie uns in Matthäus 28,19 überliefert sind.

Das ist genau das, was du von einem Rabbi erwarten würdest, der am Ende der Ausbildungszeit zu seinen Lehrlingen spricht. Denn das Ziel eines Rabbis war nicht nur zu lehren, sondern auch Schüler zu befähigen, seine Lehre und Lebensweise weiterzutragen. Auch heute noch werden Rabbiner bei ihrer Ordination in einer Liturgie, die bis auf die Zeit Jesu zurückgeht, beauftragt, »viele Schüler auszubilden«.[134]

Als Jesus Simon und Andreas aufforderte: »Kommt mit und folgt mir nach. Ich will euch zeigen, wie man Menschen fischt!« (Markus 1,17), war das kein abgedroschenes Predigt-Wortspiel und auch kein Aufruf, Menschen vor dem Abgrund der Hölle zu retten. Im ersten Jahrhundert war »Menschenfischer« ein Ehrentitel für große Rabbiner[135], denn nur die besten Lehrer waren imstande, Verstand und Vorstellungskraft ihrer Zuhörerinnen und Zuhörer zu erobern.

Jesus sagte im Grunde: »Geht bei mir in die Ausbildung, und ich werde euch lehren, das zu tun, was ich tue.«

In Apostelgeschichte 1,1 schreibt der Historiker Lukas: »Den ersten Bericht [das Lukasevangelium] habe ich verfasst … von allem, was Jesus angefangen hat, zu tun und auch zu lehren« (ELB).

Beachte das Verb. Hier steht »angefangen hat«. Das bedeutet nichts anderes, als dass es in Lukas' zweitem Buch, der Apostelgeschichte, darum geht, wie die Schüler von Jesus dieses Lehren und Tun weiterführten.

Und genau so liest sich die Apostelgeschichte: als eine Fortsetzung des Wirkens von Jesus. Alles, was wir bei Lukas über Jesus lesen – Kranke heilen, Dämonen austreiben, das Evangelium verkünden –, lesen wir in der Apostelgeschichte über seine Lehrlinge.

Auch hier ist es genau das, was man von einem *talmid* erwarten würde, wenn er eine Ausbildung abgeschlossen hat: dass er tut, was sein Rabbi getan hat.

Lerntheoretiker betrachten eine Ausbildung als einen vierstufigen Prozess:

- Ich tue es, du schaust zu.
- Ich tue es, du hilfst.
- Du tust es, ich helfe.
- Du tust es, ich schaue zu.[136]

Genau diesen Prozess können wir in der Ausbildung finden, die Jesus damals seinen Lehrlingen ermöglichte. Zuerst gingen sie nur mit ihm mit und sahen, was er tat. Mit der Zeit begannen sie, Jesus dabei zu helfen. Dann fingen sie nach und nach an, das zu tun, was Jesus tat, und bekamen hilfreiches Feedback von ihrem Meister, während sie ihre ersten zaghaften Schritte machten. Und am Ende wurden sie im Namen von Jesus und in seiner Kraft ausgesandt, um fortzuführen, was er begonnen hatte.

All das führt uns zu Ziel Nummer drei: handeln wie Jesus. Das letzte Ziel eines Lehrlings ist es, die Arbeit des Meisters fortzuführen. Dafür ist eine Ausbildung schließlich da.

In unserer Gemeinde gibt es einen Klempnerlehrling, der sich in einer vierjährigen Ausbildung befindet. Sein Ziel ist dabei nicht nur, im Laufe seiner Ausbildung eine Menge Bücher über Klempnerarbeiten gelesen zu haben oder gelegentlich einen undichten

Wasserhahn im Bad zu reparieren. Sein Ziel ist es, ein richtiger Klempner zu werden.

Wir haben auch etliche Medizinstudenten in unserer Gemeinde. Diese Ausbildung dauert noch deutlich länger – je nach Fachrichtung können da insgesamt schon mal zehn bis zwölf Jahre zusammenkommen. Aus meinen Gesprächen mit ihnen kann ich versichern: Ihr Ziel besteht nicht nur darin, *Grey's Anatomy* zu schauen und den ganzen Fachjargon zu kennen. Nein, sie wollen Ärzte werden und Medizin praktizieren.

Völlig logisch, eigentlich. Nur scheinen viele von uns Christen diesen sehr einfachen Gedanken nicht wirklich zu verstehen: Wenn wir bei Jesus in die Ausbildung gehen, ist es unser Ziel, zu Menschen zu werden, die all das sagen und tun können, was Jesus gesagt und getan hat.

Kinder verstehen das oft noch ganz intuitiv. Sie hören oder lesen die Geschichte vom barmherzigen Samariter und ihr erster Impuls ist, jedes Mal anzuhalten, wenn wir an jemandem mit einem platten Reifen vorbeifahren. Schließlich hat Jesus die Geschichte mit den Worten beendet: »Nun geh und mach es genauso« (Lukas 10,37). Oder sie hören die Geschichten, in denen Jesus Kranke heilt, und wenn der Freund im Kindergarten das nächste Mal erkältet ist, umarmen sie ihn und beten, dass er gesund wird. Aber mit der Zeit geschieht etwas mit uns, und wir werden gesellschaftlich so konditioniert, dass wir diesen Impuls unterdrücken.

Was, wenn dieser Impuls von Gott kommt? Wenn diese innere Aufforderung von unserem Herzen sein Geist ist, der in uns wirkt? Der uns dazu bringen möchte, loszugehen und die Dinge zu tun, die Jesus getan hat? Oder genauer gesagt, Dinge von der Art, wie Jesus sie tun würde, wenn er an unserer Stelle wäre?

Dallas Willard hat einen Jünger als einen Menschen definiert, dessen oberstes Ziel es ist, sein Leben so zu leben, wie Jesus es leben würde, wenn er an seiner Stelle wäre.

Erinnerst du dich noch an die *WWJD?*-Armbändchen? *What would Jesus do?* – Was würde Jesus tun? Das ist eine gute Frage. Aber eine viel bessere wäre*: WWJDIHWM? What would Jesus do if he were me?* – Was würde Jesus tun, wenn er ich wäre?

Warum ist diese Frage besser? Weil die wenigsten von uns ein zölibatär lebender jüdischer Rabbi aus dem ersten Jahrhundert sind. Wir sind vielleicht Eltern im 21. Jahrhundert, Studienanfänger in der Großstadt, Mitbegründerinnen eines Start-ups, freiberufliche Grafikdesigner oder – mein heimlicher Traum – Kampfsportler.

Es ist ein bisschen schwierig, *WWJD?* zu fragen, wenn unsere Arbeit darin besteht, uns um ein zweijähriges Kind zu kümmern, Software zu entwickeln, im Kindergarten zu arbeiten oder das Heizungssystem für ein städtisches Gebäude zu entwerfen – ganz zu schweigen davon, dass wir irgendwas von diesen Dingen machen, während wir uns um unser zweijähriges Kind kümmern.

Frag dich stattdessen Folgendes: Wie würde Jesus leben, wenn er mein Geschlecht, meinen Wohnort, mein Persönlichkeitsprofil, mein Alter, meine Lebensphase, meinen Job, meine Ressourcen und meine Adresse hätte? Wie würde er sich in der Welt zeigen? Wie würde er mit XY umgehen?

Für uns als Lehrlinge von Jesus ist das die Frage, auf die unser ganzes Leben eine Antwort zu geben versucht.

Wie es der Jesus-Lehrling Johannes im Neuen Testament ausdrückt: »Daran erkennen wir, dass wir in ihm sind: Wer behauptet, in ihm zu leben, muss leben, wie Jesus gelebt hat.«[137]

Und das ist der Punkt, an dem viele aussteigen.

Jedes Mal, wenn ich über Jesus als Beispiel für ein gutes Leben spreche, denken die meisten Leute: »Ja, sicher, aber na ja, er war schließlich Gott. Ich bin nur … eben *ich*. Ich kann ja schließlich nicht rumlaufen und Kranke heilen und Wunder tun und so.«

Stimmt's?

Jesus, der Prototyp

Die Autoren des Neuen Testaments nennen Jesus den »Erstling«. Das ist ein Bild aus der Landwirtschaft, das den Menschen im ersten Jahrhundert ziemlich geläufig war. Die Erstlinge, oder Erstlingsfrüchte, waren die ersten Früchte der Ernte, ein Hinweis auf das, was bald in großer Menge da sein würde.

Jesus ist dieser erste Hinweis auf das, was auf alle seine Anhänger zukommt. Einige Exegeten übersetzen hier deswegen »Prototyp«[138], der Erste einer ganz neuen Art von Mensch. Will heißen: Jesus, wie er zu seiner Zeit auf der Erde war, ist eine fortgeschrittene Version dessen, was wir in ihm werden können. Jesus ist die Gussform, in die du und ich unser Leben gießen können.

Leider lesen die meisten westlichen Christen die Geschichten über Jesus, insbesondere die Wundergeschichten, nicht als Vorlage für ihr Leben, sondern lediglich als Beweis dafür, dass Jesus Gott war. Um das zu verstehen, müssen wir ein paar Jahrhunderte zurückgehen bis zur Aufklärung, als die Vordenker im Westen anfingen zu sagen: »Wir glauben, dass Jesus ein großer Lehrer war, aber mehr auch nicht.« Damit konnten sie entscheiden, welche seiner Lehren sie befolgen oder ignorieren wollten, und die Welt so lenken, wie sie es für richtig hielten[139] – ein Muster, das bis heute beliebt ist.

Das Gegenargument gläubiger Christen lautete: »Aber sieh dir die Wundergeschichten an! Ein einfacher Mensch kann keine Kranken heilen und keine Dämonen austreiben, geschweige denn Wasser in Wein verwandeln oder übers Wasser gehen!«[140] Das Argument ist gut gemeint, aber es hat einen fatalen logischen Fehler und eine völlig unbeabsichtigte, aber verheerende Folge.

Erstens der fatale Fehler: Ja, Jesus hat Wunder getan. Aber seine Lehrlinge und die hebräischen Propheten vor ihnen ebenfalls. Lies die Apostelgeschichte – die Apostel heilten Kranke, trieben Dämonen aus und erweckten sogar Tote. Doch niemand behauptet, das sei ein Beweis dafür, dass sie Gott waren. Siehst du das Problem?

Und die tragische Konsequenz dieser fehlerhaften Logik ist: Wenn wir davon ausgehen, dass Jesus die Dinge tat, die er tat, weil er Gott war, werden wir annehmen, dass wir die Dinge, die er tat, nicht tun können, weil wir ja offensichtlich nicht Gott sind. 1 plus 1 gleich 2.

Aber: Woher hatte Jesus seine Macht? Gewöhnliche Menschen laufen nicht herum und erwecken Tote zum Leben.

Die kurze Antwort lautet: vom Heiligen Geist.

Das Lukasevangelium ist in dieser Hinsicht am deutlichsten: Jesus kehrte, von der Kraft des Heiligen Geistes erfüllt, nach Galiläa zurück, wo er am Sabbat aus der Schriftrolle des Jesaja las.

> Der Geist des Herrn ruht auf mir, denn er hat mich gesalbt, um den Armen die gute Botschaft zu verkünden. Er hat mich gesandt, Gefangenen zu verkünden, dass sie freigelassen werden, Blinden, dass sie sehen werden, Unterdrückten,

dass sie befreit werden und dass die Zeit der Gnade des Herrn gekommen ist.

Lukas 4,18-19

Wie ich das interpretieren würde: Jesus tat, was er tat, weil er mit der Macht Gottes verbunden war. Jesus bewirkte seine Wunder nicht, indem er wie Zeus göttliche Muskeln spielen ließ. Nein, er vertraute auf die Kraft des Geistes in ihm.

Daran, wie Jesus als Mensch gelebt hat, sehen wir, wie der echte, wahre Gott ist. Nicht der Gott, der ein Hirngespinst unserer Fantasie oder unserer Ängste ist, sondern der Gott, der Realität ist.

Es ist nicht nur so, dass Jesus Gott ist, sondern auch dass Gott Jesus ist. Oder: »Gott ist wie Christus und in ihm ist überhaupt nichts, das Christus nicht entspräche.«[141] So beschreibt das der anglikanische Erzbischof Michael Ramsey. Aber – und das ist jetzt besonders wichtig –: In der Menschwerdung von Jesus sehen wir auch, wie ein echter, wahrer Mensch ist. Wir sehen, was Gott von Anfang an im Sinn hatte und welches Potenzial im Menschen steckt, wenn er mit Gott verbunden ist.

Wenn wir also die Wundergeschichten lesen, sollten wir nicht nur denken: »Na ja, Jesus war halt Gott.« Ja, das war er. Aber wir können auch denken: »Wow, dazu also ist ein echter, wahrer Mensch, der in der Kraft des Geistes lebt, fähig!«

Kurz vor seinem Tod sagte Jesus: »Wer an mich glaubt, wird dieselben Dinge tun, die ich getan habe …« Was hatte Jesus getan? Kranke geheilt, Dämonen ausgetrieben, Wunder vollbracht und so weiter. »… ja noch größere, denn ich gehe, um beim Vater zu sein« (Johannes 14,12).

Noch größere Dinge? Größer als Wunder?

Neutestamentler streiten darüber, was genau Jesus mit »noch größere« meinte[142], aber in einem Punkt sind sie sich einig: Was immer er damit meinte, jedenfalls keine geringeren Dinge.

Damit will ich nicht sagen, dass du zum nächsten Leichenschauhaus stürmen und da eine heilige Show abziehen sollst. Ich sage nur, dass dieselbe Kraft, die in Jesus und dann in Petrus, Paulus und den anderen Aposteln wirkte, jetzt auch in dir und in mir wirkt – oder zumindest für dich und für mich verfügbar ist, wenn wir uns wie Jesus dem Vater überlassen und uns für die Anregungen des Geistes öffnen.

So zu handeln wie Jesus können wir nur aus der Kraft seines Geistes.

Das ist die einzige Möglichkeit für uns, zu tun, was Jesus tun würde, wenn er an unserer Stelle wäre. Wenn schon Jesus das, was er tat, nur in der Kraft des Geistes tun konnte, wie viel mehr brauchen wir dann den Geist, um dieselben Dinge zu vollbringen?

Zum Glück hat Jesus uns nicht von unseren natürlichen Fähigkeiten, Talenten und Kräften abhängig gemacht. Er gab uns *seinen* Geist, um uns durch *seine* Fähigkeiten zu bevollmächtigen. Damit wir sein Werk durch seine Kraft vollbringen können und nicht unser Werk mit unseren eigenen sehr begrenzten Ressourcen.

Jesus sucht nach Menschen, denen er seine Macht anvertrauen kann.

Wollen wir zu solchen Menschen werden? Zu Menschen, die mit Macht angemessen umgehen können? Die in die ganze Welt gehen, zu allen Menschen, und tun, was Jesus an unserer Stelle tun würde?

Wenn du es bis zu dieser Stelle des Buches geschafft hast, denkst du wahrscheinlich: »Ja!«

Okay! Das ist stark. Dann ist es jetzt an der Zeit, noch mal genauer hinzuschauen, *was* Jesus genau getan hat.

Der Autor Henri Nouwen sagte einmal, dass sich das Leben von Jesus entlang eines Kontinuums von Einsamkeit über Gemeinschaft bis zum Dienst bewegte.[143]

Was war der »Dienst« von Jesus? Was hat er getan, um Gottes Reich zu demonstrieren?

Es gibt keine offizielle Liste davon, was Jesus getan hat – genauso wenig wie es eine offizielle Liste seiner geistlichen Praktiken gibt. Aber ich finde es hilfreich, sein Wirken in drei grundlegende Rhythmen einzuteilen:

1. Raum für das Evangelium schaffen, das heißt Gastfreundschaft leben
2. Das Evangelium verkünden
3. Das Evangelium demonstrieren

Rhythmus #1: Raum für das Evangelium schaffen

Es ist kein Geheimnis, dass unsere zunehmend postchristliche Kultur dem Evangelium nicht mehr positiv oder auch nur neutral gegenübersteht – sie begegnet ihm feindselig. Viele Menschen sehen das »Christentum« als einen Teil des Problems, nicht als Lösung.[144] Die meisten säkularen Menschen haben kein Interesse daran, das Evangelium zu hören, und suchen ihr Heil lieber in anderen Quellen.

Aber an dem Punkt waren wir schon mal. Als Jesus hier auf der Erde lebte, standen viele Menschen dem Evangelium genauso feindlich gegenüber – so feindlich, dass sie Jesus schließlich umbrachten.

Wie können wir in einer so feindseligen Atmosphäre Raum für Gott schaffen?

Ich würde sagen: so wie Jesus es gemacht hat. Durch Essen und Trinken.

Oder anders ausgedrückt: Wir schaffen Raum für Gott durch Gastfreundschaft.

Lukas 19 erzählt eine herzerwärmende Geschichte, in der Jesus sich selbst zum Essen in das Haus von Zachäus einlädt. Zachäus war Steuereintreiber, jemand, der seinen pompösen Lebensstil damit finanzierte, dass er seine jüdischen Mitbürger im Auftrag des Römischen Reiches ausnahm. Stell dir einen Nazispitzel in Polen während des Holocausts vor. Dann kannst du dir ungefähr vorstellen, wie verhasst Zachäus bei den Leuten war. Und dann setzt sich Jesus hier an einen Tisch mit ihm – weniger als Gast, sondern eher als Gastgeber. Und die Folge: Zachäus wird ein Lehrling von Jesus. »Doch den Leuten in der Menge gefiel das nicht. ›Bei einem berüchtigten Sünder kehrt er als Gast ein‹, murrten sie« (Lukas 19,7).

Wir finden die Geschichte herzerwärmend, aber die Menschen damals fanden sie empörend. Warum? Weil Mahlzeiten das sind, was die Anthropologin Mary Douglas »Grenzmarkierungen«

nennt.[145] Mahlzeiten bringen Menschen zusammen, aber sie trennen sie auch voneinander.

Denken wir nur an die Restaurants zur Zeit vor der Bürgerrechtsbewegung, als in den USA an den Türen Schilder mit der Aufschrift »Nur für Weiße« hingen oder in Großbritannien »Keine Iren, keine Schwarzen, keine Hunde«. Auch heute noch sind Restaurants oft klar bestimmten Gesellschaftsschichten zugeordnet. Aber auch wenn wir nur in ein Durchschnittslokal gehen, essen die meisten von uns dort mit Freunden oder der Familie, also mit Menschen, die so sind wie wir.

Das gilt für alle Kulturen, aber besonders für die jüdische Kultur des ersten Jahrhunderts. Sie nannten es »Tischgemeinschaft«. Mit jemandem eine Mahlzeit zu teilen, war ein Zeichen des Willkommen-Seins, nicht nur im eigenen Haus, sondern auch in der größeren Gemeinschaft und sogar bei Gott.

Deshalb hätte sich kein Rabbiner, der etwas auf sich hielt, jemals auch nur in Sichtweite der Tafel von jemandem wie Zachäus blicken lassen. Das wäre das Ende seiner Karriere gewesen. Ein Theologe schrieb: »Jesus hat sich selbst ans Kreuz gebracht durch die Art, wie er aß.«[146] Er setzte sich mit all den falschen Leuten an den Tisch: mit Verrätern wie Zachäus, mit Prostituierten, Nicht-Juden, Unreinen.

Gefährlich, gefährlich.

Jesus wurde beschuldigt, »ein Schlemmer und Säufer (und ein) Freund der Zolleinnehmer und Sünder« (Lukas 7,34; NGÜ) zu sein. Das war kein Kompliment.

Für Rabbi Jesus waren Mahlzeiten keine »Grenzmarkierung«, sondern ein Zeichen dafür, dass Gott die Menschen in seinem Reich willkommen heißt. Kein Mittel, um sie fernzuhalten, sondern um sie einzuladen.

Allein im Lukasevangelium gibt es über fünfzig Hinweise auf das Essen. Der Lukasexperte Robert Karris schreibt: »Im Lukasevangelium geht Jesus entweder zu einer Mahlzeit, ist bei einer Mahlzeit oder kommt von einer Mahlzeit.«[147]

Dieser Jesus gefällt mir. Ich denke, ich werde bei ihm in jeder Hinsicht in die Lehre gehen.

Der britische Pastor Tim Chester hat ein großartiges kleines Buch mit dem Titel *A Meal with Jesus* geschrieben, *Ein Essen mit Jesus*. Er weist darin auf eine einprägsame Wortformel hin, die bei Lukas zweimal vorkommt: »Der Menschensohn ist gekommen ...«

Zum einen schrieb Lukas: »Der Menschensohn ist gekommen, um Verlorene zu suchen und zu retten« (Lukas 19,10). Das war das, *was* Jesus tat – seine Mission.

Zum anderen schrieb er: »Der Menschensohn ist gekommen, (er) isst und trinkt ...« (Lukas 7,34; NGÜ). Das zeigt, *wie* er es tat – seine Methode.

Jesus lebte in einer Kultur, in der viele Leute ihm gegenüber feindselig eingestellt waren. Wie hat er diese Menschen in sein Reich eingeladen?

Mahlzeit für Mahlzeit für Mahlzeit.

Diese Praxis, mit Menschen, die Gott fernstehen, zu essen und zu trinken, nennen die Schreiber des Neuen Testaments »Gastfreundschaft«. Das Wort heißt auf Griechisch *philoxenia* und ist zusammengesetzt aus *philo* (das bedeutet »Liebe«) und *xenos* (das bedeutet »Fremder, Ausländer, Gast«).[148] Will heißen: Gastfreundschaft ist das Gegenteil von Fremdenfeindlichkeit. Es geht um die Liebe zum Fremden, nicht um Hass oder Angst vor dem Anderen. Es geht darum, Außenstehende bei sich willkommen zu heißen und so Gäste zu Nachbarn und Nachbarn zu einer Familie in Gott zu machen.

Wir können niemanden dazu zwingen, ein Lehrling von Jesus zu werden, und das wollen wir auch gar nicht. Aber wir können einen Raum bieten, in dem sich eine solche Veränderung vollziehen kann – Stück für Stück, langsam, im Laufe der Zeit. Mahlzeit für Mahlzeit. Einladung für Einladung.

Wir können aktiv nach den Einsamen, den Neuankömmlingen, den Uncoolen, den Armen, den Einwanderern oder Flüchtlingen suchen – nach denen, die keine Familie oder kein Zuhause haben – und sie in einer Gemeinschaft der Liebe willkommen heißen.

Henri Nouwen hat es so eindrücklich gesagt:

> In unserer Welt voller Fremder, die sich von ihrer eigenen Vergangenheit, ihrer Kultur und ihrem Land, von ihren Nachbarn, Freunden und ihrer Familie, von ihrem tiefsten Selbst und ihrem Gott entfremdet haben, werden wir Zeugen einer schmerzhaften Suche nach einem gastfreundlichen Ort, an dem das Leben ohne Angst gelebt werden und an dem man Gemeinschaft finden kann ... Es ist Männern und Frauen möglich und für Christen und Christinnen ist es verpflichtend, einen offenen und gastfreundlichen Raum anzubieten, in dem Fremde ihre Fremdheit ablegen und zu unseren Mitmenschen werden können.[149]

Gastfreundschaft ist sowohl ein Rhythmus, den wir in unsere Lebensregel einbauen, als auch eine Weise, in der Welt zu sein, eine Herzenshaltung gegenüber anderen. Nouwen nannte sie »eine Grundhaltung gegenüber unseren Mitmenschen, die sich auf vielfältige Weise ausdrücken kann«[150]. Wenn wir Gastfreundschaft leben, verkörpern wir die Herzenshaltung der Dreifaltigkeit, das Innenleben Gottes: Willkommen, Einladung, herzliche Zuneigung, Großzügigkeit, Versorgung, Sicherheit, Gemeinschaft, Trost, Befriedigung von Bedürfnissen, Erfülltsein und pure Freude. »Wenn wir wie Gott handeln, können wir uns wie Gott fühlen«[151] und seine Freude teilen.

Die Schriftstellerin Rosaria Butterfield nannte ein solches Verhalten eine »radikal gewöhnliche Gastfreundschaft«.

> Radikal gewöhnliche Gastfreundschaft – die sie leben, sehen Fremde als Nachbarn und Nachbarn als Familie Gottes. Sie schrecken davor zurück, einen Menschen auf eine Kategorie oder ein Etikett zu reduzieren. Sie sehen Gottes Ebenbild in den Augen eines jeden Menschen auf dieser Erde gespiegelt… Diejenigen, die eine radikale Gastfreundschaft leben, betrachten ihr Zuhause nicht als ihr Eigentum, sondern als Gottes Geschenk, das sie einsetzen, um sein Reich voranzubringen. Sie öffnen Türen; sie machen die Unterprivilegierten ausfindig. Sie wissen, dass das Evangelium mit einem Hausschlüssel kommt.[152]

Das ist es, was Jesus vorlebte – sein Weg. Und es ist immer noch der beste Weg.

Es gibt keinen besseren Ort, um jemanden kennenzulernen, als bei einer Mahlzeit, keinen besseren Ort, um in Liebe zu diskutieren oder auch unterschiedlicher Meinung zu sein. Deshalb gibt es auch keinen besseren Ort, um das Evangelium weiterzusagen, als an einem Tisch, bei Brot und Wein. Ich bin kein begabter Evangelist. Der nächste Rhythmus – das Evangelium verkünden – ist eine Schwachstelle bei mir, keine Stärke. Aber ich kann dir eines sagen: Ich lebe in einer der säkularsten Städte der Welt, und jedes einzelne der tief greifenden Gespräche, die ich je mit Menschen geführt habe, die Gott fernstanden, hat beim Essen stattgefunden. Ohne Ausnahme.

Das Schöne an der Methode von Jesus ist:

Es ist etwas, das du bereits tust. Du isst bereits Mahlzeiten. Alles, was du tun musst, ist, ein paar davon umzugestalten, um Gottes großes Willkommen anzubieten.

Und: Jeder kann das tun. Man braucht keinen Hochschulabschluss, kein Fachwissen in Apologetik. Man braucht kein schickes Esszimmer und keinen extravaganten Wintergarten, der es in ein Lifestyle-Magazin schaffen würde.

Alles, was du brauchst, ist ein Tisch. Und der muss nicht mal dir gehören.

Rhythmus #2: Das Evangelium verkünden

Vor ein paar Tagen kam mein Teenager-Sohn leicht verstört nach Hause.

»Was ist passiert?«, fragte ich.

Tiefer Seufzer.

Er war mit einem Freund in der Innenstadt unterwegs gewesen und an einer Straßenecke auf eine Gruppe von Christen gestoßen, die »das Evangelium« predigten. Es entsprach voll dem Klischee: Sie trugen alle Schilder an Holzstangen. Die Statements waren eine bizarre Mischung aus »Jesus liebt dich« und düsteren Warnungen vor dem Feuer der Hölle. Natürlich gab es ein Megafon, und es wurden Traktate verteilt. Der Freund, mit dem er unterwegs war, ist kein Christ. Und mein Sohn hatte den Eindruck, dass diese Art der »Evangelisation« seinen Freund eher von Gott wegstieß, anstatt ihn zu Jesus hinzuziehen.

Wie mein Sohn schaudern viele von uns, wenn sie an solche Szenarien auch nur denken. Diese Methoden wirken im besten Fall befremdlich oder weltfremd, wenn nicht gar manipulativ oder grausam. Sie führen wohl auch eher selten dazu, dass Menschen durch eine Ausbildung bei Jesus das wahre Leben entdecken.

Wenn ich also sage, dass Rhythmus #2 »Das Evangelium verkünden« ist, reagiere ich selbst leicht allergisch auf diese Formulierung. Nicht, weil ich das Evangelium nicht lieben würde oder mir die Menschen, die Jesus als »verloren« bezeichnet, nicht am Herzen lägen, sondern wegen all der peinlichen Beispiele, die mir zu diesem Stichwort einfallen. Ich habe einfach keine Lust, mit so einer Art, das Evangelium zu verkündigen, in Verbindung gebracht zu werden.

Aber es muss noch etwas anderes dahinterstecken. Denn selbst wenn ich höre, wie jemand die gute Nachricht von Jesus auf eine durchdachte, liebevolle und kulturell stimmige Weise verkündet, macht mich das immer noch ein bisschen nervös. Und damit bin ich nicht allein.

In unserer Generation besteht das Hauptproblem mit Evangelisation nicht darin, dass wir sie mit Megafonen und einem gewissen Maß an Bigotterie betreiben, sondern darin, dass wir sie überhaupt nicht betreiben. In einer aktuellen Umfrage der *Barna Group* sagten 96 Prozent der christlichen Millennials: »Zu meinem Glauben gehört es, ein Zeuge für Jesus zu sein.« Und 94 Prozent sagten: »Das Beste, was jemandem passieren kann, ist, dass er Jesus kennenlernt.« Aber nur 47 Prozent – fast die Hälfte – sagten auch: »Es ist falsch, über den eigenen persönlichen Glauben mit jemandem zu sprechen, der einen anderen Glauben hat, in der Hoffnung, dass der andere eines Tages den eigenen Glauben teilen wird.«[153]

Das ist eine krasse Inkonsequenz. Aber angesichts unserer Zeit ist das nicht überraschend. Wir leben in einer pluralistischen, postmodernen Kultur, in der jede Form von christlichem »Bekehrungseifer« für unser modernes Empfinden anstößig ist. Viele von uns wurden gesellschaftlich darauf konditioniert, den Mund zu halten, wenn es um Jesus geht. »Glaube ist Privatsache«, heißt es dann schnell. »Wer bist du, dass du mir sagen könntest, was die Wahrheit ist?«, hören wir. Denn jede Form von Wahrheitsanspruch, egal wie gewinnend er vorgetragen wird, verurteilt implizit andere Wahrheitsansprüche. Und was ist die säkulare Kultur anderes als ein schwindelerregender Basar von konkurrierenden Wahrheitsansprüchen?

Aber ironischerweise basiert diese Hetze gegen christliche Bekehrungsversuche auf einer Logik, die sich selbst widerlegt. Denn letztlich ist jeder darauf aus, andere zu bekehren. Jeder predigt ein »Evangelium«. Mal wieder lautet die Frage nicht: »Verkündest du das Evangelium?«, sondern: »Welches Evangelium verkündest du?«

Das Evangelium der dritten Welle des Antirassismus? Oder LGBTQI+-Pride? Oder demokratischen Sozialismus? Amerikanischen Nationalismus? Oder freien Marktkapitalismus? Oder Kaltwassertherapie, Intervallfasten, Keto-Diät, Achtsamkeit oder die neue Welle der Psychedelika?

All dies sind »Evangelien« – es sind Botschaften darüber, wo unsere Hoffnungen liegen, wohin sich die menschliche Geschichte entwickelt, wo die Gefahren lauern, wo das Heil zu finden ist, wo wir Gemeinschaft finden können und wie wir ein gutes Leben führen und zu besseren Menschen werden können.

Irgendein Evangelium verkündet jeder.

Lehrlinge von Jesus sind Menschen, die *sein* Evangelium verkünden.

Wenn wir als sagen, wir verkünden das Evangelium, meinen wir damit, dass wir Menschen von Jesus erzählen: dass wir die Botschaft von Jesus bekannt machen und andere wissen lassen, dass ein Leben mit Jesus in Gottes Königreich möglich ist.

Noch einmal: Es ist nichts anderes als das, was alle anderen Menschen auch tun. Sie reden über die Dinge, die sie großartig finden: Mode, Musik, Sport, eine neue Fernsehserie.

Wir finden Jesus großartig, also reden wir von ihm.

Wie ich bereits sagte, lautet das Evangelium nicht: »Wenn du an Jesus glaubst, kannst du nach deinem Tod in den Himmel kommen.«

Markus fasst das Evangelium so zusammen: »Das Reich Gottes ist nahe.«[154]

Paulus bringt es in diesem Satz auf den Punkt: »Jesus ist der Herr«[155] – dasselbe, nur mit anderen Worten ausgedrückt.

Kernaussage des Evangeliums ist: Jesus ist die ultimative Macht im Universum und ein Leben mit ihm ist jetzt für alle zugänglich. Durch seine Geburt, sein Leben, seine Lehren, seine Wunder, seinen Tod, seine Auferstehung, seine Himmelfahrt und die Gabe des Heiligen Geistes hat Jesus die ganze Schöpfung gerettet, rettet sie noch und wird sie auch weiterhin retten. Und durch eine Ausbildung bei Jesus können wir in sein Reich und in das innere Leben von Gott selbst eintreten. Wir können in der Liebe, die frei und bedingungslos liebt, empfangen, geben und teilen. Wir können Teil einer Gemeinschaft sein, die Jesus langsam und stetig zu einer strahlenden neuen Gesellschaft des Friedens und der Gerechtigkeit formt. Eine Familie, die eines Tages gemeinsam mit dem Vater und Schöpfer die ganze Schöpfung regieren wird – in einer Ewigkeit, in der sich Kreativität, Wachstum und Freude immer weiter entfalten. Und jeder kann an dieser Geschichte teilhaben.

Das ist eine gute Nachricht.

Als Reaktion auf eine primitive, manipulative und manchmal engstirnige Art des »Predigens«, die in den Menschen ein Gefühl von Erniedrigung und Herabwürdigung hinterlässt, haben viele von uns den Sinn dafür, Zeugen für Jesus zu sein, völlig verloren. Aber es ist ein Kernstück unseres Glaubens! Und es ist ein wesentlicher Bestandteil unserer Ausbildung bei Jesus, dass wir die gute Nachricht von ihm an andere weitergeben.

Aber wie verkünden wir diese Botschaft in einer Kultur, die das nicht hören möchte?

Sollen wir auf der Straße predigen? Traktate verteilen? Eine Story auf Instagram posten? Eine Apologetik-Debatte im Internet starten? Oder C.-S.-Lewis-Bücher an Arbeitskollegen verteilen und beten, dass sie uns danach nicht mobben?

Vielleicht.

Aber wie wäre es, wenn unsere »Evangelisation« eher so aussähe, dass wir für unsere Nachbarn ein Essen kochen? Oder einem Freund ein prophetisches Wort mitteilen, wenn er es hören möchte? Oder einen Arbeitskollegen zum Alpha-Kurs einladen?[156] Oder uns für einen guten Zweck an unserem Wohnort einsetzen?

Wir sind umgeben von Menschen, die in irgendeiner Weise leiden. Die Einsamkeitsepidemie wütet – der Prozentsatz der Amerikaner, die sagen, dass sie keine engen Freunde haben, hat sich seit 1990 vervierfacht.[157] 54 Prozent berichten, dass sie manchmal oder immer das Gefühl haben, dass niemand sie wirklich kennt.[158] Im digitalen Zeitalter sind wir »vernetzter« als je zuvor, aber Soziologen sagen uns, dass die Generation Z die einsamste Generation aller Zeiten ist. Wir sehnen uns danach, gesehen, gekannt und geliebt zu werden.

Könnte der passende Weg so einfach sein, den Menschen dort zu begegnen, wo sie leiden? Das ist es doch, was Jesus getan hat. Ich denke, Evangelisation könnte in unserer Zeit weniger so aussehen wie das, was mein Sohn in der Stadt gesehen hat, und mehr wie die Geschichten in den Evangelien.

Dazu möchte ich fünf Ideen vorstellen, wie wir das Evangelium in unserer säkularen Kultur weitergeben können.

Idee #1: Gastfreundschaft anbieten

Lerne kochen, den Tisch decken und schaffe einen Ort, an dem man richtig gut Gemeinschaft haben kann. Darüber haben wir bereits gesprochen.

Idee #2: Herausfinden, wo Gott bereits am Werk ist, und miteinsteigen

Wir gehen oft davon aus, dass Gott im Leben eines Menschen, der nicht mit Jesus lebt, nicht am Werk ist. Aber gehen wir einfach mal von der gegenteiligen Annahme aus: dass Gott allgegenwärtig und voller Liebe ist und es ihn zu Sündern hinzieht. Dass er wahrscheinlich bereits in ihrem Leben wirkt und sie sanft zu sich einlädt.

In diesem Paradigma ist es unsere Aufgabe, nach Zeichen des allgegenwärtigen Gottes Ausschau zu halten und, wenn wir sie entdecken (und das werden wir), mit ihm zusammenzuarbeiten.

Idee #3: Zeuge sein

»Zeuge« ist ebenso wie »Jünger« im Neuen Testament ein Substantiv. Es ist etwas, das du *bist*, bevor du etwas *tust*. Jesus nutzt dieses Wort, als er seinen Jüngern erklärt, wie das mit dem Heiligen Geist ablaufen wird: »Ihr werdet den Heiligen Geist empfangen und durch seine Kraft meine Zeugen sein in Jerusalem und ganz Judäa, in Samarien und überall auf der Erde« (Apostelgeschichte 1,8; HFA).

Ein Zeuge ist jemand, der etwas Wichtiges sieht oder erlebt, von dem andere erfahren sollen. Etwas zu bezeugen bedeutet, anderen zu erzählen, was du gesehen oder erlebt hast. Das ist alles.

Wir sind Zeugen, keine Verkäufer.

Unsere Aufgabe ist es überhaupt nicht, mit der richtigen Technik »einen Deal abzuschließen«, sondern einfach Zeugnis von unserem Leben mit Jesus zu geben. Mortimer Arias, ein Wissenschaftler aus Uruguay, der während der kommunistischen Verfolgung in der methodistischen Kirche arbeitete, hat es so formuliert:

> Das Reich Gottes ist seine neue Ordnung ... Weil die neue Ordnung Gottes eine Bedrohung für jede etablierte Ordnung ist, ruft die Ankunft des Reiches Gottes, das sich seinen Weg durch die alte Ordnung hindurchbahnt, eine noch intensivere Reaktion hervor. Es zieht gleichzeitig an und stößt ab.[159]

Einige fühlen sich vom Evangelium angezogen, andere werden davon abgestoßen. Das ist in Ordnung. Wir sind nicht für das Ergebnis verantwortlich – genauso wenig wie ein Zeuge für das Urteil in einem Prozess verantwortlich ist. Die Menschen haben einen freien Willen.

Erlösung ist eine geheimnisvolle Mischung aus Gottes Initiative und menschlicher Reaktion. Unsere Aufgabe ist es nicht, Menschen zu »retten«, sondern andere wissen zu lassen, was wir erlebt haben. Oder wie der Apostel Johannes es formulierte: »Das Leben wurde uns offenbart, und wir haben es gesehen« (1. Johannes 1,2).

Idee #4: »Alle diese Sachen«

John Wimber, der Gründer von Vineyard, kam in seinen Zwanzigern zum Glauben an Jesus, nachdem er sich in der Musikszene von L. A. ziemlich wild ausgetobt hatte. Er las die Evangelien und die Apostelgeschichte und war überwältigt von den Geschichten über Heilungen, Prophezeiungen und den ganzen Rest. Dann kam er in die Kirche und sah dort überhaupt nichts davon.

»Wann kommen wir endlich zu dem Teil, wo wir alle diese Sachen machen dürfen?«, fragte er.[160]

»Alle diese Sachen …« – gemeint ist, zu erleben, was passiert, wenn Menschen in den Geistesgaben durch die Welt gehen, von denen wir in 1. Korinther 12 lesen: Prophetie, Worte der Weisheit und Erkenntnis, Heilungen, Wunder und mehr.

Wenn wir anderen von Jesus erzählen und das mit einem prophetischen Wort, einer Heilungserfahrung oder einer Einsicht verbinden, über die niemand ohne den Geist verfügen kann, könnte das einen elektrisierenden Effekt haben. Leider gibt es auch hier viel Spielraum, das Ganze auf eine abstoßende, manipulierende oder missbräuchliche Art auszuleben. Aber mit dem richtigen Training können wir lernen, »alle diese Sachen« nüchtern, ruhig und liebevoll anzugehen.

Idee #5: Leben mit Ausstrahlung

Folgende Aussage von Petrus finde ich einfach großartig:

> Lebt so vorbildlich, dass die Menschen, die Gott nicht kennen, darauf aufmerksam werden. Durch euer Verhalten sollen selbst die überzeugt werden, die euch bösartig verleumden. Wenn sie dann aufgrund eurer guten Taten zur Einsicht kommen, werden sie Gott am Tag des Gerichts für ihre Rettung danken.
> *1. Petrus 2,12; HFA*

Das griechische Wort, das hier mit »vorbildlich« übersetzt wird, ist im Urtext *kalos*. Es kann auch mit »schön« oder »anmutig« oder auch mit »wohlgestaltet« übersetzt werden.[161] Es geht darum, ein strahlendes und überzeugendes Leben zu führen, sich nicht in einer christlichen Blase zu verstecken, sondern unter – also mittendrin zwischen – »Menschen, die Gott nicht kennen« zu leben.

Der Theologe Dr. Michael Green aus Oxford vertritt in seinem Buch *Evangelism in the Early Church* (Evangelisation in der frühen Kirche) die These, dass es in der Anfangszeit der Kirche zum allergrößten Teil ganz gewöhnliche Jesus-Lehrlinge waren, die andere Menschen zum Glauben führten – also keine Pastoren oder christliche Größen. Die Menschen erklärten ihren Verwandten und Freunden einfach ihre ungewöhnliche Lebensweise und lebten so, dass andere von der Schönheit ihres Lebens angezogen wurden.

Meine Familie und ich haben in dieser Hinsicht noch einen langen Weg vor uns. Und trotzdem bemerke ich auch jetzt schon immer wieder eine gewisse Sehnsucht in den Augen unserer nicht christlichen Freunde, wenn sie mitbekommen, wie wir leben: dass wir den Sabbat feiern, in einer Gemeinschaft leben und wöchentlich gemeinsam essen, dass wir als Ehepaar zusammenhalten – auch durch Krisenzeiten hindurch – oder dass wir uns für die Nachbarschaft engagieren. Was für uns »normal« ist – ausruhen, gesunde Beziehungen führen, offen und verletzlich im Gespräch sein, unseren Besitz teilen, unter unseren Möglichkeiten leben, um mit den Armen teilen zu können –, ist für die Welt um uns herum zunehmend fremd.

Wir werden von der Welt beobachtet. Das ist eine Chance, die wir nutzen sollten.

Es liegt eine große Kraft darin, als Gemeinschaft den Weg von Jesus in die Tat umzusetzen. Diese Kraft sollten wir nicht unterschätzen.

Ich habe schon eine Weile nichts mehr von Dallas Willard zitiert, also werde ich das jetzt nachholen:

> Natürlich gibt es auch die Aufgabe der Evangelisation, und es gibt auch dafür spezielle Berufungen. Doch wenn die Menschen in unseren Gemeinden wirkliche Fülle des Lebens haben, dann wird das ganz automatisch eine unwiderstehliche Anziehung auf die Menschen in unserem Umfeld haben. Die Ortsgemeinde wird dann zu einer Lebensschule für die Welt um sie herum, wo das ganze Spektrum neutestamentlichen Lebens gelehrt und praktiziert wird, und zwar von Menschen, die es ihrerseits durch eigene Erfahrung kennengelernt haben. Nur wenn wir uns dies ganz bewusst zum Ziel setzen, werden wir den Missionsauftrag erfüllen können.[162]

All das erfordert natürlich eine Art »Tod« von uns.

Im Griechischen lautet das Wort für »Zeuge« *martys.*[163] Davon leitet sich auch das Wort »Märtyrer« ab. Denn in den ersten Jahrhunderten der Jesus-Bewegung waren Zeuge und Märtyrer praktisch gleichbedeutend. Für uns im demokratischen Westen ist der tatsächliche Tod keine unmittelbare Bedrohung. Aber wenn wir das Evangelium von Jesus bezeugen, bringt das auch eine Art von Tod mit sich: zum Beispiel den Tod unseres Images als cool oder intelligent oder hip, den Tod der Wertschätzung durch andere, den möglichen Tod unserer Karriereambitionen und vieles mehr. In unserer Zeit bedeutet Zeugnis zu geben oft, dass wir uns für eine Form der Beschämung entscheiden. Aber das ist ein geringer Preis im Vergleich zu »dem unschätzbaren Gewinn, Jesus Christus, meinen Herrn, zu kennen« (Philipper 3,8).

Für viele von uns – und ich schreibe das hier auch an mich selbst – ist es verlockend, diesen Teil unserer Ausbildung bei Jesus zu vernachlässigen. Wenn es um geistliches Wachstum, emotionale Gesundheit und kontemplatives Gebet geht, sind wir dabei. Aber das Evangelium weitersagen? Das ist uns zu direkt. Wir mähen lieber für unsere Nachbarn den Rasen und hoffen, dass sie schon checken werden, dass Jesus von den Toten auferstanden ist.

Aber wenn wir diesen Impuls des Geistes tief in unserem Innern – in die Welt zu gehen, das Evangelium zu verkünden und Zeugnis zu geben – zum Schweigen bringen, dann werden wir den Heiligen Geist auf eine Art und Weise »unterdrücken«[164], die unsere Formung sabotiert und unsere geistliche Vitalität abklemmt. Denn es gibt eine Art geistliches Gesetz im Universum: Um Gott zu besitzen, müssen wir ihn verschenken. Der Missionar Frank Laubach hat es so ausgedrückt: »Ich muss über Gott sprechen, sonst kann ich ihn nicht im Kopf behalten. Um ihn haben zu können, muss ich ihn hergeben.«[165] Andernfalls wird unser Glaube zu einer privaten, individuellen Bewältigungstherapie verkümmern und unsere Spiritualität wird am Weinstock verdorren.

Das ist das geheime Gesetz von Gottes Königreich: Wenn du dir mehr von Gott wünschst, gib ihn weiter.

Kennst du jemanden, der weit von Gott entfernt ist? Welches Gesicht kommt dir gerade in den Sinn, während du das liest? Wen hat Gott in dein Leben gestellt, damit du ihn liebst und ihm dienst? Wo hat Gott dich in eine Beziehung zu Menschen gestellt, die verloren sind?

Gib Gott an diese Menschen weiter.

Rhythmus #3: Das Evangelium demonstrieren

Jesus hat das Evangelium vom Reich Gottes nicht nur *gepredigt*, er hat es auch *verkörpert*. Wort *und* Tat gehörten für ihn zusammen. Wo immer Jesus hinging, kam auch Gottes Reich.

Die Gastfreundschaft ist ein gutes Beispiel dafür. Die Propheten Israels haben das kommende Königreich mit einem Festmahl verglichen, bei dem das ganze Volk Gottes – Juden wie Nicht-Juden – zusammen mit Abraham in einer neuen Gemeinschaft des Friedens und der Gerechtigkeit am Tisch sitzen wird.

Jesus hat diese Vision verkörpert, jedes Mal, wenn er mit anderen am Tisch saß. Dass er mit »Sündern« aß, war kein Bild für das Heil – es *war* das Heil. Wie Jesus bei seinem Essen mit Zachäus sagte: »Heute ist diesem Haus Heil widerfahren« (Lukas 19,9; ZB).

Wir haben darüber gesprochen, wie Christen früherer Generationen die Berichte über die Wunder nach der Aufklärung wohlmeinend, aber fatal fehlerhaft gelesen haben. Besser ist es, diese dramatischen Berichte über Jesus als Zeichen für das Anbrechen von Gottes Reich zu verstehen. Jesus heilt die Kranken, befreit die Besessenen, speist die Hungrigen, steht auf gegen Ungerechtigkeit – es ist genau das, was geschehen muss, wenn Gottes Reich endlich anbricht. So wurde es von Jesaja und den anderen Propheten vorausgesagt.

Der Theologe Jürgen Moltmann argumentiert, dass Wunder kein Eingriff in die »natürliche« Ordnung sind, sondern die Heilung dieser Ordnung. Wir sind so sehr an Tod, Krankheit, Ungerechtigkeit und Chaos gewöhnt, dass wir das vergessen können: Diese Dinge sind letztlich nur Eindringlinge in Gottes gute Welt! Moltmann schreibt:

> Wenn Jesus Dämonen austreibt und Kranke heilt, vertreibt er die Mächte der Zerstörung aus der Schöpfung und heilt und erneuert die Geschöpfe, die verletzt und krank sind. Die Herrschaft Gottes, von der die Heilungen zeugen, stellt die Gesundheit der Schöpfung wieder her. Die Heilungen Jesu sind keine übernatürlichen Wunder in einer natürlichen Welt. Sie sind das einzig wirklich »Natürliche« in einer Welt, die unnatürlich, dämonisiert und verwundet ist.[166]

Jesus nachzufolgen, bedeutet nicht nur, ihm dabei zuzusehen, wie er Kranke heilt und Unterdrückte befreit. Es bedeutet auch, mit ihm gemeinsam einzuüben, diese Dinge auch selbst zu tun.

Jesus und seine ersten Lehrlinge demonstrierten Gottes Reich auf vielfältige Weise. Dabei gab es aber vier Zeichen, die sie regelmäßig taten.

Kleiner Disclaimer: Zu jedem dieser Zeichen ließe sich leicht ein ganzes Buch schreiben. Im Folgenden versuche ich nur, dich auf den Geschmack zu bringen.

Zeichen #1: Heilen

Jesus wurde schnell in ganz Israel als Heiler bekannt. Die Menschen brachten die Kranken aus der ganzen Umgebung zu ihm, gruben sich buchstäblich durch die Dächer oder schrien vom Straßenrand aus nach seiner heilenden Berührung. Matthäus schreibt:

> Bald strömten die Kranken sogar aus Syrien herbei, um sich von ihm gesund machen zu lassen. Und ganz gleich, welche Krankheit und welche Beschwerden sie quälten, ob sie von Dämonen besessen, Epileptiker oder Gelähmte waren – er heilte sie.
> *Matthäus 4,24*

Das gleiche Muster sehen wir dann bei den Jesus-Lehrlingen, Petrus und Co. Wir lesen sogar davon, dass Menschen allein dadurch geheilt wurden, dass der Schatten von Petrus auf sie fiel.[167] Andere wurden gesund, nachdem sie die Kleidung von Paulus berührt hatten.[168] Und obwohl wir nicht bei allen Lehrlingen dasselbe Maß an Vollmacht sehen wie bei den Aposteln, ermahnte Jakobus die Gemeinde: »Betet füreinander, damit ihr geheilt werdet«, denn »das

Gebet eines gerechten Menschen hat große Macht und kann viel bewirken« (Jakobus 5,16).

Kennst du jemanden, der krank ist?[169]

Zeichen #2: Befreien

Überall, wo Jesus hinkam, stellte er die dämonischen Mächte bloß, die im Schatten lauerten – als ob seine Gegenwart sie ins Licht ziehen würde. Und er vertrieb sie durch seine Macht. Das Gleiche gilt für die Lehrlinge, wie die Apostelgeschichte berichtet.

Das scheint uns modernen Menschen wahrscheinlich am wenigsten glaubhaft. Unsere säkulare Gesellschaft glaubt nicht einmal an Gott, geschweige denn daran, dass hinter so unterschiedlichen Phänomenen wie körperlichen Beschwerden, psychischen Erkrankungen und Naturkatastrophen dämonische Kräfte stecken können.

Doch die Weltanschauung von Jesus lässt sich nicht verstehen, wenn wir nicht glauben, dass unsere Welt von einer Vielzahl menschlicher und nicht menschlicher Wesen bevölkert ist. Mächte, die versuchen, Gottes gute Absichten für die Menschheit zunichtezumachen. »Doch der Sohn Gottes kam, um die Taten des Teufels zu vernichten« (1. Johannes 3,8).[170]

Und auch wenn es die Vorstellung von Dämonen eher im Osten, im globalen Süden und in den Entwicklungsländern gibt, so finden wir sie inzwischen auch immer öfter bei uns im »säkularen« Westen. Im Zuge der Globalisierung wird der Westen in dieser Hinsicht sogar immer weniger säkular. Wenn wir von Dämonen sprechen, werden wir vielleicht immer noch ausgelacht, aber wenn wir davon reden, dass ein Haus oder auch eine Person von einer

»dunklen spirituellen Energie« umgeben sei, empfinden das viele Leute inzwischen als einigermaßen legitim.

Und das, worum es hier geht, ist nun mal real. Sicher, einiges davon ist aufgebauscht, erfunden oder – noch schlimmer – paranoid. Aber eine Menge davon ist real und wahr. Meine Frau wurde durch die Hilfe eines älteren, erfahrenen Christen von einem vier Generationen alten dämonischen Fluch befreit. Es ist eine lange, unglaubliche Geschichte, die direkt aus dem Neuen Testament stammen könnte.[171] Diese Erfahrung öffnete uns die Augen für das, was im Verborgenen vor sich geht: Überall um uns herum leiden Menschen unter dämonischen Einflüssen. Was, wenn wir ihnen helfen könnten, davon frei zu werden?

Zeichen #3: Prophetisch reden

Jesus hatte eindeutig Zugang zu Informationen, die mit normalen menschlichen Mitteln nicht erfasst werden konnten. Das betraf nicht nur die Zukunft, sondern auch die verborgenen Geheimnisse der Menschen und ihre tiefsten Ängste. Denken wir nur an sein Gespräch mit der Frau am Jakobsbrunnen: »Du hattest fünf Ehemänner, und mit dem Mann, mit dem du jetzt zusammenlebst, bist du nicht verheiratet« (Johannes 4,18). Oder an seine Antwort auf die Frage der Lehrlinge, wessen Sünden für die Blindheit des Blindgeborenen verantwortlich seien: »Es lag nicht an seinen Sünden oder den Sünden seiner Eltern« (Johannes 9,3).

Natürlich erklären viele Menschen das damit, dass Jesus eben Gott ist. Das hatten wir schon. Das Problem an dieser Begründung ist nur, dass wir im gesamten Neuen Testament immer wieder davon lesen, dass die Lehrlinge das Gleiche tun, und nicht nur die Apostel.

Der Apostel Paulus nannte es »prophetische Rede«. Er schien anzunehmen – ich denke hier an 1. Korinther 12 bis 14 –, dass derselbe Geist, der auf Mose und auf Jesus und auf allen Propheten war, jetzt auch auf uns liegt und dass wir auf ähnliche, wenn auch vielleicht weniger vollmächtige Weise anderen ein Wort von Gott zusprechen können. In den wenigsten Fällen vernehmen wir dabei eine hörbare Stimme vom Himmel, die uns beauftragt, etwas weiterzusagen. Viel häufiger ist es einfach ein Gefühl oder ein Gedanke, der uns in den Sinn kommt – ein Wort, ein Satz, eine Bibelstelle oder ein Bild. Dann können wir dieses Wort oder diesen Eindruck anderen anbieten, in Demut und Liebe.

Auch hier ist ein gutes Training dringend erforderlich. Wir müssen das einüben, wie wir diese Gabe gut einsetzen können. Es gibt auch hier viele abschreckende Beispiele dafür, dass Menschen unklug oder sogar missbräuchlich prophetisch reden und damit großen Schaden anrichten. Aber wenn wir erst einmal echte Prophetie erlebt haben, wollen wir sie nicht mehr missen.

Neulich stand ich vor einer wichtigen Entscheidung und bat Gott um eine klare Weisung. Noch während ich betete, erhielt ich eine Nachricht von einem Freund vom anderen Ende der Welt. Er schrieb, er habe den Eindruck, dass Gottes Geist ihm ein »Wort« für mich geschenkt habe. Es war fast schon unheimlich: Denn die Sprache und die Bilder, die er benutzte, entsprachen direkt meinem Gebet. Und dabei hatte er keine Ahnung, dass bei mir überhaupt eine Entscheidung anstand. Er bot mir seine Worte einfach an. Und ich interpretierte sie als ein Wort von Gott.

Das ermöglicht uns das prophetische Reden.

Zeichen #4: Gerechtigkeit suchen

Es ist eine große Tragödie, dass dieses wunderbare Wort »Gerechtigkeit« in den Kulturkriegen und der polarisierenden Hetze von Links und Rechts derart zwischen die Fronten geraten ist. Für die einen ist Gerechtigkeit das höchste Gut, für die anderen ist sie fast schon anstößig. Natürlich kann Gerechtigkeit für unterschiedliche Menschen unterschiedliche Dinge bedeuten.[172] Das wird spätestens dann klar, wenn wir darüber nachdenken, wie unterschiedlich das Wort bei Jesaja, auf Twitter oder in einem Clint-Eastwood-Western verwendet wird. Aber Gerechtigkeit ist weder ein Wort, das wir vom Säkularismus definieren lassen dürfen, noch etwas, das wir abschaffen könnten. Dafür ist sie zu wichtig. Gerechtigkeit ist ein zentrales Herzensanliegen Gottes.

Jesus steht in einer langen Reihe von hebräischen Propheten, die in der Welt sehr entlarvend angemahnt haben, wo Gerechtigkeit fehlt. Das dramatischste Beispiel ist vermutlich die sogenannte Tempelreinigung. Jesus prangert an, dass Gottes Haus zu einer Brutstätte von Korruption und Komplizenschaft mit dem Imperium geworden ist, anstatt ein Ort zu sein, wo Himmel und Erde sich berühren.

Jesus bringt die Dinge »in Ordnung«. Denn genau das macht Gerechtigkeit aus: falsche Dinge richtigstellen, krumme Dinge geraderücken. Dr. Gerry Breshears sagt: »Gerechtigkeit zu üben ist ein Akt, bei dem man sich Gott anschließt, um dafür zu sorgen, dass die geschaffene Ordnung (Menschen und alles andere) das bekommt, was ihr zusteht.«[173]

Gerechtigkeit bedeutet, uns selbst zu benachteiligen zum Vorteil eines anderen, der unsere Hilfe und Fürsorge braucht. Jesus nachzufolgen heißt also auch, mit ihm für Gerechtigkeit einzutreten.

Einmal zum Überblick – mit diesen vier Zeichen können wir Gottes Reich demonstrieren:

#1: Kranke heilen
#2: Menschen von dämonischen Mächten befreien
#3 Prophetisch reden
#4: Gerechtigkeit suchen, indem wir Dinge in Ordnung bringen

Wenn dir das alles unmöglich erscheint, denk daran: Wenn wir auch nur das kleinste bisschen davon ausleben wollen, können wir das nur in der Kraft des Heiligen Geistes. Ja, wir trainieren beim Rabbi Jesus. Aber dabei geht es nicht darum, besondere Fähigkeiten zu erwerben, indem wir uns eine bestimmte Technik aneignen – auch wenn diese Dinge oft Schulung und Übung erfordern. Es geht um Zeichen der anbrechenden Gottesherrschaft, die wir in Liebe durch unseren Körper hindurch zu anderen hinfließen lassen.

Jeder Mensch, dem wir begegnen, ist eine gottgegebene Chance – zu lieben und zu dienen.

Jeder Tag ist voll von möglichen Wundern.

Jeder Moment ist voller Möglichkeiten, wenn wir nur unsere Augen offen halten.

»Von dieser Stunde und diesem Moment an kann ich anfangen, in dem Bewusstsein durch die Welt zu gehen, dass es Gottes Welt ist, dass er mir in allem, was ich sehe und berühre, in jedem, dem ich begegne, nah ist«, schrieb der Bischof Kastillos Ware.[174]

Die berühmten letzten Worte von Jesus »Geht in die ganze Welt …« sind in einer einzigartigen Verbform geschrieben. Eine wörtlichere Übersetzung wäre: »Während ihr in die Welt geht …«

Für manche ist das ein Aufruf, in ein Flugzeug zu steigen und zu Völkern zu reisen, die noch nie etwas vom Evangelium gehört haben. Aber für die meisten von uns ist es einfach die Aufforderung, über die Straße zu gehen, mit dem Fahrrad um den Block zu radeln oder mit der Kassiererin im Supermarkt Blickkontakt aufzunehmen.

Während du also dein ganz normales Leben lebst, geh mit offenen Augen durch die Welt, damit du siehst, was der Vater in deinem Umfeld tut. Und dann arbeite mit ihm zusammen. Wie Jesus sagte: »Ich tue nur, was ich den Vater tun sehe.«[175] Jesus hatte diese fast schon unheimliche Fähigkeit, Menschen zu *sehen* – zu sehen, was Gott in ihnen tat, gerade dort und in diesem Moment – und dabei Gottes Kraft und seine Absichten für sie freizusetzen.

Um so sehen zu können wie Jesus, müssen wir wahrscheinlich unser Leben entschleunigen – den Moment wahrnehmen, durchatmen. Und während wir atmen, halten wir Ausschau danach, wo der Vater am Werk ist. Und dann machen wir da einfach mit.

Die freudigen Lasten der Liebe

Das mag jetzt alles ein bisschen überfordernd sein.

Wir leben im Zeitalter der Angst. Die meisten von uns sind bereits ausgebrannt, überfordert und gestresst. Und jetzt begreifen wir langsam: Wenn wir gute Lehrlinge von Jesus sein wollen, sollten wir Gastfreundschaft üben, anderen von Jesus erzählen und sogar Kranke heilen und Besessene befreien?

Tief durchatmen.

Ein …

Aus …

In den Texten des Apostels Paulus gibt es ein Wortbild, das ich in diesem Zusammenhang besonders hilfreich finde. Er nannte die Kirche den »Leib von Christus«[176], die verkörperte Gegenwart von Christus in der Welt. Teresa von Avila beschreibt das so:

> Christus hat niemanden auf Erden außer euch, keine Hände außer euren, keine Füße außer euren, Deine Augen sind es, durch die man auf Christi Erbarmen gegenüber dieser Welt blickt; Deine Füße sind es, mit denen Er herumgeht, um Gutes zu tun; Deine Hände sind es, mit denen er die Menschen jetzt segnet.[177]

Aber in der Theologie von Paulus sind *wir* der Leib – nicht du, nicht ich, sondern *wir*, alle gemeinsam. Das bedeutet: Niemand kann all das allein tun. Thomas Kelly bringt es wunderbar auf den Punkt:

> Die liebende Gegenwart belastet uns nicht mit allen Dingen gleichermaßen, sondern legt jedem von uns mit Bedacht nur einige wenige zentrale Aufgaben als unsere ausdrückliche Verantwortung auf. Für jeden von uns sind diese besonderen Aufgaben unser Anteil an den freudigen Lasten der Liebe. Wir können nicht an *jedem* Kreuz sterben, und das wird auch nicht von uns erwartet.[178]

Gottes Herz ist universell. Wortwörtlich. Es schlägt für das ganze Universum. Unsere Herzen sind nicht universell. Wir sind endlich, sterblich, ein Hauch. Aber auf jeden von uns wird Jesus einen kleinen Teil seines universellen Herzens der Liebe legen. Wir werden feststellen, dass sich unser Herz zu bestimmten Gerechtigkeitsfragen, Menschengruppen, Nachbarfamilien oder Engagements hingezogen fühlt. Und das wird sich wie Freude anfühlen.

Kelly sagt auch: »Durch innere Überzeugungen zieht er uns zu einigen wenigen ganz bestimmten Aufgaben, *unseren* Aufgaben, und so spezifiziert Gottes belastetes Herz seine Lasten in uns.«[179] Das lässt mich an den Satz von Paulus denken: »Jeder von uns hat lediglich getan, was ihm von Gott aufgetragen wurde« (1. Korinther 3,5; ELB).

Was will Jesus der Welt, die dich beobachtet, gerade durch dein Leben mitteilen? Was ist deine Aufgabe? Deine »freudige Last der Liebe«?

Es gibt zwei Bereiche, in denen wir diese Kräfte der Liebe normalerweise ausleben.

Bereich #1: Unsere Arbeit

Wir alle arbeiten, und die meisten von uns werden dafür bezahlt, wenn auch nicht alle – Eltern zum Beispiel bekommen kein Gehalt für ihre wertvolle Arbeit. Tatsächlich verbringen wir die meiste Zeit unseres Lebens mit unserer Arbeit – nicht mit Beten oder Bibelstudium, sondern mit Arbeiten – im Büro, auf der Baustelle, in der Küche, auf dem Feld ...

Jesus selbst hat viele Jahre lang in aller Unauffälligkeit als Bauhandwerker gearbeitet. Er hätte genauso gut Software-Ingenieur oder Künstler oder Beamter sein können. Er hätte das tun können, was du tust.

Eine wachsende Zahl von Jesus-Nachfolgern versteht ihre Arbeit nicht einfach als Job, sondern als Berufung oder sogar als Dienst. Wenn du diese Einstellung einmal verinnerlicht hast, verändert sich alles. Der bekannte Prediger Tony Evans schreibt: »Du hast nicht wirklich gelebt, bis du deinen von Gott gegebenen Dienst gefunden hast. Ohne das Gefühl einer göttlichen Berufung zu leben, bedeutet, einfach nur zu existieren, abgeschnitten zu sein von einer ewigen Perspektive und sich deshalb einfach nur die Zeit zu vertreiben.«[180]

Unsere Arbeit von einem Zeitvertreib oder Broterwerb in eine Berufung oder einen Dienst umzuwandeln, passiert nicht dadurch, dass wir Pastor werden oder eine gemeinnützige Organisation gründen. Er besteht einfach darin, dass wir alles, was wir tun, so tun, wie Jesus es tun würde, wenn er an unserer Stelle wäre – mit Sachverstand, Fleiß, Integrität, Demut, der Ethik des Königreichs und so weiter.

Und dazu gehört auch, dass wir unsere Arbeit sehr gut machen. Arbeit in ihrer Bestform ist ein Ausdruck von Liebe.

> Arbeit ist sichtbar gemachte Liebe.[181]
> *Khalil Gibran*

Wenn du Koch bist, erweist du den Menschen Liebe durch deine Arbeit, indem du das beste Essen kochst, das du zustande bringen kannst. Wenn du Pilot oder Taxifahrer bist, indem du Menschen sicher nach Hause bringst. Wenn du Unternehmer bist, indem du dein Unternehmen gut führst und damit zum Gemeinwohl beiträgst.

Und das gilt nicht nur für die hochkarätigen Jobs, von denen die meisten von uns nur träumen können, sondern für alle Jobs. Wie Dr. Martin Luther King Jr. so schön sagte:

> Welcher Arbeit Sie auch in Ihrem Leben nachgehen, machen Sie sie gut. Wenn Ihre Aufgabe darin besteht, die Straßen zu fegen, dann fegen Sie, wie Michelangelo malte, wie Shakespeare Gedichte schrieb und wie Beethoven komponierte. Fegen Sie die Straßen so, dass alle die himmlischen und auch die irdischen Heerscharen innehalten und sagen: Er lebte als ein großer Straßenfeger und er hat seine Arbeit gut gemacht.[182]

Also, lass deine Arbeit ein Ausdruck von Liebe sein.

Bereich #2: Gutes tun

Das meint eher sporadische Taten der Liebe. Das kann die Heilung eines Kranken sein oder einer älteren Dame die Einkäufe nach Hause tragen. Ich denke an die Aufforderung von Jesus an seine Lehrlinge: »Lasst eure guten Taten leuchten vor den Menschen, damit alle sie sehen können und euren Vater im Himmel dafür rühmen« (Matthäus 5,16).

Gibt es etwas – irgendetwas –, das Gottes Geist in deinem Herzen in Schwingung bringt? Einen Wunsch, Gutes zu tun? Das Bedürfnis, dich mehr in diesem oder jenem Projekt zu engagieren? Nicht aus einem schlechten Gewissen oder einem Gefühl religiöser Verpflichtung heraus, sondern aus einem inneren Anstoß des Herzens zu einem kleinen Akt der Freundlichkeit?

Es ist sehr wahrscheinlich, dass dieser Wunsch deine freudige Last der Liebe ist. Ihm nachzugehen ist einfach und leicht. Lass dich darauf ein, und du wirst wahres Glück entdecken.

Jesus kennt das emotionale Gewicht des Menschseins aus eigener Erfahrung: »Jesus ist ja nicht ein Hohepriester, der uns in unserer Schwachheit nicht verstehen könnte« (Hebräer 4,15; NGÜ). Meiner Erfahrung nach wird er dir immer mal wieder sanft eine kleine Last der Liebe aufs Herz legen – eine Idee, die dir beim Beten in den Sinn kommt, eine unerwartete Gelegenheit mitten am Tag. So beteiligt er uns, seine Lehrlinge, daran, wie die Dreifaltigkeit ihre Liebe zu allen Menschen hin ausgießt. Dann musst du nur noch dem sanften Impuls in deinem Herzen folgen, wenn dieser Moment gekommen ist.

Bei unseren drei Zielen der Nachfolge mag das dritte Ziel ein bisschen wie ein Gegensatz zu den beiden ersten wirken. »Bei Jesus sein« und »Wie Jesus werden« scheinen etwas mehr nach innen gerichtet zu sein. »Wie Jesus handeln«, das ist unverkennbar nach außen gerichtet. Und es gibt sicherlich eine Spannung zwischen dem kontemplativen Leben, wie frühere Generationen es nannten, und dem aktiven Leben. Aber es ist eine gesunde Spannung, ein Sowohl-als-auch.

Ein aktiver Lebensstil ist eben nicht das Gegenteil von Kontemplation. Das Gegenteil ist ein reaktiver Lebensstil.

Ein Leben, das aus der Kontemplation erwächst, ist aktiv – in der Welt Gutes tun, hingegeben arbeiten, den Bedürftigen dienen. Das ist genau das, was wir von einem Leben, das in Jesus bleibt, erwarten würden: Frucht.

Das Gegenteil von so einer Art zu leben wäre ein Leben gefangen in Reaktion. Reaktiv sind wir, wenn das Dringliche uns tyrannisiert, wir das Wichtige deswegen immer wieder aus dem Blick verlieren, wenn wir jeder neuesten Modemasche nachrennen, unser flüchtiges Leben damit vergeuden, eine illusorische Karriereleiter zu erklimmen, oder wenn wir uns von einer Ablenkung zur nächsten treiben lassen.

Die bei Weitem schwierigste und zugleich lebenspendendste Option ist ein Weg der kontemplativen Aktion. Oder andersherum: der aktiven Kontemplation. Ein Leben des Sowohl-als-auch, in dem alles, was wir sind, integriert wird in unsere Ausbildung bei Jesus, der unser Zentrum ist, unser Leben ist.

So. Dann sind wir jetzt bereit für die Eine-Million-Euro-Frage: Wie geht das?

WIE?
EINE
LEBENSREGEL

Ich träume davon, irgendwann einmal nach Japan zu reisen. Denn ich bin fasziniert von der japanischen Kultur und Geschichte, von Kunst und Design in diesem Land. Es wird passieren. Da bin ich mir ganz sicher. Aber damit mein Traum wahr wird, brauche ich mehr als nur eine Vision von der Schönheit der japanischen Kultur und mehr als den Wunsch, sie selbst zu erleben. Ich muss einen Termin festlegen, Flüge buchen, Hotels reservieren und Geld für die Reise ansparen. Kurz gesagt, ich brauche einen Plan. Sonst kann mein Wunsch noch so groß sein, er wird nie in Erfüllung gehen.

Bevor wir uns auf eine Reise begeben, brauchen wir mindestens zwei Dinge: eine überzeugende Vision von dem Ziel, das wir ansteuern wollen, und einen Plan, wie wir dorthin kommen.

Eine Vision und ein Plan – nirgends ist das so zentral wie für unsere geistliche Reise.

Die meisten Menschen haben einen Plan für ihre Finanzen (ein Budget), einen Plan für ihre Zeit (einen Kalender) und alle möglichen Pläne für ihre Ausbildung, ihre Karriere, ihren Ruhestand, ihre Familie, die Freizeitgestaltung ihrer Kinder, ihr Fitnessprogramm und so weiter. Aber nur sehr wenige haben einen Plan für ihre Ausbildung bei Jesus. In der Regel überlegen wir uns nicht im Detail, wie wir uns von Jesus so prägen lassen können, dass wir immer mehr zu Menschen werden, die ganz natürlich so denken, sprechen und handeln wie Jesus.

Viele von uns haben einen Wunsch und gute Absichten, aber wir haben keinen Plan, geschweige denn einen, der erprobt und effizient wäre. Aber wie Peter Scazzero es ausdrückt: »In unserer heutigen Kultur eine lebendige Spiritualität mit Tiefgang zu pflegen, erfordert einen durchdachten, bewusst gewählten und gezielten Plan für unser geistliches Leben.«[183] Das gefällt mir: ein Plan für unser geistliches Leben.

Um Missverständnissen vorzubeugen: Damit meine ich keineswegs, dass wir unsere geistliche Formung selbst durchplanen. Denn das liegt nicht in unserer Hand. Es heißt, dass wir *für* unser geistliches Leben Pläne machen. Wir gestalten unser Leben bewusst so, dass Jesus freie Hand hat, uns zu prägen. Wenn wir das tun, eröffnet sich eine ganz neue Dimension der Freude.

Ein Satz von Dallas Willard, auf den ich immer wieder zurückkomme, ist folgender: »Du musst deinen Tag so ordnen, dass du in deinem Alltag mit Gott vollkommene Zufriedenheit, Freude und Zuversicht erfährst.«[184]

Beachte die Betonung: »du *musst*«. Wir *müssen* unsere Tage so gestalten, dass wir das tägliche Leben mit Gott zutiefst genießen können. Das heißt, wir müssen alles – unsere Morgenroutine, unsere täglichen Gewohnheiten, unsere Zeitpläne, Budgets und Beziehungen, das gesamte Geflecht unseres Lebens – darauf ausrichten, Gott zu genießen.

Für die meisten von uns bedeutet das, unsere Tage nicht nur zu planen, sondern sie auch neu zu gestalten – weg von Hektik, Mediensucht und chronischer Erschöpfung. Auch wenn wir diese Dinge inzwischen für normal halten, in Wirklichkeit sind sie der reine Wahnsinn.

Hier ist eine Möglichkeit, wie wir Nachfolge in der heutigen Zeit verstehen können: als ein diszipliniertes Bemühen, unser Leben zu entschleunigen und Gott Raum zu geben, uns zu verändern.

Und genau dafür brauchen wir einen Plan.

Spalier und Rebe

Zunächst möchte ich ein Modell aus der alten Kirche aufgreifen. Es ist ein Modell, das – davon bin ich zutiefst überzeugt – für die Kirche der *Zukunft* entscheidend wichtig ist: die sogenannte Lebensregel.

Die ersten Lehrlinge von Jesus haben sich damals dieselbe Frage gestellt wie wir heute: Wie können wir Jesus so nachfolgen, dass wir dadurch vollkommen verändert werden? Und die Antwort, die sie gefunden haben, ist meiner Meinung nach immer noch die beste – eine besondere Regel.

»Lebensregel« ist ein altertümlicher Ausdruck, der für unsere modernen Ohren seltsam oder sogar abschreckend klingt. Aber für alle, die hier Gesetzlichkeit riechen, sei gesagt: Es heißt Lebensregel (Singular), nicht Lebensregeln (Plural).

Das ursprüngliche lateinische Wort war *regula*, wovon sich im Deutschen dann Wörter wie »Regel«, »Regularien« oder »regulieren« abgeleitet haben. Es bedeutet wörtlich übersetzt »ein gerades Stück Holz«[185], an dem man etwas ausrichten kann. Fachwissenschaftler debattieren über den Ursprung von *regula*. Einige vertreten die Auffassung, dass es das Wort sein könnte, das im Mittelmeerraum der Antike für ein Spalier in einem Weinberg verwendet wurde. Die Metapher von einem Spalier wurde schon sehr früh von Lehrern des Jesus-Weges verwendet. Denn es führte das Bild vom Weinstock, das Jesus häufig gebraucht hatte, logisch weiter.

Stell dir einen Weinberg vor.

Was braucht ein Weinstock, damit er viele Früchte tragen kann?

Eine Rankhilfe oder ein Spalier – eine Stützstruktur, die ihn vom Boden abhebt und ihn zum Licht hin ausrichtet, ihm so Raum zum Atmen verschafft und sein Wachstum in die gewünschte Richtung lenkt. Ohne die Unterstützung eines Spaliers würde die Rebe nur einen Bruchteil der Früchte tragen, die sie hervorbringen kann, und das wenige, das sie trägt, wäre sehr anfällig für Fäulnis, Krankheiten und Schädlinge.

Ganz ähnlich ist es bei uns, wenn wir bei Jesus in die Ausbildung gehen: Damit wir an Jesus als unserem Weinstock bleiben und viel Frucht bringen können, brauchen wir ebenfalls ein Spalier – eine Stützstruktur, um Raum zu schaffen für das Leben mit Gott. Und das kann eine *regula*, eine Lebensregel, sein.

Aber was genau ist das?

Eine Lebensregel umfasst einen Zeitplan und eine Reihe von Praktiken und Beziehungsrhythmen, die uns den Raum geben, bei Jesus zu sein, zu werden wie er und zu handeln wie er. Sie hilft uns also dabei, das auszuleben, wonach wir uns als Lehrlinge bei Jesus am tiefsten sehnen. Sie ist eine Möglichkeit, unser Leben bewusst auf das auszurichten, was am wichtigsten ist: Gott.

Rich Villodas hat es treffend formuliert: »Diese *Regel* bedeutet keine Liste von Regeln. Es geht eher um eine Reihe von Praktiken, Beziehungen und Verpflichtungen, die vom Geist inspiriert sind und auf unsere Ganzheit in Christus abzielen.«[186]

Für alle, die der Begriff »Regel« abschreckt, kommt hier ein kurzer historischer Abstecher: In den ersten Jahrhunderten der Kirchengeschichte wurden die Begriffe »Lebensweise« und »Lebensregel« synonym verwendet. Im Neuen Testament selbst schreibt Paulus von seiner »Lebensweise in Übereinstimmung mit Jesus, dem Herrn« (1. Korinther 4,17; BU). Ein paar Jahrhunderte später, als Latein die offizielle Sprache der Kirche wurde, benutzten Schriftsteller wie Benedikt von Nursia das Wort *regula*. Aber wir können uns merken: Lebensregel und Lebensweise sind ein und dasselbe – ein Plan, wie wir Jesus folgen können. Ein Plan, wie wir unserer Selbstverpflichtung treu bleiben, bei Jesus in die Ausbildung zu gehen.

David Brooks definierte Verpflichtung einmal als »sich in etwas [oder jemanden] zu verlieben und dann eine Verhaltensstruktur für die Momente aufzubauen, in denen die Liebe ins Wanken gerät«[187]. Genau das ist eine Lebensregel – eine Verhaltensstruktur, die uns stützt, »wenn die Liebe ins Wanken gerät«. Sie verankert unser Leben in etwas Tieferem als unseren flüchtigen Emotionen und chaotischen Begierden.

Jedes Mal, wenn ich eine Trauung halte, gebe ich dem Brautpaar einen Satz mit. Ich entlehne ihn einem Brief, den der Pfarrer und Märtyrer Dietrich Bonhoeffer aus dem Gefängnis einem jungen Paar zu ihrem Hochzeitstag schrieb: »Heute seid ihr jung und sehr verliebt, und ihr denkt, dass eure Liebe eure Ehe tragen kann. Das kann sie nicht. Lasst eure Ehe eure Liebe tragen.«[188]

Sowohl in der Ehe als auch im Leben mit Gott ist es die Beschränkung, die eine Verpflichtung mit sich bringt, die Raum dafür schafft, dass die Liebe reifen und echte Veränderung stattfinden kann. Wir sträuben uns oft dagegen, aber am Ende verwandeln wir uns – wie eine Raupe sich in der Beschränkung der Verpuppung in einen Schmetterling verwandelt – in völlig neue, wunderschöne Geschöpfe.

Du hast bereits eine Lebensregel

Ob du es glaubst oder nicht: Du lebst bereits nach einer Lebensregel. Sie kann geschrieben oder ungeschrieben sein, bewusst oder unbewusst, weise oder töricht, auf einer langfristigen Vision oder auf kurzfristiger Befriedigung basieren, dich in Richtung auf dein ersehntes Ziel voranbringen oder deine besten Absichten sabotieren. Fakt ist: Selbst wenn du bis vor zwei Minuten noch *nie* etwas von einer Lebensregel gehört hast – du *hast* eine. Du hast eine Art zu leben. Eine Morgenroutine, einen typischen Arbeitstag, ein Beziehungsnetz, ein Budget, Aktivitäten, mit denen du deine Freizeit verbringst, und so weiter.

Weißt du, wie deine Lebensregel aussieht? Hilft sie dir, das Leben zu führen, das du dir wünschst? Arbeitet sie für oder gegen dich?

Der beste Weg, das herauszufinden, ist eine Art geistliche Selbstinventur, eine ehrliche Einschätzung deines aktuellen Lebens.

Ich mag diesen kleinen Spruch aus der Geschäftswelt: »Ihr System ist perfekt darauf ausgelegt, genau die Ergebnisse zu liefern, die Sie bekommen.« Ich möchte diese Maxime jetzt nicht auf eine Widget-Fabrik oder auf das Ergebnis einer Tabellenkalkulation anwenden, sondern auf die Gesundheit und das (fehlende) Wachstum unserer Seele.

Wenn dein Gefühlsleben aus dem Gleichgewicht geraten ist, wenn du dich meilenweit von Gott entfernt fühlst, gestresst, ängstlich und chronisch wütend bist, wenn du dich nicht zu einem Menschen entwickelst, der sich immer liebevoller verhält, dann ist es sehr wahrscheinlich, dass das System deines Lebens schlecht konzipiert ist. Denn: Dein Leben ist das Nebenprodukt deines Lebensstils.

Francis Spufford beschreibt in seinem Plädoyer für christliche Spiritualität ein bestimmtes Gefühl: nämlich an einem Samstagmorgen mit einem leichten Kater und ein wenig einsam aufzuwachen, leer und unerfüllt. Er schreibt darüber, dass wir uns irgendwann mit der Tatsache auseinandersetzen müssen, dass unsere freien Entscheidungen uns nicht das Leben gebracht haben, das wir uns wünschen. Wir müssen feststellen: An diesen Punkt hat uns unsere Freiheit gebracht, nicht unsere Begrenzung.[189]

Eine Lebensregel, die uns hilft, uns von Jesus prägen zu lassen, ist eine Einladung zu einer ganz anderen Definition von Freiheit als die der modernen Welt. Sie ist eine Einladung, uns den Begrenzungen zu stellen, die uns, wenn wir sie umsetzen, frei machen.

Die Schriftstellerin Annie Dillard ist bekannt für ihren Ausspruch: »Wie wir unsere Tage verbringen, so verbringen wir auch unser Leben.«[190] Aber lies das mal durch die Brille der geistlichen Formung: Wie wir unsere Tage verbringen, bestimmt nicht nur, was wir mit unserem einen, kostbaren und flüchtigen Leben machen, sondern auch, zu welchen Menschen wir werden.

Wenn wir nach dem Aufwachen als Erstes zum Handy greifen und die sozialen Medien checken, ist das nicht nur eine schlechte Angewohnheit. Es ist auch eine Entscheidung, die uns als Mensch in einer bestimmten Art und Weise prägen wird. Mehr Zeit mit dem Lesen von Artikeln als mit dem Lesen der Bibel zu verbringen, ist nicht einfach »falsch« – es ist eine Entscheidung, eher unseren Lieblingsjournalisten ähnlich zu werden als Jesus. Wenn wir unser Geld wieder mal für etwas ausgeben, das wir nicht brauchen, spielen wir nicht nur ein bisschen mit unsere Ressourcen, sondern wir fördern damit auch unsere Unersättlichkeit.

Alle Dinge, die wir tun, machen etwas mit uns. Sie formen uns.

Schützen und Leiten

Eine hilfreiche Lebensregel sollte zwei Seiten einer emotionalen Gleichung ausbalancieren können: Sie sollte uns schützen und sie muss uns auch leiten können. Der christliche Autor Andy Crouch definiert eine Lebensregel sehr schön als »eine Reihe von Praktiken, die unsere Gewohnheiten schützen und unser Leben leiten«[191].

Kehren wir zum Bild des Weinbergs zurück.

Auch ein Gärtner hat zwei wesentliche Aufgaben: Er muss die Pflanzen pflegen und Unkraut fernhalten.

Genauso kann sich jeder von uns fragen: Was will ich in mein Leben hineinlassen und was will ich fernhalten? Was will ich wachsen lassen? Und was soll ausgerissen werden?

Wenn du dir meine Lebensregel ansiehst – nach der ich mit einer kleinen Gruppe von Freunden lebe –, wirst du eine Reihe von geistlichen Übungen finden, die du wahrscheinlich erwarten würdest: eine Stunde Stille am Morgen, um zu beten und in der Bibel zu lesen, ein wöchentlicher Sabbat und ein gemeinsames Essen mit meiner Gemeinschaft, ein Tag im Monat, den ich in Einsamkeit verbringe und so weiter. Und dann gibt es noch eine Reihe von eher ungewöhnlichen, aber für mich sehr wichtigen Gewohnheiten, die in keiner historischen Lebensregel auftauchen. Sie sind meine ganz persönliche Antwort auf die Tücken des digitalen Zeitalters. Eigentlich sind sie eher Anti-Gewohnheiten, also mein Versuch einer Gegenprägung.

Hier ein paar Beispiele:

- **Mein Handy »erziehen«**: Ich habe einen alten analogen Wecker neben meinem Bett. Mein Telefon bringe ich jeden Abend um halb neun »ins Bett« – in einer Schublade in meinem Arbeitszimmer. Es darf erst wieder aufstehen, wenn mein Gebet am Morgen beendet und mein Tagespensum an Schreibarbeiten erfüllt ist.

- **Digitaler Sabbat**: An unserem wöchentlichen Ruhetag schalten wir in unserer Familie alle digitalen Geräte – Handys, Computer und Fernseher – für 24 Stunden komplett aus. Das gilt tatsächlich auch für unsere Kinder, die gerade im Teeniealter sind. (Und ob du's glaubst oder nicht, sie leben noch.)
- **Social Media beschneiden**: Ich beschränke meine Aktivitäten in den sozialen Netzwerken auf einen Tag pro Woche. Und dazwischen lösche ich die entsprechenden Apps auf meinem Handy komplett. Für mich ist die Beschäftigung mit Social Media wie das Einatmen von Abgasen – manchmal unvermeidbar, wenn man in der modernen Welt lebt, aber nicht gut für mich. Und zu viel davon bringt mich um.
- **Medien generell in einem Maß**: Begrenzung meines Medienkonsums (Fernsehen, Film, YouTube) auf maximal vier Stunden pro Woche. Das habe ich aus der Lebensregel von Andy Crouch und der Gemeinschaft *Praxis* übernommen. Dort heißt es: »Anstatt unsere Vorstellungskraft von den Medien überfluten zu lassen, wollen wir uns durch die Erneuerung unseres Geistes verändern lassen. Wir verpflichten uns, unsere Bildschirmnutzung und unseren Unterhaltungskonsum in Bezug auf Menge, Häufigkeit und moralischen Gehalt zu begrenzen.«[192]

Auch wenn das hier eher »Regeln« sind, ist mein Herz dahinter keineswegs Gesetzlichkeit. Ich bin mir bewusst, dass das Einhalten dieser Regeln in keiner Weise ein Maßstab für meine geistliche Reife ist. Wenn überhaupt, zeigen sie eher meine Unreife. Keine dieser Regeln macht mich liebevoller oder heiliger. Ich erkenne damit nur an, welche Macht Dinge wie Technologie und Medien auf mich haben können, um mich positiv zu formen oder zu deformieren. Wenn ich sie nicht kritisch prüfe, sind diese Dinge *darauf ausgelegt*, mein Leben zu verschlingen und mich in eine Richtung zu prägen, die Jesus so gar nicht ähnlich ist. Aber mein tiefster Wunsch ist es, dass *Gott* mein Leben in Besitz nimmt und mich mit der Zeit zu *seinem* Ebenbild formt.

Natürlich musst du nicht dieselben Regeln aufstellen wie ich. Gleichzeitig bin ich aber davon überzeugt, dass wir alle zumindest ein paar Regeln für unsere Mediennutzung brauchen: insbesondere für unsere Handynutzung und für Social Media – sofern wir uns überhaupt in dieses Mienenfeld begeben wollen.

Regt es dich auf, wenn ich so was sage? Denkst du: »Aber ich brauche Freiheit! Ich will mich nicht kontrollieren lassen!«?

Dazu muss ich leider sagen: Diese Freiheit ist eine Illusion. Denn wir werden bereits kontrolliert. Von unserer Mediensucht, von unserem körperlichen Verlangen nach Vergnügen und von den gruseligen Algorithmen des Silicon Valley. Uns selbst Regeln zu geben, kann uns helfen, die Zügel wieder selbst in die Hand zu nehmen und unser Leben unter eine positive Art der Kontrolle – nämlich die unserer tiefsten Sehnsüchte – zu stellen.

Wähle deine eigenen Begrenzungen, oder sie werden von anderen für dich ausgewählt, und zwar nicht vom Geist Gottes, der dein Herz in Richtung Liebe lenkt, sondern von einem Programmierer im Silicon Valley, der deine Zeit stiehlt und dein Verhalten manipuliert. Wir haben die Wahl: Herrschen oder beherrscht werden. Uns begrenzen oder begrenzt werden.

Um nach einer Regel zu leben, brauchen wir natürlich einen Crashkurs in Sachen Neinsagen – nicht nur zur Sünde, sondern zu allen möglichen anderen Dingen, guten und schlechten.

Das wiederum erfordert von den meisten von uns ein Umdenken in Sachen Entscheidungsfindung. Viele von uns fragen sich, wenn sie bestimmte Verhaltensweisen abwägen: Ist das Sünde oder nicht? So habe ich zumindest früher gedacht. Aber jetzt, wo ich das Evangelium und die Möglichkeit des wahren Lebens mit Jesus besser verstehe, lautet meine Frage: Führt mich das näher zu Jesus hin, oder zieht es mich weiter weg von ihm?

Das Ziel ist es, mit Fokus, Zielstrebigkeit und innerem Frieden zu leben. Das sind drei Dinge, die viele Menschen bewundern und anstreben, aber nur wenige erreichen. Steve Jobs, der Ikonoklast aus Kalifornien, sagte einmal, er sei genauso stolz auf das, was Apple nicht getan habe, wie auf das, was das Unternehmen hervorgebracht habe. Und das erklärte er so: »Die Leute denken, Fokus bedeute, Ja zu sagen zu der Sache, auf die man sich fokussieren will. Aber das bedeutet es überhaupt nicht. Es bedeutet, Nein zu sagen zu den hundert anderen guten Ideen, die es auch noch gibt. Man muss sorgfältig auswählen.«[193]

Genauso ist es mit jeder Regel: Wir müssen sorgfältig auswählen.

Wir müssen öfter Nein sagen als Ja, denn ein Tag hat nur soundso viele Stunden und ein Leben nur soundso viele Tage.

Aber: Eine klug gewählte Regel hat das Potenzial, dein Leben auf eine Weise zu bereichern, die du dir gar nicht vorstellen kannst.

Was dir eine gute Lebensregel bringt

1. Sie hilft dir, deine Vision in die Realität umzusetzen.

Vielleicht hast du schon mal den Spruch gehört: »Der Weg zur Hölle ist mit guten Vorsätzen gepflastert«, der einen akuten Schmerz unserer menschlichen Existenz auf den Punkt bringt. Was das Leben nach dem Sündenfall häufig kennzeichnet, ist folgendes Dilemma: Wir streben nach einem guten Leben, scheitern dann aber an dem Engagement, der Disziplin und dem Durchhaltevermögen, die nötig sind, um diese Vision Wirklichkeit werden zu lassen. Die meisten von uns wünschen sich aufrichtig, was gut ist, aber wir scheitern, weil wir ausweichen, aufschieben, zögern oder Ausreden suchen, anstatt die notwendigen Schritte zu unternehmen, um unseren Herzenswünschen näher zu kommen. Das beklagte schon Paulus: »Ich will eigentlich Gutes tun und tue doch das Schlechte; ich verabscheue das Böse, aber ich tue es dennoch« (Römer 7,19; HFA). Wir sabotieren uns ständig selbst.

Das ist die große Herausforderung der Nachfolge: von ehrgeizigen Plänen zu echter Veränderung zu gelangen.

Eine Lebensregel kann diese Kluft überbrücken. Sie kann unsere hohen Ziele wie »Mit Jesus zusammen sein« oder »Ein Mensch der Liebe werden« oder »Die Hektik radikal aus unserem Leben verbannen« aufnehmen und sie uns körperlich einprägen, indem sie unser zentrales Nervensystem buchstäblich neu verdrahtet. Ohne eine Regel werden diese schönen Ziele wahrscheinlich zu sentimentalen Klischees verkommen.

Der Autor John Ortberg sagte mir einmal: »Jesus nachzufolgen ist wie Golf spielen. Der einfache Teil besteht darin, eine Vorstellung davon zu bekommen, was du tun musst – den perfekten Schwung, die richtige Körperhaltung, den richtigen Abschlagwinkel – und natürlich das Par erreichen. Der schwierige Teil ist, diese Vision in dein Muskelgedächtnis einzuprägen, sodass sie ganz natürlich aus dir herauskommt, ohne dass du darüber nachdenken musst.«

Ich spiele zwar kein Golf, aber ich denke immer wieder mal über diese Analogie nach. Predigten zu hören oder Bücher zu lesen, in denen es um das Thema Jesus-Nachfolge geht, ist ein bisschen so, als würden wir uns YouTube-Videos übers Golfspielen ansehen: Das ist ein wunderbarer Anfang, aber wir werden nicht sehr weit kommen, wenn wir uns nicht die Schuhe anziehen und auf den Golfplatz gehen.

2. Sie hilft dir, aus deiner tiefen Herzenssehnsucht zu leben und so inneren Frieden zu erleben.

»Erlange inneren Frieden, und Tausende um dich herum werden ihr Heil finden.« Das ist von einem russischen Mönch namens Seraphim.

Wir alle sehnen uns nach diesem inneren Frieden, aber wie können wir ihn erlangen?

Es gibt nicht die eine Antwort auf diese Frage. Stephen Covey, ein Unternehmensberater, führt ins Feld: »Wir erreichen inneren Frieden, wenn unser Zeitplan mit unseren Werten übereinstimmt.« Ich finde, das stimmt. Weil unsere Zeitpläne so oft nicht mit unseren Werten übereinstimmen, leben viele von uns mit diesem elektrischen Strom aus Angst und Anspannung, der ständig durch unser

Nervensystem pulsiert. Er ist einfach da, frisst uns innerlich auf und zehrt an unseren Energiereserven.

In »dieser schnatternden Welt« des digitalen Zeitalters ist es einfacher denn je, »verwirrt vor lauter verwirrter Verwirrung« zu werden, wie T.S. Eliot einmal dichtete.[194] Die mächtigsten Unternehmen der Weltgeschichte arbeiten rund um die Uhr daran, mit den ausgeklügeltsten Algorithmen, die je entwickelt wurden, unsere Angst zu schüren und unsere Wut zu befeuern. Und dazu ist ihnen jedes Mittel recht.

Wer im digitalen Zeitalter ein Leben in Frieden führen möchte, muss zwingend notwendig in eine Art Widerstand gehen. Und dabei kann uns eine entsprechende Lebensregel helfen.

Eine gute Lebensregel ist ein Akt der Auflehnung gegen die Mächte des digitalen Imperiums.

Sie ist ein Weg, unseren tiefsten Wünschen treu zu bleiben: mit Jesus zusammen zu sein, uns von ihm zu einem Menschen der Liebe formen zu lassen und das zu tun, wozu Gott uns auf die Erde geschickt hat. Eine Art, uns zu weigern, unser Leben zu verschwenden.

Natürlich besteht die Herausforderung einer solchen Lebensregel darin, dass sie uns dazu zwingt, zu klären, was unsere tiefsten Wünsche sind, auf unser Herz und auf unseren Gott zu hören. Einer der besten Wege, das zu tun, ist, darauf zu achten, wann wir neidisch werden. So hat es vor Kurzem jemand zu mir gesagt, der sich gut mit der Spiritualität von Ignatius von Loyola auskennt.

Sei wachsam, wenn du merkst, dass du irgendetwas im Leben eines anderen entdeckst, und denkst: »Ich wünschte, mein Leben wäre auch so.« Dann entwirf eine Regel, die dir hilft, in diese Richtung zu gehen.

3. Sie hilft dir, im richtigen Tempo zu leben.

Das richtige Tempo ist entscheidend. Wir tun zu viel, zu schnell. Wir beschleunigen hoch bis zur totalen Hektik – zu viel zu tun, aber nicht genug Zeit, um es zu tun. Das tötet unser geistliches Leben. Wir zehren unsere emotionale Energie auf, die Seele bleibt unweigerlich erschöpft zurück.

Aber auch das Gegenteil ist der Fall: Wenn wir zu wenig zu langsam tun, verkümmern wir und fallen in einen lethargischen, selbstzentrierten Dämmerzustand – was früher als *acedia* oder Trägheit bekannt war und von den Mönchen mit dem Spitznamen »Mittagsdämon« bezeichnet wurde.

Eine Lebensregel hilft, das Tempo unseres Alltags im Voraus zu bestimmen, damit wir weder ausbrennen noch stehen bleiben, sondern »das Rennen bis zum Ende durchhalten und den Preis gewinnen« (Philipper 3,14).

4. Sie hilft dir, Freiheit und Disziplin in Einklang zu bringen.

Stell dir ein erfülltes, gelingendes Leben wie ein Pendel vor.

Auf der einen Seite ist Freiheit, auf der anderen Disziplin.

Spontaneität und Struktur.

Chaos und Ordnung.

Wenn du zu weit in Richtung Freiheit schwingst, wirst du von Anspannung und Angst geplagt. Schwingst du zu weit in Richtung Disziplin, fühlst du dich klaustrophobisch.

Je nach deiner Persönlichkeit wirst du dich wahrscheinlich zu dem einen oder anderen Pol hingezogen fühlen und in verschiedenen Lebensabschnitten wahrscheinlich ein bisschen hin- und herschwanken. Das ist gesund. Denn der Schlüssel ist ein gutes Gleichgewicht.

Deshalb ist es auch eine Regel und kein Gesetz.

Mach dir klar, worin der Unterschied besteht: Ein Gesetz wird von einer externen Quelle erlassen, und es besitzt sehr wenig Flexibilität. Es basiert auf dem Prinzip von Schuld oder Unschuld und ist darauf ausgelegt, dich von negativen Handlungen abzuhalten. Und wenn ich nichts Wesentliches übersehe, haben meine anarchistischen Freunde schlichtweg unrecht. Denn wir brauchen Gesetze.

Aber eine Regel ist etwas ganz anderes: Sie erwächst in dir selbst, aus deinen inneren Wünschen. Sie ist unglaublich flexibel, basiert auf Beziehungen, nicht auf Moral, und ist so konzipiert, dass sie dich in Richtung deiner Vision des guten Lebens weist.

Ein Beispiel: Auf der Hauptstraße außerhalb meines Wohnviertels gibt es eine Geschwindigkeitsbegrenzung von 30 Stundenkilometern. Das ist ein Gesetz. Es spielt keine Rolle, ob Feiertag ist, niemand auf der Straße unterwegs ist und ich einen Ferrari fahre (leider eine rein hypothetische Situation – so gut verkaufen sich meine Bücher dann auch wieder nicht …) – ich darf trotzdem nicht schneller als 30 fahren.

Vergleiche das mit einer kleinen »Regel«, die meine Frau und ich für unsere Ehe haben: Wir bemühen uns, zwanzig bis dreißig Minuten am Tag wirklich füreinander da zu sein, ein Date in der Woche zu haben und einmal im Vierteljahr ein Wochenende zu zweit zu verbringen, um uns einfach auszuruhen und zusammen zu sein. In unserer Regel gibt es jede Menge Flexibilität. Und wenn wir sie nicht strikt einhalten, fühlen wir uns weder schuldig noch schämen wir uns, aber wir fühlen uns meistens angespannter, distanzierter, weniger im Einklang miteinander und weniger verliebt. Deshalb haben wir diese Regel.

Genauso ist es mit einer Lebensregel: Sie ist eine Landkarte und ein Weg, keine Zwangsjacke.

Mein Freund Tyler Staton verwendet gern die Metapher von Anker und Boot: Die Regel ist der Anker, dein Leben ist das Boot. Die meiste Zeit, wenn du richtig lebst, spürst du den Anker nicht einmal. Aber wenn du abdriftest, spürst du, wie er dich zurück in die Mitte zieht. Margaret Guenther – Ehefrau, Mutter und anglikanische Pfarrerin – hat das sehr schön in Worte gefasst:

> Eine gute Regel kann uns befreien, damit wir unser wahres und bestes Selbst sein können. Sie ist ein Arbeitsdokument, eine Art geistliches Budget, das nicht in Stein gemeißelt ist, sondern regelmäßig überprüft und überarbeitet wird. Sie sollte uns unterstützen, aber niemals einzwängen.[195]

Es gibt kein Patentrezept für eine Lebensregel, die für alle und jeden passt, weil es kein Patentrezept für geistliche Formung gibt. Es gibt keine »richtige« Art und Weise, eine Lebensregel zu erstellen, genauso wenig wie es eine »richtige« Art zu beten gibt. Jesus ist gekommen, um uns zu befreien, damit wir in seiner Art zu leben laufen können. Jesus ist *nicht* gekommen, um uns in Routinen, Ritualen und Religion zu versklaven.

Klar ist aber auch, dass einige grundlegende Elemente aus der Lebensweise von Jesus in unserer Lebensregel auftauchen werden – zumindest in irgendeiner Form. Ihm wollen wir ja nachfolgen.

Aber bevor wir diese Elemente benennen, ein kurzes Wort dazu, was Übungen überhaupt sind.

Was sind Übungen?

Professor Craig Dykstra von der *Duke Divinity School* sagte einmal: »Das Leben des christlichen Glaubens besteht im Praktizieren vieler Praktiken.«[196]

Was er als »Praktiken« bezeichnet, wird unter Christen oft »geistliche Übungen« genannt. Mein Freund und Kollege Strahan sagt dazu »Altäre der Verfügbarkeit«. Ruth Haley Barton nennt sie »heilige Rhythmen«[197]. Der verstorbene Pastor Eugene Peterson bezeichnete sie als »ungezwungene Rhythmen der Gnade«[198]. Und reformierte Theologen sprechen gerne von »Mitteln der Gnade«[199]. Um es in eine säkulare Sprache zu übersetzen: Übungen sind im Wesentlichen Gewohnheiten, die auf dem Leben (sprich: seinem Lebensstil) von Jesus basieren.

Aber zunächst ein paar Worte dazu, was Übungen *nicht* sind.

1. Übungen sind kein Barometer für geistliche Reife.

Ein Jünger oder Lehrling (lat. *discipulus*) ist in gewisser Weise »diszipliniert«. Und es ist wahrscheinlich, dass ein reiferer Jesus-Jünger konsequenter bestimmte Praktiken lebt als ein weniger reifer. Aber – und das ist ein großes Aber –: Letztendlich ist Liebe der Maßstab für geistliche Reife, nicht Disziplin.

Disziplin ist ein Mittel zum Zweck, um mit Jesus zusammen zu sein, ihm ähnlich zu werden und so zu handeln, wie er gehandelt hat. Aber: »Geistliche Übungen sind kein Selbstzweck. Sie sind Mittel zu einem Zweck … Übungen bringen die Seele auf den Weg, auf dem sie Gott kennenlernen und ein Leben führen kann, in dem sie in Liebe für andere präsent sein kann.«[200]

Folge dieser Logik – sie ist goldrichtig: Übungen sind der Weg, nicht das Ziel.

Ich kenne Menschen, die keinen Gottesdienst verpassen, jedes Jahr die ganze Bibel durchlesen und keine Filme mit FSK 18 anschauen, die aber trotzdem selbstgerecht, kontrollierend, von Ärger getrieben, blind für ihre eigenen Schwächen und manchmal unglaublich lieblos sind. Und das trotz ihrer Disziplin in den drei genannten und an sich guten Praktiken. Und ich kenne andere Menschen, denen der Schlafmangel ins Gesicht geschrieben steht und die in ihrem herausfordernden Alltag kaum zehn Minuten am Tag zum Beten finden – und trotzdem mit jedem Jahr liebevoller werden.

Die Liebe ist der Maßstab, auf den wir achten müssen.

2. Übungen sind keine Spaßbremse.

»Übung« und »Disziplin« – das klingt nach Anstrengung. Besonders für spontane und lebensfrohe Persönlichkeiten. Diese Wörter sind vorbelastet, ich weiß. Sie lassen uns schnell in eine falsche Richtung denken. Dabei bringen viele der »Übungen« von Jesus unglaublich viel Freude: zum Beispiel Sabbat, Schlafen (ja, Schlafen ist tatsächlich auch eine Praxis von Jesus), gutes Essen, Dankbarkeit, Feiern, Anbetung. Andere wie Rückzug, Fasten oder Dienen werden zum Genuss, je länger wir sie praktizieren. Richard Foster erklärt in seinem Buch *Nachfolge feiern*, dass Freude der Grundton aller geistlichen Übungen ist.[201]

3. Übungen sind keine Form von Verdienst.

Ich stelle mir vor, dass Gott der Vater sich sehr darüber freut, wenn wir uns bemühen, durch bestimmte Praktiken näher zu ihm zu kommen. Aber ich bin mir sicher, dass wir uns dadurch absolut nichts bei ihm verdienen können: weder durch das Halten des Sabbats noch durch Bibellesen noch durch die Versorgung der Armen – und schon gar nicht durch eine leistungsorientierte Gesetzlichkeit.

Das zu betonen, ist besonders wichtig für diejenigen unter uns, die aus einem eher gesetzlich geprägten Umfeld kommen. John Ortberg hat es gut ausgedrückt: »Menschen, die unter der Gesetzlichkeit leiden und die Botschaft der Gnade hören, argwöhnen manchmal, dass dieses ganze Gerede über geistliche Übungen nur zu einer anderen Form von religiösem Druck führt. Aber geistliche Übungen sind einfach ein Mittel, sich dem Leben anzunähern, das Gott uns in seiner Gnade anbietet; ein Weg, uns dieses Leben anzueignen.«[202]

»Aneignen« – das ist ein sehr gutes Wort.

4. Übungen sind keine christliche Zurschaustellung moralischer Werte.

Es ist ein verbreitetes Phänomen, dass Menschen in den sozialen Netzwerken etwas posten, nicht weil sie daran glauben, sondern weil sie einfach nur *#ontrend* bleiben, gut dastehen oder Cancel-Culture vermeiden wollen. Soziale Gerechtigkeit als *Fast Fashion* trifft auf den neuen Klassismus.

Jesus war sich dieser subtilen Falle bewusst. Er sprach sich mit Nachdruck dagegen aus. Das einzige Mal, als er sich ausdrücklich über Übungen äußerte – in der Bergpredigt –, nannte er diese drei:

Gebet, Fasten und Großzügigkeit. Zwar erläuterte er jede dieser Übungen ein wenig, aber die Stoßrichtung seiner Rede war eine Warnung davor, sie zu praktizieren, um von anderen gesehen zu werden.

Es scheint eine Art geistliches Gesetz in unserer Formung zu geben: Wenn wir die Übungen aus den falschen Gründen praktizieren – um gut dazustehen, um Punkte zu sammeln oder um unsere Scham zu verbergen –, wirken sie unserer geistlichen Formung geradezu entgegen, statt sie zu befördern. Sie werden zu einer Art Parasitenbefall unserer Seele.

Auf dem Weg der Nachfolge lauern überall Gefahren. Es lohnt sich trotzdem, diesem Weg zu folgen. Aber die Gefahren sind sehr real und wir sollten sie nicht unterschätzen.

5. Übungen sind kein Mittel zur Schmerzvermeidung.

Es kann leicht passieren, dass wir denken, die Übungen seien ein Mittel, um die gewünschten Ergebnisse in unserem emotionalen und spirituellen Leben selbst zu erzielen. In diesem Fall werden sie zu vergeblichen Versuchen, die Symptome in unserem Leben zu manipulieren, um Schmerz zu vermeiden. Aber Schmerz gehört nun mal dazu.

Die Übungen helfen uns, Gott in unserem Schmerz zu begegnen und unsere Hingabe an ihn zu vertiefen, indem wir darauf vertrauen, dass Gott tut, was er will und wann er es will.

Nachdem wir nun geklärt haben, was Übungen *nicht* sind, bleibt die Frage: Was sind sie dann?

Übungen basieren auf dem Lebensstil von Jesus. Sie verschaffen uns Zeit und Raum, um die Gegenwart und Kraft von Gottes Geist zu erfahren und dadurch von innen heraus verändert zu werden.

Um besser zu verstehen, was eine geistliche Übung ist, hilft es zu klären, was eine Übung im Allgemeinen ist. Hier ist eine Standarddefinition:

> Eine Übung ist jede Aktivität, die ich durch direktes Bemühen bewerkstelligen kann und die mich schließlich in die Lage versetzt, etwas zu tun, was ich im Moment nicht durch direktes Bemühen bewerkstelligen kann.

Lass mich das – mal wieder – mit einem Bild aus dem Sport verdeutlichen: Als Kind war ich nicht sonderlich athletisch, aber ich war trotzdem begeistert von Basketball. Ich erinnere mich, dass ich stundenlang dribbelte und Körbe warf, Kegel in unserer Einfahrt aufstellte und bis in die Dunkelheit draußen blieb, um an meiner Wurftechnik zu arbeiten. Denn intuitiv wusste ich, dass der Weg, ein guter Basketballspieler zu werden, nicht darin bestand, etwas immer wieder zu versuchen, sondern darin, hart zu trainieren. Es waren sicher Hunderte Stunden Praxis. Reine Übung. Je mehr ich tat, was ich *konnte* – Dribbelübungen, Wurfübungen und so weiter –, desto mehr wurde ich zu jemandem, der lernte, das zu tun, was ich zu diesem Zeitpunkt noch *nicht* konnte: auf dem Platz zu überzeugen.

In meinem Fall scheitert die Analogie an einer unglücklichen Mischung aus Genetik und verzögerter neuromuskulärer Entwicklung, aber das Bild ist grundsätzlich passend: Was Wurf- und Dribbelübungen beim Basketball sind – oder Tonleitern beim Gitarrenspiel, ein Intervalltraining beim Halbmarathon oder Skizzenzeichnen bei einem Künstler –, das sind die geistlichen Übungen in der Ausbildung bei Jesus. Sie helfen uns, um zu liebevollen Menschen zu werden.

Wir tun, was wir können – die Bibel lesen, beten, Sabbat halten, gemeinsam essen –, damit wir dabei zu Menschen geformt werden, die schließlich das tun können, was wir momentan noch nicht können: leben und lieben wie Jesus.

Eine Übung ist ein Weg, um Kraft zu erlangen. Eine geistliche Übung ist ein Weg, nicht nur über unsere eigene Kraft zu verfügen – durch eine Art Widerstandstraining für unseren Willensmuskel –, sondern auch über Gottes Kraft.

Geistliche Übungen sind die von Jesus entwickelte Art und Weise, uns Gott anzubieten, damit wir das in Anspruch nehmen oder uns zu eigen machen können, was Paulus »Gnade«[203] nennt – die bevollmächtigende Gegenwart von Gottes Geist.

Noch einmal Dallas Willard:

> Geistliche Übungen sind Dinge, die wir tun, um uns selbst mit allen Aspekten unseres Seins in Einklang mit den Ordnungen Gottes zu bringen. Sie ermöglichen es uns, zunehmend mehr aus einer Kraft heraus zu leben, die ihren Ursprung in der geistlichen Welt hat und die unsere eigene Kraft bei Weitem übersteigt. Voraussetzung dafür ist freilich, dass wir, »uns selbst Gott zur Verfügung stellen als Lebende aus den Toten und unsere Glieder Gott zu Werkzeugen der Gerechtigkeit« (Römer 6,13).[204]

Anders gesagt: Geistliche Übungen sind *unser* Anteil an unserer Veränderung.

Die frühen Christen nannten das »Synergie« – nicht *für* Gott, sondern *mit* Gott arbeiten. Gott arbeitet, und wir arbeiten. Gott hat einen Part, und wir haben einen Part.

Unser Part ist es, unser Leben zu entschleunigen, Raum zu schaffen und uns Gott zu überlassen. Sein Part ist es, uns zu verwandeln – wir selbst haben diese transformierende Kraft einfach nicht. Wenn wir die Übungen nutzen, können wir mit Paulus sagen: »Gott bewirkt in [mir] den Wunsch, ihm zu gehorchen, und er gibt [mir] auch die Kraft zu tun, was ihm Freude macht« (Philipper 2,13).

Jesus hat eine Reihe von Kernpraktiken vorgelebt, die wir uns gleich ansehen werden: Übungen wie den Sabbat halten, Schriftstudium, Gebet und Fasten. Wissenschaftler nennen sie die »klassischen Disziplinen« – nicht nur, weil sie aus der Antike stammen, sondern weil sie die Kernübungen der Jesus-Nachfolge sind, für alle Menschen, für alle Zeiten. Aber mir ist es wichtig zu betonen: Alles kann zur geistlichen *Übung* werden, wenn wir es Gott als Kanal für seine Gnade anbieten.

Hier noch ein persönliches Beispiel: Jahrelang habe ich mich dagegen gesträubt, einen Familienhund anzuschaffen. Warum? Nun, ich habe ein extrem großes Sauberkeitsbedürfnis. Und Hunde, na ja, … nicht so sehr. Aber irgendwann hatte ich die ganze Familie gegen mich. Überflüssig zu erwähnen, dass ich den Kürzeren zog. Und so kam Jyn Erso in unsere Familie. (Ja, unsere Hündin ist tatsächlich nach der Star-Wars-Heldin benannt. Zu meiner Verteidigung: Das war nicht meine Idee.[205]) Am Anfang hat sie mich wahnsinnig gemacht. Als ob ein Haus mit drei Kindern nicht schon stressig genug wäre! Aber ich erkannte, dass es an der Zeit war, das anzunehmen, was ist. Also fing ich an, mit Jyn im Wald spazieren zu gehen und diese Spaziergänge einfach Gott anzubieten. Ich bat ihn dabei, mich von meinem Perfektionismus, meinem Kontrollbedürfnis und meiner chronischen Wut zu befreien, die den Fluss der Liebe in mir blockierten. Und dann geschah etwas Überraschendes: Ich habe mich in Jyn regelrecht verliebt. In Sachen Perfektionismus habe ich noch immer einen weiten Weg vor mir, aber es geht jetzt schon mal in die richtige Richtung …

Du könntest wie ich mit deinem Hund spazieren gehen, um deinen Perfektionismus loszulassen, einen Fitness-Kurs belegen, um deinem Körper etwas Gutes zu tun, ältere Menschen in deiner Nachbarschaft besuchen, die einsam sind, auf dem Weg zur Arbeit absichtlich auf der Kriechspur fahren, philosophische Bücher lesen oder einen neuen physikalischen Beweis erbringen – du kannst Gott jede dieser Aktivitäten anbieten, in der Hoffnung, dass er diese Räume mit seiner verwandelnden Gegenwart erfüllt.

M. Robert Mulholland definiert geistliche Übungen als »Handlungen des liebenden Gehorsams, durch die wir Gott unsere Gebrochenheit und Unfreiheit anbieten, damit er sie heilt und uns befreit«.[206]

Die Übungen sind nicht alles, aber sie sind wirklich wichtig. Wirklich.[207] Für diejenigen, die bei Jesus sein und wie er werden wollen, sind sie nicht verhandelbar.

Übungen bringen uns nicht gleich ans Ziel unserer Formung, aber sie sind der Anfang. Sogar noch etwas mehr als das: Sie sind der Weg. Denn wie bei den Dribbelübungen im Basketball reifen wir nie über sie hinaus.

Und genau das heißt es, Jesus »nachzufolgen«: Es bedeutet, dass wir seine gesamte Lebensweise übernehmen und beibehalten. Veränderung ist möglich, wenn wir bereit sind, unser Leben nach den Praktiken, Rhythmen und Wahrheiten zu gestalten, die Jesus selbst vorgelebt hat.

In seiner Menschwerdung hat Jesus das Muster vorgegeben, wie wir uns als Mensch in Gottes Welt entfalten können. Jesus war selbst ein Mensch mit Leib und Seele, mit der Formbarkeit eines zentralen Nervensystems. Seine erprobten Praktiken zeigen uns den Weg. Übungen stimmen uns ab auf Gott und ermöglichen ihm, uns zu heilen und zu retten.

Unsere Aufgabe ist es, sie Gott aus dem einzigen reinen Motiv heraus anzubieten, das es gibt: freiwillige Liebe.

Wenn wir das tun, gewöhnen wir uns die automatischen Reaktionen der Sünde in unserem Körper langsam, aber sicher ab. Bis wir sie schließlich ganz verlieren. Wir beginnen, in unserem Alltag ganz natürlich das zu leben, was Jesus gelehrt hat. Gott wird für uns immer realer, je weiter wir ins innere Leben der Dreifaltigkeit hineingezogen werden.

Ich glaube, es gibt keine bessere Art zu leben.

Neun Kernpraktiken

Wie bereits gesagt: Es gibt keine offizielle Liste der geistlichen Übungen von Jesus. Denn im Grunde würde jede Gewohnheit, die wir im Leben von Jesus sehen, dazuzählen – durch die Natur wandern, einen Berg besteigen, anderen die Füße waschen. Nichts davon taucht in einer klassischen Liste geistlicher Übungen auf, aber jede dieser Praktiken könnte von uns als Jesus-Lehrlingen für unsere geistliche Formung genutzt werden.

Wir von *Practicing the Way* empfehlen die folgenden neun Kernpraktiken für eine Lebensregel.

#1 Sabbat

Die geistliche Reise beginnt mit der Ruhe. Das siehst du auf Seite eins der Bibel, wo der Tag bei Sonnenuntergang mit dem Schlaf beginnt und die Woche am Sabbat mit der Ruhe endet.

Wenn ich Menschen geistliche Begleitung anbiete, verschreibe ich ihnen oft zunächst Schlaf, Freiraum, eine Auszeit von der Arbeit – kurz: Ruhe. Denn chronisch erschöpfte Menschen mit Schlafmangel und Überlastung sind weder liebevoll noch friedlich noch voller Freude.

Ruhe ist entscheidend für eine Ausbildung bei Jesus.

Müdigkeit ist ein unvermeidliches Merkmal des Lebens diesseits der Ewigkeit. Aber so viele von uns leben dauerhaft auf einem gefährlichen Niveau von Müdigkeit und sind so chronisch erschöpft, dass sie Gottes Gegenwart nicht spüren und seine Stimme nicht hören können.

Der Sabbat ist ein ganzer Tag in deiner Woche – ein Siebtel deines Lebens –, an dem du nicht nur innehalten und dich ausruhen, sondern dich auch an Gott freuen und ihn anbeten kannst: den Gott, der dich geschaffen hat, um in seiner Nähe zu sein. Es ist ein Tag, an dem du inmitten dieser Welt voller Traurigkeit ganz bewusst Freude kultivieren kannst. Nan Fink schreibt in ihren Memoiren:

> Der Sabbat ist wie nichts anderes. Die Zeit, wie wir sie kennen, existiert während dieser vierundzwanzig Stunden nicht, und die Sorgen der Woche fallen bald von uns ab. Ein Gefühl der Freude stellt sich ein. Der kleinste Gegenstand, ein Blatt oder ein Löffel, schimmert in einem sanften Licht, und das Herz öffnet sich. Der Schabbat ist eine Meditation von unglaublicher Schönheit.[208]

In diesen oft hässlichen Zeiten brauchen wir den Sabbat, um unser Herz für die Schönheit Gottes und des Lebens mit ihm in seiner Welt empfänglich zu halten.

#2 Stille & Abgeschiedenheit

Die meisten Großen des Jesus-Weges sind sich einig: Abgeschiedenheit – auch manchmal als Einsamkeit bezeichnet – ist grundlegend im Lebensweg von Jesus.

Noch einmal dazu Henri Nouwen: »Ohne Einsamkeit ist es praktisch unmöglich, ein geistliches Leben zu führen.«[209]

Einsamkeit oder Abgeschiedenheit hat einen unerwähnten, aber allgegenwärtigen Begleiter: die Stille. James Connor schrieb, Stille ist »die eine Tür zur Gemeinschaft mit Gott«[210]. Nun, vielleicht ist es nicht die einzige Tür. Aber alle Meister des Weges stimmen darin überein, dass die Übung von Einsamkeit und Stille ein wichtiger Schlüssel ist. Die Verfasser der Evangelien sprechen in diesem Zusammenhang vom *erēmos*, dem einsamen oder verborgenen Ort, an den Jesus sich regelmäßig zurückzog.

> Wenn wir ausgeruht sind, ist die Stille der Ort, an dem wir Gott finden.

Denn dort, in der Stille, verblasst das innere Getöse unserer lauten Welt – die Ablenkung, das Chaos und all die Lügen –, und was stattdessen aufleuchtet, sind der Frieden und die Gegenwart Gottes.

Vor vielen Jahrhunderten sagte Isaak der Syrer: »Die Sprache ist das Organ der gegenwärtigen Welt. Die Stille ist das Geheimnis der kommenden Welt.«[211] In der Stille treten wir in das Geheimnis der kommenden Welt ein – und in Gott selbst.

Suche die Ruhe, um Gott zu finden.

#3 Gebet

Jesus zog sich nicht in die Stille zurück, weil er ein introvertierter Mensch gewesen wäre, der ein wenig Zeit für sich brauchte. Er ging dorthin, um zu beten.[212]

Viele Menschen hören Gebet und denken dabei an eine ganz bestimmte Art von Gebet – Gott um etwas zu bitten, was völlig legitim ist. Aber hier meine ich Gebet im weiteren Sinne des Wortes:

> Gebet ist vertrauensvolles Reden mit Gott, ihm zuhören und bei ihm sein.

Es gibt vier grundlegende Ebenen des Gebets:[213]

- **Zu Gott reden** – vorformulierte Gebete mitvollziehen, etwa die Psalmen oder die Liturgie oder das, was in der Kirche gebetet wird, und so weiter

- **Mit Gott reden** – dich mit Gott über dein Leben unterhalten, die Einzelheiten deines Lebens Gott hinhalten, mit Dankbarkeit (wenn du mit ihm über das Gute in deinem Leben und in der Welt sprichst), mit Klage (wenn du mit ihm über das Böse in deinem Leben und in der Welt sprichst) und mit Bitte und Fürbitte (wenn du Gott anrufst, seine Versprechen zu erfüllen und das Böse durch Gutes zu überwinden)
- **Auf Gott hören** – Gottes Stimme hören durch stilles Zuhören, *Lectio divina* (siehe #5 Bibel), Empfangen von prophetischer Rede und mehr
- **Bei Gott sein** – Gott einfach nur in Liebe anschauen, während er dich ebenfalls in Liebe anschaut (auch »kontemplatives Gebet« genannt)

Alle vier Arten des Gebets sind wichtig, um eine liebende Beziehung zu Gott zu pflegen. Aber viele Menschen kommen nie über die ersten beiden Arten des Gebets hinaus, und noch weniger entdecken die Freude und die Möglichkeiten des kontemplativen Gebets.

Natürlich ist Beten kein linearer Weg mit vier Stufen. Es ist eher ein langer und gewundener Pfad, den wir entlanggehen, solange wir leben. Der Schlüssel ist, auf dem Weg zu *bleiben.* »Es gibt keine schlechte Weise zu beten, und es gibt auch nicht den einen Ausgangspunkt für das Gebet. Alle großen spirituellen Meister bieten nur eine nicht verhandelbare Regel an: Du musst zum Gebet erscheinen, und zwar regelmäßig.«[214]

#4 Fasten

Das Fasten ist eine der wesentlichsten und kraftvollsten Praktiken von Jesus und wohl die, die in der modernen westlichen Kirche am meisten vernachlässigt wird.

Beim Fasten betest du buchstäblich mit deinem Körper und bringst alles, was du bist, im Gebet vor Gott. Wenn du deinen Körper Gott hingibst, brichst du die Macht deiner ichbezogenen Natur, die dich kontrollieren will, und öffnest dich stattdessen für die Kraft von Gottes Geist.

Du lernst, fröhlich zu sein, auch wenn du nicht bekommst, was du willst. Du übst dich im Verzicht und im Leiden und steigerst dadurch deine Fähigkeit zur Freude in allen Lebenslagen.

Fasten bereichert auch unser Gebetsleben.

> Durch Fasten erweitern wir unsere Fähigkeit, Gott zu hören und von ihm erhört zu werden.

Fasten ist schwer, vor allem am Anfang. Mit regelmäßiger Übung wird es aber deutlich leichter. Und die »hungrigen« Gefühle, die aufkommen, wenn wir auf Mahlzeiten verzichten, bringen oft die Bereiche unserer Seele ans Licht, in denen wir am meisten auf Gnade angewiesen sind – und öffnen uns wiederum auf überraschende Weise für Gott. Wir fangen an, uns von dem zu ernähren, was Jesus die »Nahrung, von der ihr nichts wisst« (Johannes 4,32) nennt.

Fasten ist so etwas wie eine verlorene Übung, deren Zeit aber jetzt wieder gekommen ist.

#5 Bibel

Die Bibel ist der wichtigste Weg, wie wir durch Veränderung unserer Denkweise in neue Menschen verwandelt werden (Römer 12,2). Wenn wir Gottes Gedanken nachvollziehen, beginnen wir, »im Sinne von Christus« zu denken (1. Korinther 2,16).

> Durch die Bibel beginnen wir, die Welt so zu sehen, wie Gott sie sieht. So zu denken, wie er denkt. So zu fühlen, wie er fühlt.

Wenn wir unseren Gedankenfluss gezielt so gestalten, dass er Gottes Gedanken widerspiegelt, leben wir zunehmend in der Freude, dem Frieden und der Liebe von Jesus.

Es gibt sehr viele Wege, die Bibel zu lesen. Hier ein paar Beispiele, die ich gerne gehe:

- langsam, hörend betend und allein – eine Praxis, die *Lectio divina* genannt wird
- laut und in großen Abschnitten gemeinsam mit anderen – für diese »Lesart« ist ein Großteil der Schrift konzipiert worden
- vertiefend studierend – zum Beispiel in Bibelstudienkursen
- im Hören einer Predigt oder eines Vortrags
- durch Auswendiglernen

Alle diese Methoden wirken zusammen, um unseren Geist zu füllen, zu formen und zu befreien.

#6 Gemeinschaft

John Ortberg hat festgestellt: »Wir sündigen in der Regel allein, aber heil werden wir gemeinsam.«[215] Oder wie man bei den Anonymen Alkoholikern sagt: »*Ich* betrinke mich, *wir* bleiben nüchtern.«

Die Gemeinde ist der Ort, an dem wir sozusagen eine neue »Erziehung« in der Familie Gottes erfahren. Das ist beängstigend, weil es leider regelmäßig schiefgeht. Traurige Beispiele dafür gibt es genug.

> Unsere tiefsten Wunden entstehen in Beziehungen, aber unsere tiefste Heilung erfolgt ebenfalls dort.

Es ist einfach nicht vorgesehen, dass wir Jesus als Einzelgänger folgen sollen. Der radikale Individualismus der westlichen Kultur ist nicht nur eine psychische Krise und eine wachsende soziale Katastrophe, er ist auch ein Todesstoß für jede Art von ernsthafter Formung zu Menschen, die in der Lage sind, christliche Liebe zu leben. Denn letztlich werden wir nur in Beziehungen geformt und geschmiedet.

Ob wir am Sonntag zum Gottesdienst zusammenkommen, uns zum gemeinsamen Essen um einen Tisch versammeln, einander unsere Sünden bekennen, eine geistliche Begleitung, eine Therapie oder ein Mentorenprogramm beginnen – Gemeinschaft ist die Art und Weise, wie wir den Weg von Jesus einüben.

Hast du Wegbegleiter?

#7 Großzügigkeit

Wenn wir unser Leben entschleunigen und es auf Jesus als Mittelpunkt ausrichten, wird das Leben einfacher und ermöglicht uns so eine neue Großzügigkeit: Wir können unsere überflüssigen Ressourcen an Gott und an Menschen, die sie nötig haben, abgeben. Wenn wir nicht mehr über unsere Verhältnisse leben und dadurch chronisch überschuldet sind, sondern *unter* unseren Möglichkeiten leben, eröffnet das jede Menge neuer Freiheiten.

> Großzügigkeit gehört zu den Praktiken, die *am meisten Freude in unser Leben* bringen.

Im Herzen der trinitarischen Gemeinschaft, die wir Gott nennen, geschieht ein Verströmen von großzügiger, hingebungsvoller und vergebender Liebe. Im Evangelium heißt es: »Gott hat die Welt so sehr geliebt, dass er seinen einzigen Sohn hin*gab*« (Johannes 3,16). Und als der Sohn zum Vater zurückkehrte, gab er uns seinen Geist.[216] Wenn wir geben – unser Geld, unsere Ressourcen, unsere Zeit und unsere Liebe –, haben wir Anteil an diesem göttlichen Verströmen der Liebe. Und »wenn du wie Gott handelst, wirst du dich wie Gott fühlen«[217].

Es überrascht nicht, dass Soziologen gerade eine Wahrheit entdecken, die Jesus schon vor zwei Jahrtausenden gelehrt hat: »Es liegt mehr Glück im Geben als im Nehmen« (Apostelgeschichte 20,35).

Was hast du gerade zu geben? Oder anders gesagt: Wünschst du dir, echte Freude zu erleben?

#8 Dienst

Jesus erklärte sein Leben auf diese Weise: »Der Menschensohn ist nicht gekommen, um sich bedienen zu lassen, sondern um anderen zu dienen und sein Leben als Lösegeld für viele hinzugeben« (Matthäus 20,28).

Ich gebe zu, mein Standardprogramm läuft genau andersherum: Ich will lieber bedient werden, als zu dienen. Kannst du dir vorstellen, wie die Welt aussehen würde, wenn wir Menschen tatsächlich so leben würden, wie Jesus es von sich sagt?

Denken wir nur an die rasante Epidemie der Ungerechtigkeit in der modernen Gesellschaft: den Rassismus, die Bigotterie und die politische Polarisierung oder die wachsende Kluft der Ungleichheit zwischen Arm und Reich – den Wohlhabenden und den Habenichtsen. Soziologen sagen uns, dass unsere Gesellschaft so gespalten ist wie seit dem Bürgerkrieg nicht mehr.

> Wie können wir die tiefen Wunden in unserer Gesellschaft heilen? – Indem wir dienen.

Das kann so aussehen, dass du dich mit Menschen an deinem Wohnort anfreundest, die Unterstützung gebrauchen können, oder dich ehrenamtlich für eine gemeinnützige Organisation engagierst. Aber es kann auch so aussehen, dass du dich um dein zweijähriges Kind kümmerst oder deine alten Eltern versorgst.

Jeder Tag ist randvoll mit Gelegenheiten, dem Beispiel von Jesus zu folgen und dein Leben für einen Dienst an anderen zur Verfügung zu stellen.

Und hier kommt eine Kernwahrheit: Die Praxis des Dienens hat nicht nur das Potenzial, unsere zerbrochene Welt zu heilen, sie hat auch die Kraft, uns selbst zu heilen. Das gehört zum Überraschendsten an dieser Übung: Wir denken, wir helfen anderen, aber dann merken wir plötzlich, dass wir es sind, denen geholfen wird. Wir werden von unserem Egoismus, unseren Ansprüchen und unserer Ichbezogenheit befreit. Wenn wir gemäß des Jesus-Weges dienen, verschwimmen die Grenzen zwischen Dienenden und Bedienten, Gebern und Empfängern. Beide geben und beide empfangen. Der eine erhält seine Würde zurück, der andere gewinnt neue Freiheit.

Eine der letzten Geschichten aus dem Leben von Jesus berichtet uns davon, wie Jesus in das Outfit eines Dieners schlüpft und darauf besteht, seinen Lehrlingen die Füße zu waschen. Damit nimmt Jesus ganz bewusst die niedrigere gesellschaftliche Position ein: Der Meister tauscht den Platz mit dem Diener. Dann sagt Jesus Folgendes: »Ich habe euch ein Beispiel gegeben, dem ihr folgen sollt. Tut, was ich für euch getan habe ... Ihr wisst das alles – nun handelt auch danach. Das ist der Weg zu eurem Glück!« (Johannes 13,15.17).

#9 Zeugen sein

Die letzten Worte von Jesus an seine Lehrlinge waren: »Geht in die ganze Welt und verkündet allen Menschen die gute Botschaft« (Markus 16,15).

Noch einmal zur Erinnerung: Unsere Aufgabe ist es nicht, andere zu »bekehren« oder mit frommen Floskeln zuzutexten. Aber es ist durchaus unser Auftrag, Zeugen zu sein für Jesus.

> Wir sollen die gute Nachricht weitergeben, indem wir bezeugen, was wir mit Jesus erleben.

Und das können wir am besten, indem wir inmitten einer Kultur der Feindseligkeit zu Menschen der Gastfreundschaft werden – indem wir die Liebe, das Willkommen, die Wärme und die Großzügigkeit, die in Gottes innerstem Herzen herrschen, verkörpern und weitergeben.[218] Dafür ist es notwendig, dass wir unsere Häuser, unsere Tische und unser Leben für »die Letzten, die Geringsten und die Verlorenen«[219] öffnen.

Ich kann vielleicht nicht die großen systemischen Ungerechtigkeiten unserer Zeit lösen, aber ich kann die beste Pizza aller Zeiten backen und jemanden an meinen Tisch einladen. Wer weiß, was daraus alles entsteht.

Eine Lebensregel für die moderne Welt – eine christliche Spiritualität im Zeitalter von Smartphones, Wi-Fi und zunehmender politischer Polarisierung – ist so etwas wie der heilige Gral unserer Zeit.

Diese neun Kernübung von Jesus und seinem Weg, die seine Art zu leben ausgezeichnet haben, bilden ein langjährig erprobtes Spalier, das zu tiefer innerer Heilung und tiefgreifender Lebensveränderung beitragen kann. Und wir können sie ausleben – auch in unserer Zeit.

Hast du ein Spalier? Wenn nicht, bist du bereit, dir eins zu bauen?

Noch ein paar Tipps

Ich weiß, das Konzept der Lebensregel ist für viele neu. Und ein wenig Anleitung wäre vermutlich hilfreich. Deshalb habe ich hier noch ein paar Erfahrungswerte, wie du dir deine eigene Lebensregel zusammenstellen kannst.

1. Beginne da, wo du bist, nicht da, wo du sein solltest

In unserer ersten Begeisterung ist es schwer, nicht zu weit zu gehen und vom ersten Tag an wie ein Mönch leben zu wollen. Aber das wäre eine Strategie, die zum Scheitern verurteilt ist. Margaret Guenther nannte es das »Syndrom der ersten Fastenwoche«[220].

Unrealistische Ziele lassen uns nur entmutigt und desillusioniert zurück.

Für die meisten Menschen besteht die schwierigste Aufgabe bei der Formulierung einer Lebensregel schlicht darin, einfach anzufangen. Denn um eine Lebensregel für dich aufzustellen, braucht es einen sehr ehrlichen Blick darauf, auf welchem »Ausbildungsstand« du in deiner Ausbildung bei Jesus bist und wozu du zum jetzigen Zeitpunkt deines Lebens fähig bist – und wozu noch nicht. Es ist wichtig, deine Grenzen – emotional, beziehungstechnisch und auch geistlich – zu benennen und von dort aus zu bestimmen, was du wirklich tun kannst, und das dann erst mal als ausreichend anzusehen.

Schritt 1: Wir müssen Gott in den Konturen unseres tatsächlichen Lebens finden – nicht in dem Leben, das wir uns wünschen, das wir mal hatten oder das wir später einmal haben wollen, sondern in unserem aktuellen Leben: hier und heute. Denn »Gott hat Menschen noch nie woanders gesegnet als dort, wo sie sich befanden«[221].

Wenn du gerade erst anfängst, fang klein an: mit Übungen, die du leicht und mit Freude umsetzen kannst. Der Stanford-Verhaltensforscher BJ Fogg nennt so etwas »winzige Gewohnheiten«[222].

Ja, eine Stunde Gebet am Tag wäre ideal, aber fang nicht damit an, vor allem wenn du Kinder hast oder einen anspruchsvollen Job. Fang mit zehn oder fünfzehn Minuten an. Bete einen Psalm, mach einen kurzen Spaziergang, atme durch.

Wenn das zu viel ist, fang mit fünf Minuten an.

Immer noch zu viel? Fang mit einer Minute an.

Aber fang an. Und gestalte es so, dass es Spaß macht – auch wenn das für viele »ernsthafte« Christen ein No-Go sein mag. Wage es, dich zu fragen: Wie kann ich Gott genießen?

Wenn ich frühmorgens am Fenster einen leckeren Tee schlürfe? Mich mit anderen Lehrlingen von Jesus treffe und eine Party feiere? Mit meinem Hund durch den Wald spaziere? Und dann fang genau damit an …

2. Denke Subtraktion, nicht Addition

Lass es mich noch einmal in aller Deutlichkeit sagen: In der Jesus-Nachfolge geht es nicht darum, mehr zu tun, sondern weniger.

Wir stehen in der Gefahr, aus unserer Lebensregel eine lange To-do-Liste zu machen – und das ist auch nicht ganz verkehrt. Aber für die meisten von uns ist es genauso wichtig, wenn nicht sogar noch wichtiger, eine Not-to-do-Liste zu erstellen – uns also darauf zu konzentrieren, was wir *nicht* tun werden, um Freiräume in die Architektur unseres Lebens einzubauen.

Manche geistlichen Lehrer unterscheiden zwischen **Übungen des Engagements** – Übungen aktiven Handelns wie Einsatz für Gerechtigkeit, Gottesdienst, Bibelstudium usw. – und **Übungen der Abstinenz**, also Übungen des Nicht-Tuns wie Sabbat, Schweigen, Fasten. In bestimmten kulturellen Kontexten ist Engagement notwendig, um Menschen aus ihrer Lethargie und Trägheit herauszulocken. Aber wenn du wie ich in einer Großstadt lebst, eine junge Familie und einen anspruchsvollen Job hast und ständig kämpfen musst, um nicht in Stress und Rastlosigkeit zu verfallen, dann sind die Übungen der Abstinenz das Gebot der Stunde.

Nimm mehr raus, als du aufnimmst. Weniger ist wirklich mehr.

3. Achte auf Ausgewogenheit

Die neun Kernpraktiken, die wir aus dem Lebensweg von Jesus aufgegriffen haben, lassen sich entlang von vier Achsen aufzeichnen: Übungen, die du allein praktizierst, und solche, die du in Gemeinschaft machst. Und dann, wie gerade dargestellt, Übungen des Engagements und der Abstinenz.

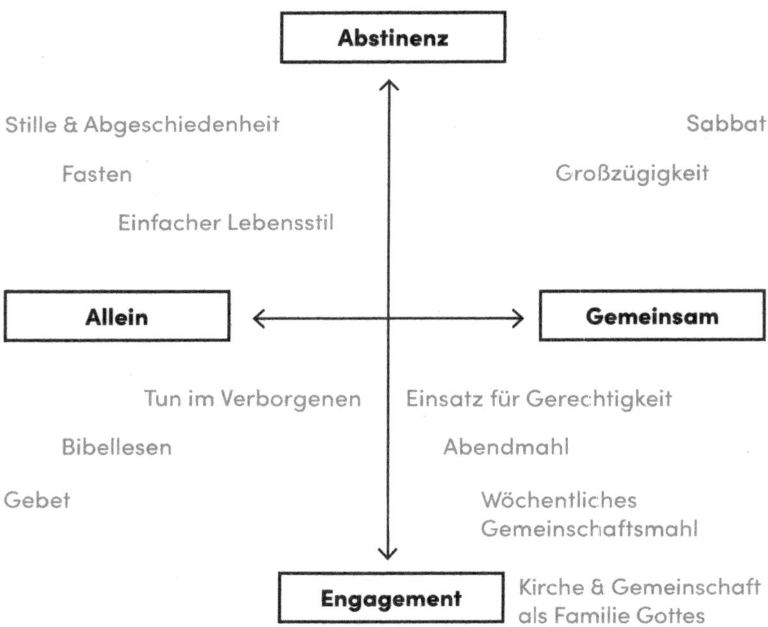

Die meisten Menschen denken bei geistlichen Übungen an den Bereich Abstinenz/Allein, aber die Dimensionen Gemeinschaft und Engagement sind genauso wichtig.

Je nach deiner Persönlichkeit wirst du dich wahrscheinlich zu einem Quadranten eher hingezogen fühlen. Und das ist in Ordnung. Achte nur darauf, dass es in deiner Lebensregel ein Gleichgewicht gibt.

4. Erlebe Aufwind durch Persönlichkeit und geistliches Temperament

Arbeite *mit* deiner Persönlichkeit, nicht gegen sie. Wenn du eher introvertiert und intellektuell bist, plane viel Zeit ein, um allein zu sein, zu lesen und nachzudenken. Wenn du eher extrovertiert bist und Action liebst, engagiere dich irgendwo zusammen mit anderen.

Ja, wir brauchen einen ausgewogenen Ansatz, aber manche von uns brauchen deutlich mehr von bestimmten Praktiken als andere. Ich kann mit wenig Gemeinschaft lange auskommen, aber Zeit in der Stille brauche ich massenweise. Bei anderen ist es genau umgekehrt.

Mir ist es wirklich wichtig, dir zu sagen: Es gibt so unglaublich viel Raum, um vor Gott so zu sein, wie du bist.

Der Autor Gary Thomas entwickelt in seinem Buch *Neun Wege, Gott zu lieben* das Konzept des »geistlichen Temperaments«, im Wesentlichen eine Persönlichkeitstheorie für das Gebet. Er schreibt: »Ich möchte, dass wir darüber nachdenken, ... wie wir durch all die Höhen und Tiefen und dem Einerlei unseres Lebens hindurch lernen können, Zeit mit ihm zu verbringen, ihn zu genießen und nach seinem Willen zu leben.« [223] Und er ermutigt uns, den eigenen Zugang zu Gott nicht zu eng zu sehen.

Er hat neun geistliche Temperamente herausgearbeitet, von denen jedes einen eigenen Zugang zu Gott hat:

- **Der Natur-Typ** liebt Gott in seiner Schöpfung.
- **Der sinnliche Typ** liebt Gott mit allen Sinnen – Kerzen, Weihrauch, konkrete Dinge.
- **Der traditionalistische Typ** liebt Gott durch Rituale, Symbolik und Liturgie.
- **Der asketische Typ** liebt Gott in Einsamkeit und Schlichtheit.
- **Der aktivistische Typ** liebt Gott im Einsatz gegen Ungerechtigkeit.
- **Der fürsorgliche Typ** liebt Gott, wenn er Bedürftige versorgt.
- **Der enthusiastische Typ** liebt Gott durch Musik, Tanz und Feiern.
- **Der kontemplative Typ** liebt Gott durch Hingabe und stille Anbetung.
- **Der intellektuelle Typ** liebt Gott mit dem Verstand.

Keiner dieser Typen oder Temperamente ist besser als die anderen. Tragischerweise neigen wir Menschen dazu, unsere Vorlieben zu moralisieren, was anderen – oder auch uns selbst – großen Schaden zufügen kann. Die kirchliche Tradition, in der du aufgewachsen oder in der du zum Glauben gekommen bist, hat vielleicht vor allem ein oder zwei Wege betont, die sich möglicherweise von dem Zugang zu Gott, der dir am ehesten entspricht, unterscheiden. Um zu wachsen, kann es wichtig sein, deinen Horizont der Möglichkeiten zu erweitern und neue Wege zu Gott zu entdecken.

5. Deine Lebensphase und Wachstumsphase sind entscheidend

Das Leben hat seine eigenen Jahreszeiten. Und so wie sich unsere Zeitpläne, Budgets und Beziehungen in den verschiedenen Jahreszeiten unserer Reise ändern, sollte sich auch unsere Lebensregel mitentwickeln. Wenn du kleine Kinder im Haus hast, fang klein an, sei freundlich zu dir selbst und erinnere dich daran, dass Kinder wie Klosterglocken sein können: Sie erinnern dich daran, dass deine Zeit nicht dir gehört.[224] Jede kindliche Unterbrechung deiner Lebensregel kann eine Einladung sein, die Kontrolle loszulassen und ein Mensch zu werden, der selbstlos liebt.

Tish Harrison Warren, die Kolumnistin der *New York Times*, ist Mutter von drei Kindern. Sie beschreibt das so: »Für mich als junge Mutter in einem Haushalt, der normalerweise laut, geschäftig, schlaflos und voll endloser Anforderungen und Bedürfnisse ist, kann die Sehnsucht nach dem kontemplativen Ideal zu einer echten Last werden.«[225]

Kämpfe nicht gegen deine Lebensphase, sondern arbeite mit ihr.

Die Stufentheorie, von der ich fest überzeugt bin, besagt, dass wir in unserer seelisch-geistigen Entwicklung verschiedene Stadien durchlaufen, genau wie in unserer körperlichen Entwicklung. Jedes davon ist notwendig und gesund. Wenn du reifer wirst, wirst du unweigerlich mit dem konfrontiert, was die Kirchenväter die »dunkle Nacht der Seele« nannten – eine Zeit, in der die geistlichen Übungen nicht mehr so »funktionieren«, wie sie eigentlich sollten. Du praktizierst sie weiter, aber du spürst nicht mehr die gleiche Verbindung zu Gott. Das ist ein Teil der Reise.[226]

Das Wichtigste ist, dass du deine Lebensphase und deinen Entwicklungsstand kennst und deine Praxis entsprechend anpasst.

6. Halte die Balance von »gegen die Strömung« und »mit der Strömung«

Die besten Lehrer des Weges, die ich kenne, wenden die Übungen fast so an wie ein Arzt ein Medikament oder eine Therapie.

Generell gilt: Wenn du mit einer Tatsünde kämpfst, also mit etwas, das du tust und womit du aufhören möchtest, brauchst du Übungen der Abstinenz. Um also eine Pornografiesucht, den Hang zum Lästern oder eine Kaufsucht zu überwinden, solltest du entsprechend fasten, schweigen oder einen einfachen Lebensstil einüben. Um eine Unterlassungssünde zu überwinden, also etwas, was du nicht tust, aber zu tun beginnen möchtest, brauchst du Übungen des Engagements. Um etwa der Trägheit entgegenzuwirken, kannst du anfangen, dich für Bedürftige einzusetzen.

Neulich fragte mich jemand: »Wie kann ich meinen Stolz überwinden?« Nach kurzem Überlegen empfahl ich die Übungen Gemeinschaft, Dienen und Einsamkeit. Das sind meiner Erfahrung nach die drei besten Wege, um mit Gott zusammenzuarbeiten und dabei eine Haltung der Demut zu kultivieren.

Ich teile die verschiedenen Übungen gerne in »gegen die Strömung« und »mit der Strömung« ein. Mit Stromabwärts-Übungen meine ich alles, was dir von Natur aus liegt und woran du natürlicherweise Freude hast. Stromaufwärts-Übungen sind das, was sich für dich schwieriger und vermutlich weniger angenehm anfühlt, aber deine Seele zu Wachstum anregen wird. In der Regel brauchen wir eher wenige Stromabwärts-Übungen und eher mehrere Stromaufwärts-Übungen.

Aber: Wir brauchen beides. Herausforderung und Leichtigkeit, Schmerz und Freude. Eine gute Balance ist entscheidend.

Es ist eine unliebsame Wahrheit, aber es ist eben wahr: Die Übungen, die uns am meisten zu schaffen machen, sind oft auch die, die uns am meisten verändern.

Es ist wie im Sport: »Folge dem Schmerz.«

Doch gleichzeitig gilt – und hier müssen wir das Sowohl-als-auch bejahen –: »Folge der Freude.«

7. Folge der Lernkurve

Lerntheoretiker weisen darauf hin, dass das Erlernen einer neuen Fähigkeit einer Kurve folgt, die wie ein J verläuft. Dir etwas Neues anzutrainieren – vom Klavierspielen bis zum Sabbathalten –, wird dich nach dieser Theorie erst einmal in eine Tiefpunktphase bringen. Erst dann kommt es zu einer stetig wachsenden Verbesserung.

Die J-Kurve

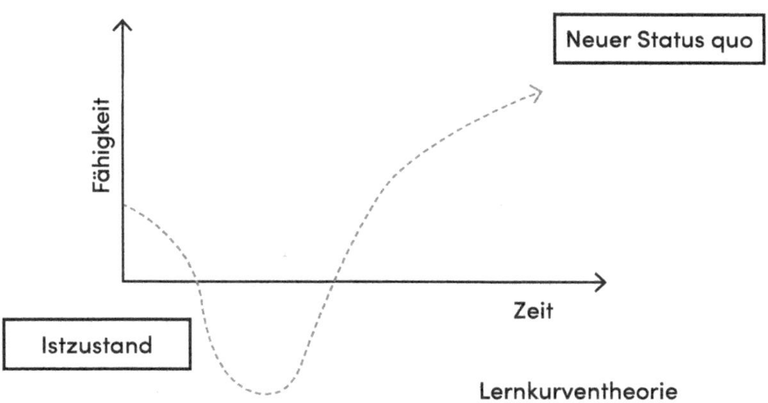

Lernkurventheorie
In Phasen von gravierenden Veränderungen wird die erlebte Situation zunächst schlechter, bevor sie sich verbessert.

Ich werde nie vergessen, wie es mir ging, als ich Gitarre spielen lernte. Nach etwa einem Jahr merkte ich, dass die richtige Picking-Technik *Upstroke – Downstroke, Upstroke – Downstroke* ist, aber ich spielte immer *down – down, down – down.* Ich musste all die ausgefallenen Licks, die ich geübt hatte, ganz neu lernen, und zuerst klang es schlechter. Aber mit der Zeit und durch viel Üben klang es immer besser.

Vielleicht genießt du ganz generell deine freie Zeit. Sobald du dann anfängst, den Sabbat bewusst zu leben, spürst du einen Anstieg von Unruhe, Anspannung oder Langeweile. Oder du feierst die morgendliche Entspannung, während du deinen Kaffee trinkst. Aber wenn du dann bewusst Einsamkeit, Stille und Ruhe vor Gott suchst, kommen alle möglichen schmerzhaften Gefühle hoch. Und der Kopf rast plötzlich vor Fragen: Mache ich meine Sache gut oder schlecht? Gefällt mir das Ganze eigentlich oder nicht?

Das ist normal. Wenn solches Gedankenkreisen auftaucht, darfst du es innerlich freundlich beiseitelegen. Und tief durchatmen. Widerstehe dem Drang, zu urteilen, zu kritisieren oder zu viel über deine jeweilige Praxis nachzudenken. Bleib einfach dabei und lass Gott durch die entsprechende Übung sein Ding an dir bewirken. Irgendwann wirst du anfangen, dich mit Gott in deinem Körper wohlzufühlen.

Folge der Lernkurve nach unten – und dann nach oben.

8. Tu die Dinge in Gemeinschaft

Derzeit nehme ich in der westlichen Kirche eine Mini-Welle von neuem Interesse am Konzept der Lebensregel wahr. Und darüber freue ich mich total. Leider läuft sie meist durch das Raster des

Individualismus westlicher Prägung, bei dem einzelne Menschen ihre Lebensregel für sich selbst schreiben. Das ist natürlich keine schlechte Sache. Wie ich bereits sagte: Jeder von uns hat bereits eine Regel. Das bewusste Formulieren bringt nur mehr Zielstrebigkeit in unser Leben. Und das ist toll. Da bin ich voll dafür. Nur war historisch gesehen eine Lebensregel für eine Gemeinschaft gedacht. Und das aus gutem Grund.

Die meisten Dinge im Leben funktionieren in Gemeinschaft einfach besser.

Das gilt auch für unsere geistliche Formung. Deshalb wurden von frühen Pionieren wie dem großen Augustinus und Benedikt von Nursia Lebensregeln entwickelt, um eine Gemeinschaft durch einen gemeinsamen Rhythmus der geistlichen Formung zusammenzuhalten. Die jeweilige Lebensregel sollte die Gemeinschaft auf Jesus ausrichten. Denn wir brauchen einander, um nicht vom Weg abzukommen und um uns gegenseitig aufzuhelfen, wenn wir fallen.

Also: Schreib eine Lebensregel, auch wenn sie nur für dich selbst ist. Aber wenn es möglich ist, tu es in Gemeinschaft – mit ein paar Freunden, mit deiner Kleingruppe oder den Leuten, mit denen du dich zum Essen triffst. Oder – in der Welt meiner Träume – mit deiner ganzen Gemeinde.[227]

Ist das schwieriger?

Ja.

Dauert es länger?

Sicher.

Aber es wird sich ganz bestimmt lohnen.

In unserer Gemeinde, der *Bridgetown Church*, haben wir die letzten sieben Jahre damit verbracht, unsere Lebensregel zu entwickeln. Als wir anfingen, hatten die meisten Leute den Begriff noch nie gehört, und wir mussten erst mal die Basics klären. Aber bevor ich in unserer Gemeinde zum ersten Mal das Wort »Lebensregel« in den Mund nahm, hatte ich zusammen mit einem Dutzend anderer Pastoren aus verschiedenen Gemeinden bereits damit begonnen, gemeinsam nach einer Regel zu leben. Wir machten uns miteinander auf den Weg, weil wir intuitiv wussten, dass wir so etwas erst mal eine Zeit lang selbst leben mussten, bevor wir es weitergeben konnten.

Unsere Regel bietet viel Raum für Flexibilität, damit jeder sie tatsächlich zu seiner eigenen Regel machen kann. Denn das ist der Schlüssel zum Erfolg. Aber es hat etwas für sich, zu wissen, dass wir nicht allein unterwegs sind. Es liegt eine besondere Freude darin, die wir unmöglich allein erleben können, wenn wir in der Gemeinschaft den Sabbat begehen und uns alle sieben Tage zu einem festlichen Essen treffen. Und es hat etwas, freitags zu fasten und zu wissen, dass wir das gemeinsam tun.

Hinten im Buch findest du unsere Lebensregel, falls du unser Modell (in Teilen) übernehmen oder daran deine eigene Regel entwickeln möchtest. Vielleicht kann diese Vorlage eine Inspiration sein und den Einstieg erleichtern.

Mein Punkt ist einfach: Wenn du kannst, dann mach es mit anderen zusammen. Denn Jesus nachzufolgen, bedeutet: Du bist nicht allein auf dem Weg!

9. Es gibt keine Formung ohne Wiederholung

Der Schlüssel für echte Veränderung ist Beständigkeit. Denn Formung ist eine langsame, kumulative und manchmal eintönige Sache. Das heißt leider auch, dass wir im jeweiligen Moment oft das Gefühl haben, die Übungen würden nicht besonders viel mit uns »machen«. Aber sie verändern sehr wohl etwas. Nur eben langsam und subtil. Der Philosoph James K. A. Smith hat es gut ausgedrückt: »Mikro-Rituale haben eine Makro-Bedeutung.«[228] Sie summieren sich mit der Zeit, wie Zinseszinsen.

Die geistlichen Übungen sind das spirituelle Äquivalent von Mr. Miyagi und Karate Kid. Kennst du den Film? Im Moment fühlt man sich, als würde man nur Mr. Miyagis Auto wachsen oder Nägel in den Anbau des Dojos hämmern. Aber in Wirklichkeit wirst du zum Karate-Meister.

So hast du im Moment vielleicht das Gefühl, du liest eben nur vor der Arbeit noch in der Bibel, gehst am Sonntag zum Gottesdienst oder am Donnerstagabend zu einem Essen in deiner Gemeinde, aber in Wirklichkeit wirst du deinem Meister ähnlicher.

Veränderung geschieht langsam, zunächst kaum merklich, und durch viel, viel Wiederholung.

Das ist in unserer Kultur, in der Wert #1 die sofortige Befriedigung ist, natürlich eine harte Pille. Wir sind daran gewöhnt, schnelle Ergebnisse zu erzielen, und wenn das nicht klappt, lassen wir es sein und ziehen weiter. Aber wenn diese Einstellung die Basis für unsere geistliche Formung ist, verpassen wir oft das Potenzial für Veränderung. Weil wir viel zu schnell aufgeben.

In der Wiederholung liegt eine große Freude. Dafür müssen wir lernen, geduldig und erfüllt im gegenwärtigen Moment zu sein.

Niemand hat das besser ausgedrückt, finde ich, als G. K. Chesterton:

> Weil Kinder über eine überschäumende Vitalität verfügen, weil sie innerlich wild und frei sind, deshalb verlangen sie

> nach der Wiederholung und dem immer Gleichen. Immer sagen sie: »Bitte, noch mal!«; und der Erwachsene macht es wieder und wieder, bis er halb tot ist. Denn erwachsene Menschen sind nicht stark genug, um über Eintönigkeit frohlocken zu können. Vielleicht aber ist Gott stark genug, um sich an Eintönigkeit zu erfreuen. Möglich, dass Gott jeden Morgen »Bitte, noch mal!« zur Sonne sagt und jeden Abend »Bitte, noch mal!« zum Mond. Vielleicht ist es keine automatische Notwendigkeit, die alle Gänseblümchen gleich werden lässt; vielleicht ist es Gott, der jedes Gänseblümchen einzeln erschafft und nicht müde wird, sie zu erschaffen. Vielleicht hat Er die ewige Triebkraft des Kindes; wir hingegen haben gesündigt und sind alt geworden, während unser Vater jünger ist als wir.[229]

Wenn du also morgen früh aufwachst und dich zum Beten hinsetzt:

Tus noch mal.

Und noch mal.

Der Mönch in dir

Okay. Eine letzte Sache: Jesus nachzufolgen klappt nicht nebenbei. Es ist kein optionales Hobby, ein Nice-to-have, das das in deinem Leben ergänzt, was dir am wichtigsten ist – deine Karriere zum Beispiel oder die Ausbildung, Familie, sportliche Aktivitäten oder was auch immer dieses »Wichtigste« für dich ist. Wir können Jesus nicht einfach auf unser Leben draufpacken, das ohnehin schon überlastet, konsumorientiert, emotional ungesund, hyperindividualistisch, digital abgelenkt, medienübersättigt und undiszipliniert ist.

Das wird nicht funktionieren.

Wir müssen das tief in uns hineinfallen lassen: Jesus zu folgen ist die *Hauptsache* im Leben. Es geht darum, Jesus zum Mittelpunkt zu machen, ihn zur dominierenden Stimme in unserem Leben werden zu lassen – einer Stimme, die sogar wichtiger ist als unsere eigene.

Das bedeutet nicht, dass wir unseren Job kündigen und Mönch oder Nonne werden müssen. Doch es bedeutet, dass wir unseren »inneren Mönch« finden müssen. Der japanisch-kanadische Pastor Ken Shigematsu schreibt: »In jedem von uns steckt ein ungeborener Mönch oder eine ungeborene Nonne.«[230] Und der Theologe Greg Peters nannte es »das Mönchtum aller Gläubigen«[231]. Ein anderer nannte es »den monastischen Impuls«[232] im Inneren.

Es gibt einen »monastischen Impuls« des Geistes in jedem von uns. Das ist ein Teil unseres Herzens, der sich nach stillem Gebet, Einsamkeit und Kontemplation sehnt. Ein Teil, der ein echtes Verlangen – gemischt mit einem Hauch Respekt – nach tiefen, verletzlichen, vertrauten Beziehungen zu anderen Jesus-Lehrlingen hat. Das ist unser innerer Mönch.

Wenn wir in uns keine Sehnsucht finden nach irgendeiner Art von innerem Mönchsleben – lange, ununterbrochene Zeiten des stillen Gebets, Fastentage, Übungen der Abstinenz vom ungezügelten Streben unserer Kultur nach Vergnügen, Hedonismus und Materialismus –, werden wir auf dem geistlichen Weg einfach nicht weit kommen.

Das wird natürlich eine Menge Zeit in Anspruch nehmen. Jesus nachzufolgen ist nicht bequem, schnell oder einfach. Nichts Sinnvolles im Leben ist das.

Und es ist unmöglich, bei Jesus in die Ausbildung zu gehen, ohne dass er sich in unser Leben einmischt. Genauso wenig wie es möglich ist, bei einem Meister irgendeines Handwerks in die Lehre zu gehen, ohne dass er unser tägliches Leben beeinflusst. Und darum geht es ja, wenn wir bei einem Meister lernen: Wir wollen ja, dass er unser Leben verändert.

Kannst du dir vorstellen, wer wir werden könnten, wenn wir wirklich unser ganzes Leben dem einen Ziel widmen würden, Jesus zu folgen? Was für ein Leben könnten wir genießen? Was für eine Art von Gemeinschaft könnten wir zusammen bilden?

Du kannst bei Jesus in die Ausbildung gehen. Und zwar genau da, wo du bist. An deinem Wohnort, in deinen Umständen, in deiner momentanen Lebensphase. Du kannst deinen inneren Mönch finden, deine innere Nonne entdecken – heute. Einer der frühen christlichen Asketen gab diesen Rat an »normale« Menschen wie dich und mich, die nicht in der ablenkungsfreien Zone eines Klosters leben:

> Finde in der Geschäftigkeit Stadt die Wüste der Mönche.[233]

Ich glaube, dass die Einladung von Jesus in unserer Zeit darin besteht, als Wüstenväter und -mütter mitten in der Stadt zu leben: mit Tiefgang, Gelassenheit und Fokus mitten im Lärm und Getriebe und in der Eile der modernen Welt. Im Sowohl-als-auch des aktiven, kontemplativen Lebens.

Das wird uns ganz sicher etwas kosten. Wir werden tausend Tode sterben müssen. Aber das wird es absolut wert sein. Mit Jesus gewinnen wir immer viel mehr, als wir aufgeben.

An dieser Stelle passt ein Satz aus dem Prolog der Benediktsregel ziemlich gut. Das ist die Lebensregel, mit der alles begann. Sie stammt aus dem 6. Jahrhundert:

> Bei diesen Bestimmungen hoffen wir, nichts Hartes und nichts Schweres festzulegen. Sollte es jedoch aus wohlüberlegtem Grund etwas strenger zugehen, um Fehler zu bessern und die Liebe zu bewahren, dann lass dich nicht sofort von Angst verwirren und fliehe nicht vom Weg des Heils; er kann am Anfang nicht anders sein als eng. Wer aber im klösterlichen Leben und im Glauben fortschreitet, dem wird das Herz weit, und er läuft in unsagbarem Glück der Liebe den Weg der Gebote Gottes.[234]

Welchen kleinen Schritt kannst du in dieser Woche tun, um den Weg von Jesus zu praktizieren?

Oder spürst du in deinem Herzen etwas, das du aufgeben möchtest? Hinter dir lassen willst?

Vielleicht möchtest du es wagen, zu einem Impuls von Gottes Geist in dir Ja zu sagen?

Fürchte dich nicht, und lauf nicht davon.

Der Weg, der vor dir liegt, ist lang und manchmal hart, aber er ist erfüllt vom »unsagbaren Glück der Liebe«.

NIMM DEIN KREUZ AUF DICH

Willst du Jesus folgen?

Nicht jeder will das.

Lies die Evangelien: Zehntausende von Menschen zog es zu Jesus, aber höchstens ein paar Hundert wurden seine Lehrlinge. Mark Scandrette formuliert es so: »Den Weg Jesu zu praktizieren, wird immer Sache einer Minderheit sein.«[235]

Ich habe das mittlerweile schon mehrfach betont – wahrscheinlich so oft, dass du es nicht mehr hören kannst: Jesus hat die Menschen nicht dazu eingeladen, sich zu einer neuen Religion oder zum Christentum zu bekehren. Er hat sie eingeladen, bei ihm in die Ausbildung zu gehen, um zu *lernen*, wie man im Reich Gottes lebt.

Das ist eine einmalige Chance im Leben, aber in den Geschichten, die die Evangelien erzählen, haben die meisten Menschen diese Einladung abgelehnt.

Viele fühlten sich wirklich zu Jesus hingezogen, aber sie waren nicht bereit, sich auf ein Leben als Lehrlinge einzulassen. Sie hatten Ausreden wie: »Lass mich zuerst meinen Vater begraben«, eine Redewendung aus dem ersten Jahrhundert, die besagte: »Lass mich warten, bis meine Eltern sterben, damit ich das Familienerbe erhalte und unabhängig bin; dann werde ich dir folgen.« Oder: »Ich will dir folgen, Herr, aber lass mich erst zurückgehen und mich von meiner Familie verabschieden.« Das heißt, gib mir noch ein bisschen Zeit, bevor ich mich festlege.[236]

Und das ist auch das, was viele von uns tun: Wir zögern, wir schwanken, wir erfinden Ausreden. Wie bei einer Diät, einem Fitnessprogramm oder dem Ausmisten des Kellers zögern wir es hinaus: »Ich mach es später.« Aber später kommt selten.

Und was hat Jesus gesagt? »Lass die Toten ihre Toten begraben« (Lukas 9,60; ELB).

Das klingt in unseren Ohren heute ziemlich unfreundlich, aber das war es nicht. Es war einfach ehrlich. Jesus sagte schlicht: »Ihr könnt das tun. Aber wenn ihr diesen Weg wählt, wird er euch in den Tod führen, nicht ins Leben.«

Jesus hat nicht gebettelt, manipuliert oder schikaniert. Er war klar. Und er hat die Menschen zu sich eingeladen.

Nötigung ist keine Frucht des Heiligen Geistes. Jesus hat niemanden unter Druck gesetzt, er hat das Evangelium niemandem durch Verkaufsgespräche aufgeschwatzt. Er hat nur eingeladen. Und wenn die Leute nicht wollten oder Ausreden hatten, dann ließ er sie gehen.

Kannst du dir vorstellen, zu der Einladung von Jesus Nein zu sagen?

Ich schon.

Wenn du lange genug lebst, wirst du unweigerlich eine Einladung ablehnen und es später bereuen. Mir ist das jedenfalls schon passiert. Zum Glück fallen mir in meinem bisherigen Leben nur wenige Situationen ein, in denen ich ein Nein im Nachhinein kolossal bereuen musste. Aber wenn ich an diese verpassten Gelegenheiten denke, trauere ich meinen Entscheidungen bis heute hinterher.

Du hast eine Einladung vor dir liegen, die dich auf den Weg einlädt, ein Lehrling von Jesus zu werden.

Wirst du sie annehmen?

Gib nicht die *richtige* Antwort, sondern die *ehrliche*.[237]

Hingabe

Es gibt viele Gründe, warum Menschen die Einladung von Jesus ablehnen. Aber soweit ich das beurteilen kann, gibt es in jeder

Geschichte einen gemeinsamen Nenner: Die Messlatte für den Eintritt ist hoch.

Jesus zu folgen, erfordert immer, dass wir etwas zurücklassen oder aufgeben. Für Petrus war es sein Fischereibetrieb. Was ist es für dich?

Erinnerst du dich an die Worte von Jesus?

> Wenn einer von euch mit mir gehen will, muss er sich selbst verleugnen, jeden Tag aufs Neue sein Kreuz auf sich nehmen und mir nachfolgen.
>
> *Lukas 9,23*

Für Jesus ist der erste Schritt auf dem geistlichen Weg, sein Kreuz auf sich zu nehmen – das ultimative Symbol für den Tod des eigenen Ich. Bonhoeffer sagte: »Jeder Ruf Christi führt in den Tod.«[238] Bonhoeffer, der später im Dritten Reich für seinen Glauben zum Märtyrer wurde, nannte das »den Preis der Nachfolge«.

Für die ersten Lehrlinge war das Kreuz buchstäblich ein Kreuz. Die meisten von ihnen wurden getötet – nicht, obwohl sie Jesus folgten, sondern gerade weil sie es taten. Jesus warnte: »Ein Diener ist nicht größer als sein Herr. Da sie mich verfolgt haben, werden sie auch euch verfolgen« (Johannes 15,20).

Die Geschichte zeigt uns, dass die Apostel alle für ihren Glauben zu Märtyrern wurden:

Jakobus wurde in Jerusalem von einem paranoiden Politiker geköpft.

Petrus wurde kopfüber gekreuzigt.

Markus starb in Ägypten, nachdem er von Pferden durch die Straßen geschleift worden war.

Lukas wurde in Griechenland gehängt.

Thomas wurde in Indien mit einem Speer durchbohrt.

Matthäus wurde in Äthiopien mit einem Schwert getötet.

Paulus wurde wahrscheinlich enthauptet.

»Das Blut der Märtyrer ist der Same der Kirche.«[239] Ihr Tod hat Millionen von Menschen das Leben geschenkt, auch dir und mir. Aber: Sie sind gestorben. Ganz real.

Für die meisten von uns im Westen ist das Kreuz keine sehr physische Sache. Es ist eine Metapher für die feste Absicht, unser gottloses Wesen, die Wurzel unseres menschlichen Problems, sterben zu lassen. »Sich selbst zu sterben«, wie es oft im frommen Jargon heißt. Oder wie der Religionshistoriker Jaroslav Pelikan aus Yale es sagt: »Christus kommt in die Welt, um die Menschen zu lehren, wie man stirbt.«[240]

Ein anderes Wort, das wir Christen für diesen Tod des eigenen Egos gern verwenden, ist das Wort »Hingabe« – auch im Sinn von Selbstaufgabe.

Hingabe ist die Grundlage des geistlichen Lebens.

Eine meiner Lieblingsdefinitionen von Jüngerschaft ist: »ein lebenslanger Prozess immer tieferer Hingabe an Jesus«[241]. Das, und das allein, ist das wahre Fundament, auf das ein Leben als Lehrling von Jesus aufgebaut ist. Wie es Jesus selbst am Ende seiner Bergpredigt ausdrückte, gleicht alles andere nur Häusern, die auf Sand gebaut sind.

Und genau das bedeutet es, »den Herrn, deinen Gott, von ganzem Herzen zu lieben«. In den inneren Kammern des menschlichen Herzens sind Liebe zu Gott und Hingabe an ihn praktisch ununterscheidbar. Jesus selbst sagte: »Wenn ihr mich liebt, werdet ihr meine Gebote halten« (Johannes 14,15).

Ein anderes, weit weniger bekanntes Synonym für Hingabe ist Gehorsam.

Im Herzen eines wahren Jüngers lebt der feste Entschluss, Jesus zu gehorchen. So unpopulär der Gedanke des Gehorsams in der heutigen Zeit auch ist, Jesus geht davon aus, dass wir als seine Lehrlinge seinen Lehren gehorchen werden. Denn genau das ist das Wesen der Jüngerschaft: zu lernen, alle Gebote zu halten, die Jesus uns gegeben hat (Matthäus 28,20).

Alles andere, auch wenn es in christlichem Jargon daherkommt, ist nicht wirklich Jesus gemäß.

Ein Lehrling von Jesus hat keinen anderen Willen als den Willen Gottes.

Unsere egoistische Natur mag gegen uns kämpfen, und die Gewohnheiten der Sünde in unserem »Todesleib« (Römer 7,24; ZB) können unsere besten Absichten sabotieren. Unser »Herz mag verschmachten« (Psalm 73,26; ZB) unter der emotionalen Last des Lebens. Aber worauf unser Wille zielt, steht außer Frage. Unser Wille ist hingebungsvoll auf Jesus ausgerichtet.

In der Werteökonomie der Welt ist das eine absolute Torheit – oder schlimmer noch, es ist gefährlich. Aber aus Sicht der christlichen Spiritualität ist die volle Entfaltung des menschlichen Willens auf dem Höhepunkt seiner Kraft die Fähigkeit, sich Gott in liebevollem Vertrauen zu überlassen. Denn es erfordert weit mehr Selbstbeherrschung, den eigenen Willen aufzugeben, als ihn zu beherrschen.

Wahre Größe liegt in dem, was der Psychologe Gerald May Bereitwilligkeit, nicht Eigenwille genannt hat.[242] Oder wie Thomas Keating treffend formulierte: »Der wichtigste Akt des Willens ist nicht die Anstrengung, sondern die Einwilligung.«[243] Es geht darum, uns hinzugeben: an eine Macht, die uns verändern kann und die weit über unsere eigene hinausgeht, und an eine Liebe, die wir nur ansatzweise ergründen können.

Jesus war der außergewöhnlichste, freieste und vollmächtigste Mensch, der je gelebt hat. Und doch betete er am Höhepunkt seines geistlichen Vermögens zum Vater: »Nicht mein Wille soll geschehen, sondern deiner« (Lukas 22,42; NGÜ).

Geistliche Formung ist ein langer Weg der Selbsthingabe durch Selbstaufgabe.

Okay. Das lässt sich richtig schwer verkaufen in unserer Kultur der Selbstverwirklichung. Wir leben mit einem fast religiösen Dogma des »Du musst dir selbst treu sein« und in einer Zeit, in der das oberste Gebot lautet: »Wenn es sich gut anfühlt, dann tu es.«

Das Ergebnis ist, dass wir uns im Sog zweier einander entgegenlaufender Sehnsüchte wiederfinden: Wir wollen das Leben von Jesus, aber wir wollen nicht sterben.

Hab ich recht?

Das große Paradox der christlichen Spiritualität ist natürlich: Indem wir sterben, leben wir. Indem wir unser (egozentrisches) Selbst verlieren, entdecken wir unser (wahres) Selbst. Und wenn wir unsere Wünsche aufgeben, werden unsere tiefsten Sehnsüchte endlich gestillt.

Deshalb ist das Vertrauen auf Jesus das Herzstück der Nachfolge. Denn diese Art der Hingabe finden wir nur durch seine Art zu leben.

Aber bevor du dich entscheidest, wem du vertraust und welchem Weg du folgst, lass mich noch eine wirklich wichtige Sache klarstellen …

Der Preis der Nicht-Nachfolge

Wir sollten nicht nur berechnen, was es uns kostet, Jesus zu folgen, sondern auch, welchen Preis es hat, es nicht zu tun. Denn es kostet uns auch etwas, nicht bei Jesus in die Ausbildung zu gehen.

Sicherlich möchte Jesus, dass wir beide Optionen sorgfältig abwägen. Ich bin mir ziemlich sicher, dass er uns ermutigen würde, eine Kosten-Nutzen-Analyse für beide möglichen Zukunftsoptionen durchzuführen: eine, in der wir seinem Weg folgen, und die andere, in der wir unseren eigenen Weg gehen.

Wenn wir nachrechnen, kommen wir vermutlich zu dem Schluss: Ja, Jesus zu folgen wird uns etwas kosten – viel sogar. Aber: Wenn wir Jesus nicht folgen, kostet uns das noch mehr – nämlich das Leben mit Gott und damit den eigentlichen Sinn, für den wir geschaffen wurden. Es kostet uns den Zugang zum inneren Leben der Dreifaltigkeit, den Frieden, »der größer ist, als unser menschlicher Verstand es je begreifen kann« (Philipper 4,7), und eine »herrliche, unaussprechliche Freude« (1. Petrus 1,8). Es kostet uns die Freiheit von der Knechtschaft der Sünde, die Heilung von den Wunden der Sünde, das Ende von Schuld, Scham und Isolation und die Aufnahme in Gottes Familie.

Die Leute klagen oft darüber, wie schwer das geistliche Leben sei. Und die Wahrheit ist: Ja, es ist schwer. Nur was in dieser Diagnose fehlt, ist, wie viel schwerer das Leben ohne Gott ist.

Das Leben ist in jedem Fall schwer, mit oder ohne Gott. Aber wirklich hart – für manche fast unerträglich – ist es, auf Dauer den Schmerz und das Leid eines Lebens ohne Gott zu erfahren. Genauso ist es mit dem Versuch, sich selbst zu retten, anstatt gerettet zu werden.

In einem gottlosen, hirtenlosen, sinnlosen Universum zu leben – das ist wirklich sehr schwer.

Ironischerweise machen wir uns das Leben nicht leichter, wenn wir versuchen, den schwierigen Weg der Nachfolge zu vermeiden. Wir machen es uns schwerer. Denn wenn wir unser Streben nach Glück über den Gehorsam stellen, werden wir in unserem Leben immer unglücklicher. Wenn wir das Joch von Jesus ablehnen, schultern wir am Ende die erdrückende Last unserer eigenen unbefriedigten Wünsche.

Dieses Paradox, das den eigentlichen Kern des Evangeliums ausmacht, hat Jesus in folgender Realitätsbeschreibung zusammengefasst:

> Wer versucht, sein Leben zu bewahren, wird es verlieren. Wer aber sein Leben um meinetwillen und um der guten Botschaft willen verliert, wird es retten.
> *Markus 8,35*

Das ist es letztlich, was so ziemlich *jeder* tut: Zeit, Geld und die besten Kräfte – kurz: das »Leben« – dafür einsetzen, das eigene Leben zu retten, zu schützen, zu bewachen, zu bereichern und zu kontrollieren, um glücklich und in Frieden leben zu können.

Aber was passiert? Die wenigsten sind glücklich oder erfüllt von Frieden. Ich kenne einige Menschen, die Jesus abgelehnt haben, um ihren eigenen Weg zu gehen, und irgendwann an einen Krisenpunkt kamen – oft in der Lebensmitte oder noch später – und dann Dinge sagten wie: »Ich habe alles verloren!«, oder: »Mein Leben ist vorbei!«, oder: »Ich sehe keinen Grund mehr weiterzuleben.«

Natürlich streben wir es nicht an, im Leben zu scheitern. Niemand plant Katastrophen. Keiner von uns hat vor, im Alter auf sein Leben als eine Reihe von verpassten Gelegenheiten zurückzublicken und von der Last des Bedauerns erdrückt zu werden. Es passiert einfach. Aber es gibt einen anderen Weg – den, bei Jesus in die Lehre zu gehen. Den Weg, auf dem du alles aufgibst, was du bist, um alles zu empfangen, was Gott ist.

Jesus erzählte ein Gleichnis von einem Mann, der einen Schatz entdeckte, der in einem Feld vergraben war.[244] Daraufhin tat er das Logischste, was möglich war: Er ging nach Hause, verkaufte alles, was er hatte, kaufte den Acker und wurde dafür unvorstellbar reich. Das ist nicht besonders heldenhaft, geschweige denn tugendhaft. Es ist nur einfache Mathematik. Was würdest du in dieser Situation tun? Was jeder denkende Mensch tun würde: alles verkaufen und im Gegenzug viel mehr zurückbekommen, als du aufgegeben hast.

Und genau das macht Jesus-Nachfolge aus. Der Missionar und Märtyrer Jim Elliot hat es so ausgedrückt: »Der ist kein Narr, der gibt, was er nicht behalten kann, um zu gewinnen, was er nicht verlieren kann.«[245]

Wenn Jesus hier ein Bild aus der Finanzwelt für die Erlösung verwendet, sagt er damit nicht, dass wir das Heil umsonst, also kostenlos, erhalten. Er erklärt vielmehr, dass es uns unsere gesamten Ersparnisse kosten wird, wir dabei aber tausendmal mehr gewinnen, als wir aufgegeben haben. Das ist Gnade: dass wir unverdient mehr gewinnen, als wir je investiert haben.

Dementsprechend brauchen wir nicht zu fragen: »Wie viel bin ich bereit, für Jesus aufzugeben?« Die bessere und ehrlichere Frage wäre: »Wie viel Freude, Frieden und Freiheit möchte ich erleben?«

Wir kennen vermutlich alle die Angst, im Leben zu kurz zu kommen oder etwas Gutes zu verpassen. Aber die einzige wirkliche Tragödie ist es, wenn wir leben, ohne unser Selbst sterben zu lassen – wenn wir für immer ein Samenkorn bleiben, niemals in den dunklen Humus der Erde einsinken, um in der vollen Blüte unserer Bestimmung wieder hervorzukommen.

Goethe beschreibt das in seinem Gedicht *Selige Sehnsucht*:

> Und solang du das nicht hast, dieses Stirb und Werde,
> bist du nur ein trüber Gast auf der dunklen Erde.[246]

Du musst kein trüber Gast auf der dunklen Erde sein. Du kannst als Lehrling von Jesus im Reich Gottes leben.

Neu beginnen

Der finnisch-orthodoxe Schriftsteller Tito Colliander erzählte einmal eine Geschichte von einem Mönch. Der wurde gefragt: »Was macht ihr denn da im Kloster den ganzen Tag?«

Der Mönch antwortete: »Wir fallen und stehen wieder auf, fallen und stehen wieder auf, fallen und stehen wieder auf.«[247]

Das ist ein schönes Bild für die geistliche Reise: fallen und wieder aufstehen, immer und immer wieder, ein Leben lang.

Wir werden bei so ziemlich allem, was in diesem Buch steht, versagen.

Oft.

Nicht nur täglich, sondern, zumindest am Anfang, stündlich.

Das macht uns nicht zu schlechten Lehrlingen, sondern einfach nur zu Menschen. Die Rede davon, dass ein Mensch seinen Weg mit Gott geht, zieht sich durch die ganze Bibel. Es kann daher nicht verwundern, dass das auch für eine verwandte Metapher gilt – das Stolpern. Wir werden stolpern, uns unwissentlich verlaufen oder sogar krass irren und manchmal vom Weg abkommen. Es ist keine Frage, ob es passiert, sondern nur wann.

Und wenn wir stolpern, was dann?

Dann stehen wir auf und beginnen von vorn.

Frank Laubach sagte über seine vielen täglichen Misserfolge im Bemühen, die Gegenwart Gottes auszuleben: »Diese Überzeugung, dass man zu jedem Zeitpunkt immer ganz neu anfangen kann, erweist sich als große Hilfe.«[248]

Wenn Menschen in ein Benediktinerkloster eintreten, legen sie ein Gelübde zur »Umwandlung des Lebens« ab, was im Wesentlichen eine lebenslange Verpflichtung zur geistlichen Formung ist. Anders gesagt: Sie verpflichten sich, in einem geistlichen Wachstumsprozess zu bleiben. Benedikt und viele andere sahen Erlösung als einen fortlaufenden Prozess, der mit der Taufe beginnt, aber nicht endet, bis wir die Schwelle des Todes überschreiten. Oder vielleicht endet er auch nie. Der große Gregor von Nyssa sagte: »Sünde geschieht, wenn wir uns weigern, weiterzuwachsen.« Und er vertrat auch die Meinung, dass die »Vollkommenheit« im Himmel kein fester Zustand sein wird, wie im griechischen Denken, sondern eine Art endloses Wachstum – fast wie eine christliche Version von Evolution und Erleuchtung, bei der das Geschöpf Mensch in einer Aufwärtsspirale in immer neue Bereiche von Möglichkeiten in Gott vordringt.[249]

Aber auch hier gilt: Fortschritt entsteht durch den Tod von unserem Ego, nicht, indem wir eine Art geistliche Erfolgsleiter erklimmen. Wenn es auf dem geistlichen Weg eine Leiter gibt, dann steigen wir sie hinunter, nicht hinauf.

Auch auf die Gefahr hin, dass ich ein bisschen zu viel Realismus an den Tag lege: Meine eigene geistliche Reise ist mehr von Misserfolgen als von Erfolgen geprägt. Aber ich vermute stark, dass ich damit nicht allein dastehe. Daher propagiere ich so selbstbewusst die Notwendigkeit, unser Leben umgestalten zu lassen. Ich weiß, wie nötig ich es habe.

Deshalb möchte ich allen, die sich auf die Reise ihres Lebens begeben wollen, erste mögliche Schritte ans Herz legen.

Start-Empfehlung #1: Fokussiere die Schönheit von Jesus

Führe dir täglich die Schönheit und die Möglichkeiten des Lebens in Gottes Reich vor Augen. Fülle dein Herz Tag für Tag mit Staunen über die Person, die Botschaft und das Leben von Jesus. Lies die Evangelien, lies sie immer wieder. Vertiefe dich in jede Geschichte, richte deine Gedanken im Gebet auf Jesus. Schau Gottes Sohn an, ganz intensiv.

Start-Empfehlung #2: Tu das Nächstrichtige

Wenn dein Herz erst einmal von Jesus und seiner Vision erfüllt ist, ist es wichtig, genau da anzufangen, wo du bist. Geh einen kleinen Schritt, aber geh ihn sofort.

Dallas Willard wurde einmal gefragt, wie man ein Heiliger wird. Er antwortete: »Indem man das Nächstrichtige tut.«[250] Was ist dieses »Nächstrichtige« für dich heute?

Dich taufen zu lassen? Einer Gemeinschaft beizutreten? Eine neue Übung auszuprobieren? Eine Lebensregel zu entwickeln? Oder einfach ein ehrliches Gebet an Gott zu richten, in dem du ihm sagst, dass du zwar noch immer viele offene Fragen hast, aber dass du »ihn wollen können« willst?

Egal, was es für dich ist, fang einfach damit an.

Start-Empfehlung #3: Geh es langsam an

Überfordere dich nicht. Entspann dich. Atme. Öffne dich für Gott. Beginne mit Ruhe. Und mach dir noch einmal bewusst: Es geht um Subtraktion, nicht um Addition. Und es gibt keinen Grund zur Eile.

Start-Empfehlung #4: Stütz dich auf die Gnade

Wenn du fällst (und wir fallen alle), kannst du das bedauern, ja. Aber lass dich nicht von Selbstvorwürfen oder Scham verschlingen. Verlass dich auf Gottes Gnade. Und lass dich von ihm wieder aufrichten.

In diesem Buch habe ich mein Bestes getan, um eine Vision zu entwerfen – eine Vision davon, was für ein Wunder es ist, als Lehrling von Jesus unterwegs zu sein. Aber alle Worte, egal von wem, werden der Schönheit eines solchen Lebens nicht gerecht. Letztlich kommt es auf deine eigene Entscheidung an.

Willst du ein Lehrling von Jesus werden?

Willst du ihn »Rabbuni, mein Meister« nennen?

Willst du von ihm lernen? Seinen Weg einüben und ausleben?

Wenn ja, heißt es, jetzt den ersten Schritt zu tun. »Auch eine Reise von tausend Meilen beginnt mit einem kleinen Schritt«, sagt ein Sprichwort.

Geh diesen ersten Schritt. Und dann den nächsten. Und was immer danach kommt.

Wer weiß, an welche Orte dich das führt, wenn du deinem Rabbi folgst.

Und wenn der Weg lang und schwer ist, wenn du stolperst oder vom Weg abkommst, erinnere dich: fallen und aufstehen, fallen und aufstehen, fallen und aufstehen.

Wir dürfen immer wieder neu beginnen.

EXTRAS

Die Lebensregel von *Practicing the Way*

Es gibt kein Patentrezept für geistliche Formung. Eine Lebensregel kann als Ankerpunkt dienen, um eine Gemeinschaft um Jesus zusammenzuhalten. Dabei muss jedes Mitglied die Regel an die Gegebenheiten des eigenen Lebens anpassen. Eine Lebensregel ist nicht statisch, sondern dynamisch, da sich das eigene Leben mit wechselnden Lebensumständen und -phasen verändert.

Für alle, die sich ein Beispiel dafür wünschen, wie eine solche Lebensregel für eine Gemeinschaft aussehen kann, kommt hier die Lebensregel, die wir uns bei *Practicing the Way* gegeben haben.

Unsere Gemeinschaft versteht sich als …

… eine Gemeinschaft der Ruhe in einer Kultur von Rastlosigkeit und Erschöpfung, indem wir den *Sabbat* einüben und ausleben.

… eine Gemeinschaft des Friedens und der Stille in einer Kultur von Anspannung und Lärm, indem wir *Abgeschiedenheit* einüben und ausleben.

… eine Gemeinschaft der Verbundenheit mit Gott in einer Kultur der Ablenkung und der Weltflucht, indem wir *Gebet* einüben und ausleben.

… eine Gemeinschaft der Liebe und Tiefe in einer Kultur des Individualismus und der Oberflächlichkeit, indem wir *Gemeinschaft* einüben und ausleben.

… eine Gemeinschaft beherzter Treue zur Rechtgläubigkeit in einer Kultur von ideologischen Kompromissen, indem wir das *Bibellesen* einüben und ausleben.

… eine Gemeinschaft der Heiligkeit in einer Kultur von Unersättlichkeit, Genusssucht und Unmoral, indem wir das *Fasten* einüben und ausleben.
… eine Gemeinschaft der Zufriedenheit in einer Kultur des Konsums, indem wir *Großzügigkeit* einüben und ausleben.
… eine Gemeinschaft der Gerechtigkeit, Barmherzigkeit und Versöhnung in einer Kultur der Ungerechtigkeit und Spaltung, indem wir *Dienen* einüben und ausleben.
… eine Gemeinschaft der Gastfreundschaft in einer Kultur der Feindseligkeit, indem wir unser *Zeugnis* einüben und ausleben.

Die neun Kernübungen im Alltag – Eine Übersicht

	Sabbat	Gebet	Fasten
Täglich		Gebets-rhythmus	
Wöchentlich	Sabbat zum Innehalten, Ausruhen, Genießen und Anbeten		Fasten bis Sonnenuntergang
Monatlich oder saisonal			

	Abgeschieden-heit	Bibel	Gemeinschaft
Täglich	Eine Zeit der Stille zu Beginn oder am Ende des Tages	Bibel lesen	
Wöchent-lich			Gemeinsam essen und anbeten
Monatlich oder saisonal			

	Großzügigkeit	Dienen	Zeugnis geben
Täglich			
Wöchentlich			
Monatlich oder saisonal	10 Prozent deines Einkommens geben, mit besonderem Augenmerk auf die Kirche und die Armen	Den Armen dienen, um dich mit ihnen zu verbinden	Gastfreundschaft leben und regelmäßiges Beten für einen Menschen in deinem Umfeld, der Jesus nicht kennt

DANKE

Je länger ich lebe, desto mehr ist die beste Zusammenfassung von all dem, was mein Herz erfüllt, ein einfaches Dankeschön.

So viele Menschen haben ihre Zeit, ihr Herzblut, ihre Weisheit und ihre Liebe in dieses Projekt investiert. Mein Herz ist randvoll mit Dankbarkeit. Danke an …

- meine Gemeinde, die *Bridgetown Church*. Dieses Buch ist aus unserer gemeinsamen Reise entstanden, und ich werde euch für immer in meinem Herzen tragen: Meine Liebe gehört euch.
- meinen literarischen Berater Mike Salisbury, der in seinem Einsatz wirklich weit über das normale Maß hinausgeht – mein Yoda. Und an das gesamte Team von Yates & Yates – Matt, Curtis und Sealy Yates sowie Kristina Troup.
- das gesamte Team von *Practicing the Way* – ja, wir haben jetzt ein Team –, aber besonders an Cameron Doolittle dafür, dass sie sich um alles kümmert, damit ich mich aufs Schreiben konzentrieren kann; Sydney Bolinger dafür, dass sie ein Boss und gleichzeitig so unglaublich freundlich ist; Lisa Oliver für ihre geduldige Hingabe an dieses besondere Handwerk; Evan Oliver für Flüge, Leihkameras und jede Menge geteilter Freude, die von Herzen kommt; und vor allem Deanna Gilday für zwölf Jahre Partnerschaft, die mit mehr Freude und Fröhlichkeit gefüllt waren, als die meisten Menschen in ihrem ganzen Leben erleben.

- RWP: Alter Junge, ich liebe dich.
- alle bei Penguin Random House und WaterBrook – Tina Constable, Laura Barker, Douglas Mann, Campbell Wharton, Bret Benson und das ganze Team. Ihr wart so gut zu mir.
- Paul Pastor, Drew Dixon, Laura Wright, Tracey Moore und all diejenigen, die so unermüdlich daran gearbeitet haben, dieses Buch in seine endgültige Form zu bringen; danke für eure Geduld mit meiner Unentschlossenheit, meinem Perfektionismus und meinen verzögerten Antworten auf eure Mails.
- all meine Beta-Leser – ihr wisst, wer gemeint ist –, aber besonders danke ich Gerry Breshears – ich kann es immer noch nicht fassen! Und Sam Aker (Ninja!) für deine literarische Analyse und deine Hilfe bei der Endredaktion.
- Ein besonderer Dank geht an Jason Ballard, Tyler Staton, Bethany Allen und Gavin Bennet, die uns in allen Belangen von *Practicing the Way* unterstützt haben, sowie an Gordie Cochran, Tim Choy und das gesamte Team von *Colours and Shapes*, die diese Vision in die Tat umgesetzt haben.
- meine Kinder – Jude, Moses und Sunday – für all die Liebe und Geduld mit eurem introvertierten Vater und meine zauberhafte Frau T. für deine unermüdliche Ermutigung in all den Höhen und Tiefen der letzten Jahre.

Schließlich, auch wenn es mir irgendwie plump und falsch vorkommt, Gott auf eine Liste von Danksagungen zu setzen, möchte ich Gott meinen Dank geben. Gott der dreifaltigen Liebe, ich gebe dir die inspirierten Worte der himmlischen Gemeinschaft in Liebe zurück:

Du bist würdig, unser Herr und Gott, Herrlichkeit und Ehre und Macht entgegenzunehmen.
Denn du hast alle Dinge geschaffen; weil du es wolltest, sind sie da und wurden sie geschaffen.
Offenbarung 4,11

ANMERKUNGEN

Hinweis: Die Zitate aus Büchern, die zwar auf Deutsch erschienen sind, inzwischen aber nur noch antiquarisch erhältlich sind, sowie Bücher, von denen keine deutsche Ausgabe existiert, wurden frei aus dem Englischen übersetzt. Wo deutsche Ausgaben vorhanden und lieferbar sind, wurden die Quellen auf die jeweiligen Ausgaben inkl. Seitenangabe angepasst.

1 »Lass dein Haus ein Versammlungsort für die Rabbiner sein, und bedecke dich mit dem Staub ihrer Füße und trinke durstig ihre Worte.« Diese Aussage wird Yose ben Yoezer zugeschrieben, einem Rabbiner im zweiten Jahrhundert vor Christus. Einige Wissenschaftler sind der Meinung, dass »sich mit dem Staub bedecken« sich auf den Schmutz bezog, der unweigerlich auf die Kleidung eines Schülers gelangte, wenn er stundenlang zu Füßen seines Lehrers saß; andere meinen, dass es sich darauf bezog, dem Rabbi tagelang über staubige Straßen zu folgen und ihm so nahe wie möglich zu kommen, um kein Wort zu verpassen. In jedem Fall war es ein Segen, dem Rabbi so nahe zu sein, dass der Schüler staubig wurde. Vgl. Ann Spangler und Lois Tverberg, *Sitting at the Feet of Rabbi Jesus: How the Jewishness of Jesus Can Transform Your Faith* (Grand Rapids, Mich.: Zondervan, 2018), 18-19.

2 Robert N. Bellah u. a., *Habits of the Heart: Individualism and Commitment in American Life – With a New Preface* (Berkeley, CA: University of California Press, 2008). Dt. erschienen unter dem Titel: *Gewohnheiten des Herzens: Individualismus und Gemeinsinn in der amerikanischen Gesellschaft* (Frankfurt a. M.: Bund Verlag, 1987); dieser Titel ist nur noch antiquarisch erhältlich.

3 John Donne, *Devotions upon Emergent Occasions and Death's Duel* (New York: Vintage, 1999), 103.

4 Tish ist auch eine der besten zeitgenössischen Autorinnen zum Thema geistliche Formung. Dieses Zitat ist aus ihrem Buch *Prayer in the Night:*

For Those Who Work or Watch or Weep (Downers Grove, Ill.: InterVarsity, 2021), 82.

5 Vgl. Carl R. Trueman, *Der Siegeszug des modernen Selbst: Kulturelle Amnesie, expressiver Individualismus und der Weg zur sexuellen Revolution* (Bad Oeynhausen: Verbum Medien, 2022). Meiner Meinung nach eines der wichtigsten christlichen Bücher des letzten Jahrzehnts.

6 Jaron Lanier, *Zehn Gründe, warum du deine Social Media Accounts sofort löschen musst* (Hamburg: Hoffmann und Campe, 2018), 13. Lies dieses Buch! Am besten jetzt gleich.

7 Diesen Satz verdanke ich der ausgezeichneten Arbeit von Chris Cruz, der ursprünglich sagte: »Wenn wir uns nicht bewusst dafür entscheiden, von Jesus belehrt zu werden, werden wir ungewollt von der Welt belehrt.« *The Practice of Being with Jesus* (Redding, CA: Chris Cruz, 2020), 5.

8 Wenn Menschen sagen (wie ich es in L. A. oft höre): »Ich glaube nicht an Gott, ich glaube an die Wissenschaft«, lassen sie damit durchblicken, dass sie durchaus an etwas glauben, nur nicht an Gott. Trotz der populären Behauptung, dass säkulare Menschen nur an die »kalten harten Fakten« und nicht an die »Meinungen und Gefühle« der Religion glauben, haben sie sich in Wirklichkeit dafür entschieden, ihr Vertrauen in die Interpretation der wissenschaftlichen Daten durch einen anderen Menschen zu setzen und nicht in eine Religion oder einen Lehrer wie Jesus (oder andere intelligente und wissenschaftliche Denker, die sehr wohl an Gott glauben). Der Unterschied besteht nicht darin, ob man an Fakten glaubt oder an Gefühle, sondern darin, ob man sich entscheidet, seinen Glauben in eine säkulare Interpretation der Wissenschaft zu setzen oder auf eine theistische Interpretation zu vertrauen. Ende der Tirade.

9 Vgl. 1. Timotheus 6,19.

10 Vgl. Matthäus 4,19 und Markus 2,14.

11 Vgl. www.merriam-webster.com/dictionary/rabbi#word-history (zuletzt aufgerufen am 11. 12. 2023).

12 Wissenswert finde ich: Das Wort, das in den Evangelien mit »Zimmermann« übersetzt wird, ist *tekton* und kann auch einfach »Handwerker« bedeuten. Vgl. Henry George Liddell und Robert Scott, *A Greek-English Lexicon* (Oxford: Clarendon Press, 9. Aufl. 1996), 1769. In Galiläa gab es nur wenige Bäume. Die Häuser waren aus Stein gebaut, und die meisten Menschen saßen zum Essen oder um sich auszuruhen, auf dem Boden, nicht an Tischen oder auf Stühlen. Außer Türen und ein paar Werkzeugen wurden nur wenige Dinge aus Holz hergestellt. Auch wenn sich die Leute Jesus gern mit einer Drechselbank vorstellen, an der er Maria einen schönen Schaukelstuhl baut, ist es wahrscheinlicher, dass er Steinmetz war.

13 Vgl. Lukas 10,6, ELB.

14 Vgl. Ann Spangler und Lois Tverberg, *Sitting at the Feet of Rabbi Jesus: How the Jewishness of Jesus Can Transform Your Faith* (Grand Rapids, Mich.: Zondervan, 2018), 31-32.

15 Hier findet sich eine gute, kurze Erklärung für den Titel »Rabbi« im ersten Jahrhundert: https://ourrabbijesus. com/articles/can-we-call-jesus-rabbi (zuletzt aufgerufen am 11.12.2023).

16 »Diese Anrede wurde als Ehrentitel für berühmte und beliebte Gesetzeslehrer verwendet und war Ausdruck gesteigerter Ehrerbietung für die Anredeform ›Rabbi‹.« Vgl. *Elberfelder Studienbibel mit Sprachschlüssel und Handkonkordanz* (Holzgerlingen: SCM R. Brockhaus, 13. Aufl., 2023), 2029.

17 Fritz Rienecker u. a. (Hg.), *Lexikon zur Bibel: Personen, Geschichte, Archäologie, Geografie und Theologie der Bibel* (Holzgerlingen: SCM R. Brockhaus, 6. Aufl., 2023) 946.

18 Gerald L. Sittser schreibt: »Rabbiner versammelten einen Kreis von Schülern und lehrten sie, wie sie das Gesetz des Mose auslegen und befolgen sollten. Sie erhielten ihre Autorität, indem sie eine Rabbinerschule besuchten und von einem anerkannten Rabbiner lernten, der immer im Rahmen einer bestimmten rabbinischen Tradition lehrte. Jesus war ungewöhnlich, denn er folgte nicht diesem konventionellen Weg. Er besuchte nie eine Schule, lernte nie bei einem anerkannten Rabbiner und lehrte seine Anhänger nie eine rabbinische Tradition. Er hat nicht ein einziges Mal einen anderen Rabbi zitiert. Wenn überhaupt, warf er den Rabbinern vor, dass sie es versäumten, die wahre Bedeutung des mosaischen Gesetzes zu lehren.« *Resilient Faith: How the Early Christian »Third Way« Changed the World* (Grand Rapids, Mich.: Brazos, 2019), 29.

19 Dallas Willard, *Jünger wird man unterwegs: Jesus-Nachfolge als Lebensstil* (Neudorf b. L.: Neufeld Verlag, 2018), 40-41.

20 Spangler und Tverberg, *Sitting at the Feet of Rabbi Jesus*, 38. Ich verweise immer wieder darauf, weil es ein phänomenales Buch über den jüdischen Hintergrund der vier Evangelien ist.

21 Johannes 10,33. Nur moderne Skeptiker argumentieren, dass Jesus »nie behauptet hat, Gott zu sein«. Seine ursprünglichen Zuhörer hatten genau die gegenteilige Interpretation. Für unsere modernen Ohren ist es nur nicht verständlich, weil Jesus es nicht in einer akademischen Abhandlung im westlichen Stil dargelegt hat, sondern in Gleichnissen, Anspielungen und Geschichten, in denen er sich selbst ständig in Wort und Tat an die Stelle setzte, die nur Gott zukommt. Oder er sagte Dinge wie: »Wer mich gesehen hat, hat den Vater gesehen« (Johannes 14,9).

22 Die empfohlenen Altersstufen für das Studium finden sich in der *Mischna*, Pirkei Avot 5,21, www.sefaria.org/Pirkei_Avot.5.21?lang=bi (zuletzt aufgerufen am 11.12.23). Weitere Informationen zu den drei Bildungsstufen findest du in: William Barclay, *Educational Ideals in the Ancient World* (Sacramento, CA: Creative Media Partners, 2021).

23 Rob Bell, *Covered in the Dust of your Rabbi*, www.merriam-webster.com/dictionary/rabbi#word-history, 4:30 Min. (zuletzt aufgerufen am 11.12.2023).

24 Ebd., 17:57 Min.

25 Vgl. Ray Vander Laan, *Rabbi and Talmidim*, in: That the World May Know, https://www.thattheworldmayknow.com/rabbi-and-talmidim (zuletzt aufgerufen am 11.12.2023). Rays Artikel sind einfach Gold wert!

26 Spangler und Tverberg, *Sitting at the Feet of Rabbi Jesus*, 58.

27 Willard, *Jünger wird man unterwegs*, 24.

28 Diese Zeile basiert auf einem schönen Zitat von Dallas Willard: »Das Neue Testament ist ein Buch über Jünger, von Jüngern und für Jünger.« Aus: *Jünger wird man unterwegs*, 3.

29 John Ortberg, *Die Ewigkeit ist jetzt: Warum wir nicht erst sterben müssen, um den Himmel zu erleben. Eine Einladung zu einem erfüllten Leben* (Asslar: Gerth Medien, 2019), 63.

30 Michael Burkhimer, *Lincoln's Christianity* (Yardley, PA: Westholme, 2007), xi.

31 Für diejenigen unter euch, die nicht in den USA leben: Ich entschuldige mich dafür, dass die Statistiken in diesem Buch auf die USA beschränkt sind.

32 Gregory A. Smith, *About Three in Ten US Adults Are Now Religious Unaffiliated*, in: Pew Research Center (14. Dezember 2021), www. pewresearch.org/religion/2021/12/14 about-three-in-ten-us-adults-are-now-religiously-unaffiliated (zuletzt aufgerufen am 13.12.2023).

33 *American Worldview Inventory 2023*, in: Barna (28. Februar 2023), www.arizonachristian.edu/wp-content/uploads/2023/02/CRC_AWVI2023_Release1.pdf (zuletzt aufgerufen 13.12.2023).

34 *Maximus the Confessor: Two Hundred Texts on Theology and the Incarnate Dispensation of the Son of God*, in: Orthodox Church Fathers, https://orthodoxchurchfathers.com/fathers/philokalia/maximus-the-confessor-two-hundred-texts-on-theology-and-the-incarnate-dispensati.html (zuletzt aufgerufen am 13.12.2023).

35 Ein typisches Beispiel: Die meisten Kirchen und Gemeinden haben ein Glaubensbekenntnis, das die Mitglieder oft unterschreiben müssen. Aber nur wenige haben eine Ethikerklärung, die von den Mitgliedern verlangt,

nach den Maßstäben der Bergpredigt zu leben, oder eine Lebensregel, die von ihnen verlangt, ihren Tagesplan konkret am Gebet auszurichten.

36 Vergessen wir nicht: Jesus hatte nur zwölf Apostel, aber massenweise Anhänger.

37 Willard, *Jünger wird man unterwegs,* 17-18.

38 David Kinnaman und Mark Matlock, *Faith for Exiles: 5 Ways for a New Generation to Follow Jesus in Digital Babylon* (Grand Rapids, MI: Baker, 2019), 32. Diese Statistik bezieht sich auf Amerika, aber es wurden 26 Länder untersucht. Die Ergebnisse sind in anderen westlichen Ländern wie Großbritannien oder Australien ähnlich, aber in asiatischen und afrikanischen Ländern sind sie höher.

39 Wenn du einen tieferen und differenzierteren Blick auf dieses Thema werfen möchtest, kannst du dir gerne meine Vortragsreihe *Preaching the Gospel* anhören: https://practicingthewayarchives.org/teaching/the-four-american-gospels (zuletzt aufgerufen am 13.12.2023). Ich empfehle die Folge *The Four American Gospels.*

40 Diese Zusammenfassung stammt von meinem Seminarprofessor Dr. Gerry Breshears. Er nennt sie »das Evangelium nach Johannes 3,16«.

41 Ortberg, *Die Ewigkeit ist jetzt,* Kapitel 2.

42 *What the Bible Says About Hamartia*, in: Forerunner Commentary, www.bibletools.org/index.cfm/fuseaction/topical.show/RTD/cgg/ID/1677/Hamartia.htm (zuletzt aufgerufen am 13.12.2023).

43 Dallas Willard, *Jünger wird man unterwegs,* 87.

44 Ich entnehme diese Formulierung und diese Idee direkt aus *Die Ewigkeit ist jetzt* von John Ortberg, 7. Das Originalzitat lautet in der deutschen Ausgabe: »Die erste Version produziert zumeist Konsumenten eines Heils, das Jesus erworben hat. Die zweite produziert eher Schüler, die lernen wollen, wie Jesus zu leben.«

45 Bishop Kallistos Ware, *The Orthodox Way* (Crestwood, NY: St. Vladimir's Seminary, 1995), 7-8. Als ich dieses absolut wunderbare Buch las, hatte ich das Gefühl, nach Hause zu kommen. Dt. erschienen unter dem Titel: *Der Aufstieg zu Gott* (Freiburg i. B.: Herder Verlag, 1991); die deutsche Ausgabe ist nur noch antiquarisch erhältlich.

46 Eugene H. Peterson, *The Jesus Way* (Grand Rapids, MI: Eerdmans, 2007).

47 »Zu seinen Füßen sitzen« war eine Redewendung, die besagte, dass jemand Schüler eines Rabbis war. Es gibt keine Aufzeichnungen darüber, dass irgendein Rabbiner außer Jesus Frauen als Lehrlinge angenommen hätte.

48 *allos*, in: Bible Hub, https://biblehub.com/greek/243.htm (zuletzt aufgerufen am 13.12.2023).

49 *paraklētos*, in: Bible Hub, https://biblehub.com/greek/3875.htm (zuletzt aufgerufen am 13. 12. 2023).

50 *What Does It Mean to Abide?*, in: Precept Austin (6. August 2022), https://www.preceptaustin.org/what-does-it-mean-to-abide (zuletzt aufgerufen am 13. 12. 2023).

51 Ich empfehle dir dazu besonders diese beiden Bücher: Johann Hari, *Abgelenkt: Wie uns die Konzentration abhandenkam und wie wir sie zurückgewinnen* (München: Riva Verlag, 2022); und: Jaron Lanier, *Zehn Gründe, warum du deine Social Media Accounts sofort löschen musst.*

52 Chel Avery, *Traditional Quaker Worship*, in: Quaker Information Center (26. Mai 2011), https://quakerinfo.org/quakerism/worship (zuletzt aufgerufen am 13. 12. 2023).

53 Jean-Pierre de Caussade, *The Sacrament of the Present Moment* (San Francisco: HarperSanFrancisco, 1989).

54 A. W. Tozer, *Gottes Nähe suchen* (Witten: SCM R. Brockhaus, 3. Aufl., 2014), 39.

55 Dallas Willard, *An Invitation to a »With-God Life« in Jesus*, Dallas Willard Ministries, https://www.youtube.com/watch?v=HN1K43YePCc (zuletzt aufgerufen am 18. 12. 2023).

56 Bruder Lorenz, Reinhard Deichgräber: *All meine Gedanken sind bei dir. In Gottes Gegenwart leben.* Luhe-Wildenau: Neufeld, 2026.

57 Mihaly Csikszentmihalyi, *Flow: Der Weg zum Glück* (Freiburg i. B.: Herder Verlag, 2014), Kapitel 2.

58 Bruder Lorenz, Reinhard Deichgräber: *All meine Gedanken sind bei dir. In Gottes Gegenwart leben.* Luhe-Wildenau: Neufeld, 2026, S. 46; Ergänzung durch den zitierenden Verlag.

59 Thomas R. Kelly, *A Testament of Devotion*, (San Francisco: HarperSanFrancisco, 1992), 15. Dt. erschienen unter: *Heiliger Gehorsam: 4 Aufsätze* (Bad Pyrmont: Friedrich, 1946); die deutsche Ausgabe ist nur noch antiquarisch erhältlich.

60 Ein Satz des Science-Fiction-Autors Cory Doctorow in dem Artikel: *Writing in the Age of Distraction*, in: Locus Magazine (Januar 2009), https://locusmag.com/Features/2009/01/cory-doctorow-writing-in-age-of.html (zuletzt aufgerufen am 12. 12. 2023).

61 Willard, *Jünger wird man unterwegs*, 158-159.

62 Hwee Hwee Tan, *In Search of the Lotus Land*, in: Quarterly Literary Review Singapore, (Ausg. 1, Oktober 2001), www.qlrs.com/essay.asp?id=140 (zuletzt aufgerufen am 13. 12. 2023).

63 Tozer, *Gottes Nähe suchen*, 90.

64 Frank C. Laubach, *In jeder Minute bist du da: Spielerisch Gottes Gegenwart entdecken* (Neudorf b. L.: Neufeld Verlag, 2012), 61.

65 Marjorie J. Thompson, *Soul Feast: An Invitation to the Christian Spiritual Life* (Louisville: Westminster John Knox, 2014), 44. Dt. erschienen unter: *Christliche Spiritualität entdecken*: Einübung in ein bewusstes Leben (Freiburg i. B.: Herder Verlag, 2004); die deutsche Ausgabe ist nur noch antiquarisch erhältlich.

66 David L. Fleming, *What is Ignatian Spirituality?* (Chicago: Loyola Press, 2008), 8.

67 Aus: *Philokalie der heiligen Väter der Nüchternheit,* 6 Bde. (Beuron: Beuroner Kunstvlg, 2016). Wenn du in die Tiefe gehen willst, lies die Philokalie. Diese Lektüre verändert gerade mein Leben.

68 Vgl. Psalm 27,4. Anmerkung der Übersetzerin: In englischsprachigen Bibelübersetzungen, wie sie auch der Autor dieses Buches zugrunde legt, lautet die Formulierung in diesem Vers »beauty of the Lord«, also »Schönheit des Herrn«. Deutsche Übersetzungen sprechen in diesem Vers durchgängig von »Freundlichkeit« statt von »Schönheit«.

69 *Agape* ist das griechische Wort, das im Neuen Testament für die bedingungslose Liebe Gottes verwendet wird, im Unterschied zu Begriffen wie *Eros* oder *Philea*, die für die menschliche (erotische, freundschaftliche oder eheliche) Liebe verwendet werden.

70 Das Wort, das Paulus verwendet, ist *ginōskō* und bedeutet ein relationales Kennen, wie z. B. in »Ich *kenne* meine Frau«. *ginōskō*, in: Blue Letter Bible, www.blue letter bible.org/lexicon/g1097/niv/mgnt/0-1 (zuletzt aufgerufen am 14. 12. 2023).

71 David G. Benner, *Surrender to Love: Discovering the Heart of Christian Spirituality* (Downers Grove, IL: InterVarsity, 2003), 92.

72 *Paying Attention: The Attention Economy*, in: Berkeley Economic Review (31. März 2020), https://econreview.berkeley.edu/paying-attention-the-attention-economy (zuletzt aufgerufen 14. 12. 23).

73 Vgl. Simone Weil, *Schwerkraft und Gnade* (Berlin: Matthes & Seitz Berlin, 2020).

74 Douglas V. Steere, *Together in Solitude*, in: Arthur Boers, *Living into Focus: Choosing What Matters in an Age of Distractions* (Grand Rapids, MI: Brazos, 2012), 48.

75 Richard Plass und James Cofield, *The Relational Soul: Moving from False Self to Deep Connection* (Downers Grove, IL: IVP Books, 2014), 143.

76 Aus diesem Grund sagen christliche Mystiker seit Langem, dass die sexuelle Intimität in der Ehe das ultimative Sinnbild für unsere Vereinigung mit Gott ist: Sie beginnt mit Worten, geht aber weit darüber hinaus, bis hin zur

Vermischung der Seelen. Einen ausgezeichneten Überblick über diese reiche Strömung des christlichen Denkens findest du bei Christopher West, *Fill These Hearts: God, Sex, and the Universal Longing* (New York: Image, 2012).

77 Karl Rahner, *Im Gespräch*, hg. v. P. Imhof u. H. Biallowons (München: Kösel, Bd. 2, 1983), 34.

78 Der theologische Begriff dafür lautet »Inkorporation«, und Exegeten sagen, dass dies das vorherrschende Thema in den Schriften des Paulus ist. Es wird mehr als siebzig Mal in seinen Briefen verwendet.

79 Henri Nouwen, *From Solitude to Community to Ministry*, in: Leadership, Ausg. 16, 1995, https://www.christianitytoday.com/pastors/1995/spring/5l280.html (zuletzt aufgerufen am 21. 12. 2023).

80 Thomas von Kempen, *Nachfolge Christi* (Feldkirch: Lins-Verlag), Buch 2, Kapitel 8.

81 *tameion*, in: Bible Hub, https://biblehub.com/greek/5009.htm (zuletzt aufgerufen am 19. 12. 2023).

82 *erēmos*, in: Blue Letter Bible, https://www.blueletterbible.org/lexicon/g2048/kjv/tr/0-1/ (zuletzt aufgerufen 22. 12. 23).

83 Vgl. Lukas 22,39; ZB.

84 Henri Nouwen, *Making all Things New: An Invitation to the Spiritual Life* (San Francisco: HarperSanFrancisco, 1981), 69. Dt. erschienen unter: *In ihm das Leben finden: Einübungen* (Freiburg i. B.: Herder Verlag, 1982); die deutsche Ausgabe ist nur noch antiquarisch erhältlich.

85 Henri Nouwen, *Beloved: Henri Nouwen in Conversation with Philip Roderick* (Grand Rapids, MI: Eerdmans, 2007), 30-31. Dt. erschienen unter: *Geliebt sein: Was es heißt, heute als Christ zu leben* (Freiburg i. B.: Herder Verlag, 2009); die deutsche Ausgabe ist nur noch antiquarisch erhältlich.

86 Um es ganz offen zu sagen: Ich glaube nicht, dass eine Stunde am Tag für die meisten Menschen unrealistisch ist. Im Durchschnitt verbringen Menschen in unserer Gesellschaft mehr als zwei Stunden pro Tag in den sozialen Medien und etwa drei Stunden pro Tag vor dem Fernseher; vgl.: *Average Daily Time Spent on Social Media (Latest 2023 Data)*, in: Broadband Search, www.broadbandsearch.net/blog/average-daily-time-on-social-media (zuletzt aufgerufen am 19. 12. 2023); Rebecca Lake, *Television Statistics: 23 Mind-Numbing Facts to Watch*, in: CreditDonkey (26. Februar 2023), www.creditdonkey.com/television-statistics.htm). Und selbst für die meisten von denen, die wirklich keine Stunde am Tag erübrigen können, dürfte es vielfach möglich sein, ihr Leben so umzugestalten, dass sie Zeit mit Gott allein verbringen können, wenn sie das wollen. Das mag von jun-

gen Eltern und Menschen mit anspruchsvollen Jobs und langen Arbeitszeiten viel Kreativität erfordern, aber für die meisten ist es machbar.

87 In diesem Sinne: Danke, James Clear, für diese unglaublich hilfreiche Idee. Ich kann sein Buch *Atomic Habits* sehr empfehlen. Dt. unter dem Titel: *Die 1%-Methode: Minimale Veränderung, maximale Wirkung* (München: Goldmann Verlag, 2020); Anmerkung der Übersetzerin: *Habit Stacking* bezeichnet das Bemühen, neue Gewohnheiten auf die alten »aufzustapeln« und so sein Leben zu optimieren.

88 Die Geschichte dazu erzähle ich in meinem Buch *Das Ende der Rastlosigkeit* (Holzgerlingen: SCM R. Brockhaus, 2022), 31.

89 Ein kurzes Wort an die Pastoren unter meinen Lesern: Natürlich wünschen wir uns ganz zu Recht, dass unsere Gemeinden florieren. Aber die Folge davon ist oft, dass die Menschen unsere Führung als einen Versuch erleben, ihr ohnehin schon überlastetes Leben noch mehr zu belasten. Der Sonntag wird weniger zum Sabbat und mehr zum religiösen Arbeitstag. Was wäre, wenn wir uns als spirituelle Begleiter und Begleiterinnen verstehen würden, die den Menschen helfen, ein langsameres Leben mit Jesus zu führen? Was wäre, wenn wir den Sonntag als eine Gewohnheit gestalten würden, unsere Gemeinde zu entschleunigen, Geist und Körper zur Ruhe zu bringen und den Mitgliedern zu helfen, ihr geistliches Leben zu vertiefen und in Jesus zu bleiben? Henry Nouwen hat Pastoren einmal Folgendes gesagt: »Unsere Aufgabe ist das Gegenteil von Ablenkung. Unsere Aufgabe ist es, den Menschen zu helfen, sich auf das reale, aber oft verborgene Ereignis von Gottes aktiver Gegenwart in ihrem Leben zu konzentrieren. Daher ist die Frage, die alle organisatorischen Aktivitäten in einer Gemeinde leiten muss, nicht, wie man die Menschen beschäftigt, sondern wie man sie davor bewahrt, so beschäftigt zu sein, dass sie die Stimme Gottes, der in der Stille spricht, nicht mehr hören können.« Henri Nouwen, *The Way of the Heart: Desert Spirituality and Contemporay Ministry* (San Francisco: HarperSanFrancisco, 1991), 63.

90 Rich Villodas, *The Deeply Formed Life: Five Transformative Values to Root Us in the Way of Jesus* (Colorado Springs, CO: WaterBrook, 2020), 3-5.

91 A.W. Tozer sagte: »Es ist gut, dass wir die harte Wahrheit akzeptieren: Wer Gott kennenlernen will, muss ihm Zeit widmen. Er darf keine Zeit als vergeudet betrachten, die er damit verbringt, seine Bekanntschaft mit Ihm zu pflegen. Er muss sich reichlich der Meditation und dem Gebet widmen. So taten es die Heiligen von einst, die glorreiche Gemeinschaft der Apostel, die fromme Gemeinschaft der Propheten und die gläubigen Mitglieder der heiligen Kirche in allen Generationen. Und das müssen wir auch, wenn

wir in ihre Fußstapfen treten wollen.« *God's Pursuit of Man* (Chicago, IL: Moody, 2015), 20-21.

92 Ronald Rolheiser, *The Holy Longing: The Search for a Christian Spirituality* (New York, NY: Doubleday, 1999), 9.

93 Aber er hätte auch echt sein können. Ich habe in einem Podcast erzählt, was ich hier gleich auch über Mönche und Schädel erzählen werde. Kurz danach rief mich ein guter Freund von mir an, der in Mexiko arbeitet. »Ich kenne da einen Typen, der dir einen echten Schädel besorgen kann«, sagte er. Anscheinend gibt es auf einem Markt in Mexiko-Stadt einen bestimmten Stand, an dem du nach so was fragen kannst wie nach einem »Typ, der einen Typ kennt«. Ich habe tatsächlich darüber nachgedacht, aber das wurde schnell zu einem ethischen Morast. Also entschied ich mich für eine Keramikversion von Etsy.

94 *Die Regel des Heiligen Benedikt*, Kap. 4, Nr. 47.

95 Vgl. Neil Postman, *Wir amüsieren uns zu Tode* (Frankfurt: S. Fischer, div. Auflagen, 1984–1994).

96 Ronald Rolheiser, *The Holy Longing.*

97 David Brooks, *Charakter: Die Kunst, Haltung zu zeigen* (München: Kösel Verlag, 2015), 11.

98 Um das klarzustellen: Ich meine diese Aussage nicht philosophisch, also keineswegs im Sinne einer Theorie der Personalität, die besagt, dass ein Mensch eine bestimmte Entwicklungsstufe erreichen muss, um als Person zu gelten, die Menschenrechte verdient – eine schreckliche Vorstellung, auf der letztlich sowohl Abtreibung als auch Euthanasie beruhen. Siehe das phänomenale Buch *Love Thy Body* von Nancy Pearcey, dt. unter dem Titel: *Liebe deinen Körper: Sexualität, Gender und Ethik aus Sicht von Medien, Politik und Bibel* (Augustdorf: Betanien, 2019). Ich meine das hier rein rhetorisch.

99 Das ist meine Umschreibung der Gedanken von M. Robert Mulholland Jr. aus seinem Buch *Invitation to a Journey: A Road Map for Spiritual Formation* (Downers Grove, IL: IVP Books, 2016). Dt. unter dem Titel: *Werden, wie du mich meinst: Ganzheitlich glauben lernen* (Gießen: Brunnen Verlag, 1995); die deutsche Ausgabe ist nur noch antiquarisch erhältlich.

100 Mulholland, *Invitation to a Journey*, 28.

101 Sein Hauptwerk über die Hölle war *The Great Divorce* (dt.: *Die große Scheidung*). Aber diese beiden Sätze stammen aus C. S. Lewis, *The Weight of Glory* (New York, NY: HarperCollins, 2001), 46 (hier zitiert in einer späteren Ausgabe). Dt. erschienen unter: *Das Gewicht der Herrlichkeit* (Basel: Brunnen Verlag, 1982); die deutsche Ausgabe ist nur noch antiquarisch erhältlich.

102 Vgl. Willard, *Jünger wird man unterwegs*.

103 Johannes 10,11-16; Jeremia 18,6; Jesaja 42,14; 49,15.

104 Vgl. Aurelius Augustinus, *De trinitate*, in: Johann Kreuzer (Hg. u. Übers.), Philosophische Bibliothek, zweisprachige Ausgabe (Hamburg: Felix Meiner Verlag, 2003).

105 Mulholland, *Invitation to a Journey*, 16. Das ist eins meiner absoluten Lieblingsbücher zum Thema geistliches Wachstum oder geistliche Formung. Ich kann es nur empfehlen.

106 Darrell W. Johnson, *Experiencing the Trinity: Living in the Relationship at the Centre of the Universe* (Vancouver, BC: Canadian Church Leaders Network, 2021), 53. Dieses Buch ist so was von lesenswert!

107 Eine vielleicht abgegriffene Analogie: Körperliches Wachstum geschieht bei Kindern ganz von allein. Sie werden alle größer. Aber den eigenen Körper in einen Arnold Schwarzenegger zu verwandeln, passiert nicht »einfach so«. Das ist das Ergebnis von ernsthaftem Training (und vielleicht von ein paar genetischen Voraussetzungen). Dasselbe gilt, wenn es darum geht, Jesus ähnlich zu werden.

108 Janet O. Hagberg und Robert A. Guelich, *The Critical Journey: Stages in the Life of Faith* (Salem, WI: Sheffield, 2. Aufl., 2005), 7.

109 Hagberg und Guelich, *Critical Journey*, Kap. 7. Ich denke oft an das Gleichnis vom Sämann, das Jesus erzählt hat. Ich bezweifle zwar sehr, dass Jesus uns hier einen statistischen Durchschnittswert angibt. Aber trotzdem: Nur ein Viertel aller Menschen bringt langfristig überhaupt Früchte, und nur ein Drittel dieser Gruppe (also etwa 8 Prozent überhaupt) trägt maximale Früchte.

110 Ein paar Gründe: (1) Die Menschen stoßen auf eine »Mauer«, eine schmerzhafte Erfahrung, die man nicht umgehen kann – der einzige Ausweg ist, hindurchzugehen. (2) Die meisten Jüngerschaftsmodelle bieten nichts an, was über die Stufen zwei und drei hinausgeht. (3) Wir leben in einer Kultur der ersten Lebenshälfte, die oft darauf abzielt, Menschen bewusst unreif zu halten. Vgl. Hagberg und Guelich, *Critical Journey*, Kap. 7.

111 Erschienen in: SCM R. Brockhaus, Witten, 2017; der Originaltitel lautet: *Celebration of Disciplin*.

112 Lisa Bodell, *New Year's Resolutions Fail. Do This Instead*, in: Forbes (19. Dezember 2022), www.forbes.com/sites/lisabodell/2022/12/19/new-years-resolutions-fail-do-this-instead/?sh=1b5c2cc57c8b (zuletzt aufgerufen am 20. 12. 2023).

113 Vgl. Leslie Jamison, *Die Klarheit. Alkohol, Rausch und die Geschichte der Genesung* (Berlin: Hanser Berlin, 2018).

114 So habe ich es von ihm in einem informellen kleinen Vortrag gehört. Etwas Ähnliches sagt er in dieser Quelle: James K. A. Smith, *You Are What You Love: the Spiritual Power of Habit* (Grand Rapids, MI: Brazos, 2016), 5. »Wir können unseren Weg zur Heiligkeit nicht erdenken.«

115 Vgl. Francis Spufford, *Heilige (Un)Vernunft! Warum Christsein, allen rationalen Bedenken zum Trotz, noch immer erstaunlich viel Sinn macht* (Moers: Brendow, 2014).

116 Ware, *The Orthodox Way*, 62.

117 Diese Liste wurde aus Vorträgen von Dr. Gerry Breshears zusammengestellt, der mir zuerst die Vorstellung nahegebracht hat, dass die Sühnetheorien wie ein Diamant mit vielen Facetten sind. Was er über die Versöhnung sagt, findest du hier: www.biblicaltraining.org/learn/academy/th104-a-guide-to-christian-theology (zuletzt aufgerufen am 20.12.2023).

118 Dan B. Allender, *Sabbath: The Ancient Practices* (Nashville, TN: Thomas Nelson, 2009), 7.

119 Ignatius, *VII. Beware of False Teachers*, in: Philip Schaff, *The Apostolic Fathers with Justin Martyr and Irenaeus,* https://ccel.org/ccel/schaff/anf01/anf01.v.ii.vii.html (zuletzt aufgerufen am 20.12.2023).

120 *sōzō*, in: Blue Letter Bible, https://www.blueletterbible.org/lexicon/g4982/esv/mgnt/0-1/ (zuletzt aufgerufen am 20.12.2023).

121 Dallas Willard sagte in seinem Buch *Renovation of the Heart*: »Jeder erfolgreiche Plan für geistliches Wachstum … wird dem Programm der Anonymen Alkoholiker in der Tat sehr ähnlich sein« (Colorado Springs, CO: NavPress, 2021), 83. Dt. erschienen unter: *Verwandle mein Herz* (Gießen: Brunnen Verlag, 2016); die deutsche Ausgabe ist nur noch antiquarisch erhältlich.

122 James Baldwin, *As Much Truth as One Can Bear*, in: New York Times (14. Januar 1962).

123 Vgl. Matthäus 11,30.

124 Flannery O'Connor, *The Habit of Being*, hg. v. Sally Fitzgerald (New York, NY: Vintage, 1980), 229.

125 Tish Harrison Warren, *Gott wohnt in deinem Alltag: Entdecke das Heilige im Alltäglichen* (Asslar: Gerth Medien, 2020), 34.

126 A.W. Tozer, *Das Wesen Gottes* (Neuhausen-Stuttgart: Hänssler Verlag, 1996), 9.

127 Mein Lieblingsbuch über Gemeinschaft: Joseph H. Hellerman, *When the Church Was a Family: Recapturing Jesus' Vision for Authentic Christian Community* (Nashville, TN: B&H Academic, 2009), 1.

128 Dietrich Bonhoeffer, *Gemeinsames Leben,* DBW, Bd. 5, 24. Weiter schreibt er: »Gott hasst die Träumerei; denn sie macht stolz und anspruchsvoll. Wer

sich das Bild einer Gemeinschaft erträumt, der fordert von Gott, von dem Andern und von sich selbst die Erfüllung. Er tritt als Fordernder in die Gemeinschaft der Christen und richtet ein eigenes Gesetz auf.« Und an anderer Stelle: »Lebt miteinander in der Vergebung eurer Sünden … Vergebt einander täglich und von Herzen.« *Widerstand und Ergebung* (Gütersloh: Gütersloher Verlagshaus, 1978), 37.

129 Eugene H. Peterson, *Die Seele geht zu Fuß: Glauben in einer beschleunigten Welt* (Gießen: Brunnen Verlag, 2006).

130 Madeline Joung, *Millennial Life: Eat, Sleep, Work, Screens*, in: Voice of America (18. November 2020), https://www.voanews.com/a/student-union_millennial-life-eat-sleep-work-screens/6198558.html (zuletzt aufgerufen am 21.12.2023).

131 Für eine gute Zusammenfassung dieser Interpretation empfehle ich das Buch *Them: Why We Hate Each Other – and How to Heal* von Ben Sasse (New York, NY: St. Martin's, 2018).

132 Jacques Ellul, *The Technological Society* (New York, NY: Vintage, 1964).

133 Das ist meine Paraphrase von Matthäus 28,19. Viele Übersetzungen sagen hier »alle Völker«, aber das griechische Original rechtfertigt die Übersetzung »alle Menschen« sehr gut. So auch die Übersetzung *Hoffnung für alle* (Anmerkung der Übersetzerin).

134 *Mischna*, Pirkei Avot 1,1.

135 Vgl. Warren Wiersbe, *Wiersbe Kommentar zum Neuen Testament* (Dillenburg: Christliche Verlagsgesellschaft, Bd. 1, 2017).

136 Patrick O'Connell, *The 5 Steps of Leadership Development*, in: Aspen Group (29. Oktober 2020), www.aspengroup.com/blog/five-steps-of-leadership-development (zuletzt aufgerufen am 21.12.2023).

137 Meine Fassung von 1. Johannes 2,5-6.

138 Das ist eine andere Übersetzung des griechischen Wortes, das in 1. Korinther 15,20-26 mit »Erstling« übersetzt wird.

139 Das klassische Beispiel ist Thomas Jeffersons Bibel, aus der er alle Wundergeschichten und alles, was nicht in sein deistisches Weltbild passte, tatsächlich herausschnitt.

140 Darauf antworteten die Skeptiker: »Wen interessiert das schon? Die Bibel ist nur eine Sammlung menschlicher Schriften.«

141 Arthur Michael Ramsey, *God, Christ and the World: A Study in Contemporary Theology* (Eugene, OR: Wipf and Stock, 2012), 37.

142 Manche sagen, er meint die Quantität, nicht die Qualität. Jetzt, wo es Millionen von Jesus-Anhängern auf der ganzen Welt gibt, können sie sein Werk der Heilung und Befreiung zu mehr Menschen bringen, als er es je allein könnte. Das ist eine beliebte Interpretation.

143 Henri Nouwen, *From Solitude to Community to Ministry.*

144 Natürlich ist das großenteils auf die Trennung zwischen Christen und tatsächlichen Jüngern in der westlichen Kultur zurückzuführen. Aber das erklärt noch nicht alles. Das veränderte moralische Bewusstsein in Bezug auf Sexualität und Gender hat dazu geführt, dass man selbst den liebevollsten und besonnensten Lehrlingen von Jesus zunehmend giftig begegnet.

145 Mary Douglas, *Implicit Meanings: Selected Essays in Anthropology* (London: Routledge, 2010).

146 Robert J. Karris, *Luke: Artist and Theologian* (Eugene, OR: Wipf and Stock, 2008), 47.

147 Robert J. Karris, *Eating Your Way Through Luke's Gospel* (Collegeville, MN: Liturgical, 2006), 14 und 23.

148 Vgl. www.preceptaustin.org/romans_12_notes#12:13 (zuletzt aufgerufen am 22. 12. 2023).

149 Henri Nouwen, *Reaching Out: The Three Movements of the Spiritual Life* (New York, NY: Image, 1986), 66. Dt. erschienen unter: *Die dreifache Spur: Orientierung für ein spirituelles Leben* (Freiburg i. B.: Herder Verlag, 2012); die deutsche Ausgabe ist nur noch antiquarisch erhältlich.

150 Ebd., 67.

151 Ronald Rolheiser, *Sacred Fire: A Vision for a Deeper Human and Christian Maturity* (New York, NY: Image, 2014), 260.

152 Rosaria Champagne Butterfield, *The Gospel Comes with a House Key: Practicing Radically Ordinary Hospitality in Our Post-Christian World* (Wheaton, IL: Crossway, 2018), 11.

153 *Almost Half of Practicing Christian Millennials Say Evangelism Is Wrong*, in: Barna (5. Februar 2019), www.barna.com/research/millennials-oppose-evangelism (zuletzt aufgerufen am 22. 12. 2023).

154 Markus 1,15.

155 Römer 10,9; Philipper 2,11; 1. Korinther 12,3.

156 Vgl. www.alphakurs.de (zuletzt aufgerufen am 20. 12. 2023).

157 Daniel A. Cox, *The State of American Friendship: Change, Challenge, and Loss*, in: Survey Center on American Life (18. Juni 2021), www.americansurveycenter.org/research/the-state-of-american-friendship-change-challenges-and-loss (zuletzt aufgerufen am 22. 12. 2023).

158 Chris Jackson u. Negar Ballard, *Over Half of Americans Report Feeling Like No One Knows Them Well*, in: Ipsos (1. Mai 2018), https://www.ipsos.com/en-us/news-polls/us-loneliness-index-report (zuletzt aufgerufen am 22. 12. 2023).

159 Mortimer Arias, *Announcing the Reign of God: Evangelisation and the Subversive Memory of Jesus* (Eugene, OR: Wipf and Stock, 2001), 43.

160 Ich kann John Wimbers Buch *Heilung in der Kraft des Geistes* (Orkrist Verlag, 2010) nur empfehlen. John Wimbers Aussage auf Englisch heißt: »When do we get to do the stuff?«

161 Henry George Liddell u. Robert Scott, *A Greek-English Lexicon*, 9. Aufl. (Oxford: Clarendon Press, 1996).

162 Dallas Willard, *Das Geheimnis geistlichen Wachstums* (Asslar: Gerth Medien, 2011), 275.

163 *martys*, in: Blue Letter Bible, www.blueletterbible.org/lexicon/g3144/niv/mgnt/0-1 (zuletzt aufgerufen am 22.12.2023).

164 Vgl. 1. Thessalonicher 5,19.

165 Frank C. Laubach, *In jeder Minute bist du da*, 30.

166 Jürgen Moltmann, *Der Weg Jesu Christi: Christologie in messianischen Dimensionen* (München: Chr. Kaiser, 1989), XX.

167 Vgl. Apostelgeschichte 5,15.

168 Vgl. Apostelgeschichte 19,11-12.

169 Meine beiden Lieblingsbücher über Heilung sind *Healing* von Dr. Francis McNutt und *Power Healing* von John Wimber, dt. unter dem Titel: *Heilung in der Kraft des Geistes* (Orkrist, 2010).

170 Meine Empfehlungen für Bücher über den Befreiungsdienst sind *Deliverance* von Jon Thompson und *The Believer's Guide to Spiritual Warfare* von Tom White.

171 Die Geschichte meiner Frau erzählen wir in unserer Podcastfolge *Fasting 02: To Grow in Holiness* beim *Rule of Life*-Podcast von *Practicing the Way*, https://redcircle.com/shows/b4110493-4e64-44a8-9b24-da705edc088d (zuletzt aufgerufen am 28.02.2024).

172 Siehe Tim Kellers unglaublich hilfreiche Übersicht über Alasdair MacIntyres Buch *Whose Justice? Which Rationality?* in dem Artikel *A Biblical Critique of Secular Justice and Critical Theory* (erschienen in: Life in the Gospel). Dr. Keller, wir werden Sie sehr vermissen!

173 Diese Formulierung stammt aus einem Handout, das er uns Studenten in einem Seminar gab.

174 Ware, *The Orthodox way*, 141.

175 Meine Umschreibung von Johannes 5,19.

176 1. Korinther 12,27.

177 Mark Etling, *Christ has No Body On Earth but Yours*, in: National Catholic Reporter (21. Januar 2020). Deutschsprachige Quelle: https://www4.kath.net/news/79424 (zuletzt aufgerufen am 18.01.2024).

178 Thomas Raymond Kelly, *A Testament of Devotion* (San Francisco, CA: HarperSanFrancisco, 1992), 64-65.

179 Ebd., 35.

180 Tony Evans, *Tony Evans Speaks Out on Fasting* (Chicago, IL: Moody, 2000), 42.

181 Khalil Gibran, *Von der Arbeit*, https://www.gedichte7.de/arbeit-gibran.html (zuletzt aufgerufen am 09.01.2024).

182 Aus Kings Vortrag beim *First Annual Institute on Nonviolence and Social Change* in Montgomery, Alabama am 3. Dezember 1956. Martin Luther King Jr., *Facing the Challenge of a New Age*, in: Clayborne Carson u. a. (Hg.), The Papers of Martin Luther King Jr. (Berkeley, CA: University of California Press, Bd. 3, 1997). Deutschsprachige Quelle: https://www.alltagsforschung.de/zum-thema-arbeit (zuletzt aufgerufen am 18.01.2024).

183 Peter Scazzero, *Emotional gesund leiten* (Gießen: Brunnen Verlag, 2020), XX.

184 John Ortberg, *Hüter meiner Seele* (Asslar: Gerth Medien, 2015), 124.

185 *rule*, in: Online Etymology Dictionary, www.etymonline.com/word/rule (zuletzt aufgerufen am 18.01.2024).

186 Villodas, *The Deeply Formed Life*, 217-218.

187 David Brooks, *The Second Mountain: The Quest for a Moral Life* (New York, NY: Random House, 2020), xviii.

188 Frei formuliert nach Dietrich Bonhoeffers *Traupredigt aus der Zelle 1943*, https://www.gemeindenetzwerk.de/?p=9736 (zuletzt aufgerufen am 30.12.2023). Wörtlich heißt es bei Bonhoeffer: »Nicht eure Liebe trägt die Ehe, sondern von nun an trägt die Ehe eure Liebe.« Diese Worte stammen aus einem Brief, den Bonhoeffer nach seiner Verhaftung durch die Gestapo aus dem Gefängnis an seine Nichte zu ihrer Hochzeit schrieb. Kurze Zeit später wurde er zum Märtyrer.

189 Eine Zusammenfassung der Gedanken von Francis Spufford in *Heilige (Un)Vernunft!*.

190 Annie Dillard, *The Writing Life* (New York, NY: Harper Perennial, 2013), 32. Dt. erschienen unter: *Ich schreibe* (Salzburg u. Wien: Residenz Verlag, 1998); die deutsche Ausgabe ist nur noch antiquarisch erhältlich.

191 Aus der Preamble von *A Rule of Life for Redemptive Entrepreneurs*, https://rule.praxislabs.org/preamble (zuletzt aufgerufen am 19.01.2024). Und hier findest du die Lebensregel, die Andy Crouch und einige andere für ihre Gemeinschaft entwickelt haben: www.rule.praxislabs.org.

192 Siehe den Abschnitt *Imagination* unter: https://rule.praxislabs.org/the-rule-in-one-page (zuletzt aufgerufen am 19.01.2024).

193 Marcel Schwantes, *Steve Jobs's Advice on the Only 4 Times You Should Say No Is Brilliant*, in: Inc (31. Januar 2018), https://www.inc.com/marcel-schwantes/first-90-days-steve-jobs-advice-on-the-only-4-times-you-should-say-no.html (zuletzt aufgerufen am 30.12.2023).

194 T.S. Eliot, *Vier Quartette* (Berlin: Suhrkamp Verlag, 2015), 17.

195 Margaret Guenther, *Toward Holy Ground: Spiritual Directions for the Second Half of Life* (Lanham, MD: Cowley, 1995), 66.

196 Craig Dykstra, *Growing in the Life of Faith* (Louisville, KY: Westminster John Knox Press, 2005), 67.

197 Ruth Haley Barton, *Sacred Rhythms: Arranging Our Lives for Spiritual Transformation* (Downers Grove, IL: IVP Books, 2006).

198 *The Message* by Eugene H. Peterson, © 1993, 1994, 1995, 1996, 2000, Nav-Press Publishing Group, alle Rechte vorbehalten, Matthäus 11,28-30.

199 *Means of Grace*, in: Ligonier Ministries (26. Juni 2012), www.ligonier.org/learn/devotionals/means-of-grace (zuletzt aufgerufen am 22.01.2024).

200 Richard Plass u. James Cofield, *The Relational Soul: Moving from False Self to Deep Connection* (Downers Grove, IL: IVP Books, 2014), 134.

201 Richard J. Foster, *Nachfolge feiern* (Holzgerlingen: SCM R. Brockhaus, 2017), 14.

202 John Ortberg, *Das Leben, nach dem du dich sehnst* (Asslar: Gerth Medien, 2005), 58.

203 Für Paulus ist Gnade weit mehr als nur »unverdiente Gunst«, wie mir in jungen Jahren beigebracht wurde. Es ist eine Art Synonym dafür, dass der Geist Gottes uns die Fähigkeit verleiht, etwas zu sein und zu tun, was wir aus eigener Kraft niemals sein oder tun können.

204 Dallas Willard, *Geheimnis geistlichen Wachstums (Asslar: Gerth Medien, 2011)*, 91.

205 Ich war ja dafür, sie »Chewy« zu nennen. Aber auch hier zog ich den Kürzeren. Alle Hundebesitzer in meiner Familie haben ihre Hunde nach Star-Wars-Figuren benannt. Da hatten wir quasi keine andere Chance.

206 M. Robert Mulholland Jr., *Invitation to a Journey: A Road Map for Spiritual Formation* (Downers Grove, IL: IVP Books, 2016), 90. Dt. erschienen unter: *Werden, wie du mich meinst* (Gießen: Brunnen Verlag, 1995); die deutsche Ausgabe ist nur noch antiquarisch erhältlich.

207 Weitere Kernaspekte der geistlichen Formung sind die Heilung von Erinnerungen (insbesondere von Traumata), die Vergebung für Menschen, die dich verletzt haben, ungesunde Muster aus deiner Herkunftsfamilie ablegen, Befreiung erfahren, für unseren Körper sorgen, in Gemeinschaft leben, leidvolle Erfahrungen annehmen und sich dadurch von Abhängigkeiten befreien lassen und vieles mehr …

208 Nan Fink, *Stranger in the Midst: A Memoir of Spiritual Discovery* (New York, NY: BasicBooks, 1997), 96.

209 Henri Nouwen, *The Spiritual Life: Eight Essential Titles by Henri Nouwen* (New York, NY: HarperOne, 2016), 24.

210 James A. Connor, *Silent Fire: Bringing the Spirituality of Silence to Everyday Life* (New York, NY: Crown, 2002), 203.

211 *An Exercise in Wonder*, in: Christian History Institute, https://christianhistoryinstitute.org/magazine/article/an-exercise-in-wonder (zuletzt aufgerufen am 24.01.2024).

212 Lukas 5,16.

213 Das ist meine Bearbeitung von Mark E. Thibodeaux, *Armchair Mystic: How Contemplative Prayer Can Lead You Closer to God* (Cincinnati, OH: Franciscan Media, 2019).

214 Ronald Rolheiser, *Beten: Offen werden für Gott* (Freiburg i. B.: Herder Verlag, 2014), Vorwort.

215 Das ist aus einem neuen Buch von John Ortberg, das demnächst erscheinen wird. *Steps: A Guide to Transforming Your Life When Willpower Isn't Enough*, Vorwort.

216 Johannes 14,16.26.

217 Ronald Rolheiser, *Sacred Fire*, 260.

218 Vgl. Rosaria Champagne Butterfield, *The Gospel Comes with a House Key: Practicing Radically Ordinary Hospitality in Our Post-Christian World* (Wheaton, IL: Crossway, 2018).

219 Das ist ein Spruch von meinem Freund Pete Greig und der Crew von 24/7.

220 Margaret Guenther, *At Home in the world: A Rule of Life for the Rest of Us* (New York, NY: Seabury, 2006), 178.

221 Dallas Willard, *Gott. Du must es selbst erleben* (Basel: Fontis Verlag, 2022), 588.

222 BJ Fogg, *Die Tiny-Habits-Methode: Kleine Schritte, große Wirkung* (München: btb Verlag, 2021).

223 Gary Thomas, *Neun Wege, Gott zu lieben* (Witten: SCM R. Brockhaus, 5. Aufl., 2015), 31.

224 Eine Empfehlung für Eltern mit kleinen Kindern: *Domestic Monastery* von Ronald Rolheiser finde ich für diese Lebensphase so unglaublich hilfreich. Und das Beste: Es ist kurz.

225 Tish Harrison Warren, *Gott wohnt in deinem Alltag*, 112.

226 Ich könnte noch viel mehr über die Stufen unserer Glaubensentwicklung sagen. Aber das würde hier den Rahmen sprengen. Wenn dich das Thema interessiert, lade ich dich ein, dir zwei Vorträge von mir zum Thema an-

zuhören. Du findest sie hier: www.practicingtheway.org/practices/naming (zuletzt aufgerufen am 31.12.2023).

227 An meine Kolleginnen und Kollegen: Ich träume davon, dass sich die Gemeinden der Zukunft (wie die Gemeinden der Vergangenheit) um eine Lebensregel herum organisieren – eine Art des Zusammenseins, die an ihre Zeit, ihren Ort und ihre Menschen angepasst ist. Ich halte das wirklich für möglich. Würdest du das für deine Gemeinde auch einmal in Betracht ziehen?

228 Nathan Campbell, *Educating Loves: A Morning in Brisbane with James KA Smith*, in: St. Eutychus, https://st-eutychus.com/2016/educating-loves-a-morning-in-brisbane-with-james-ka-smith (zuletzt aufgerufen am 24.01.2024).

229 G. K. Chesterton, *Orthodoxie* (Frankfurt: Eichborn Verlag, 2000), 121-122.

230 Ken Shigematsu, *God in My Everything: How an Ancient Rhythm Helps Busy People Enjoy God* (Grand Rapids, MI: Zondervan, 2013), 20.

231 Greg Peters, *The Monkhood of All Believers: The Monastic Foundation of Christian Spirituality* (Ada, MI: Baker, 2018).

232 Walter H. Capps, *The Monastic Impulse* (New York, NY: Crossroad, 1983).

233 Hieronymus, zitiert in Laurie Guy, *Introducing Early Christianity: A Topical Survey of Its Life, Beliefs and Practices* (Downers Grove, IL: InterVarsity, 2004), 139.

234 *Die Regel des heiligen Benedikt* (Beuron: Beuroner Kunstverlag, 2008), Prolog, 46-49.

235 Mark Scandrette, *Practicing the Way of Jesus: Life Together in the Kingdom of Love* (Downers Grove, IL: IVP Books, 2011), 89.

236 Beide Geschichten finden sich in Lukas 9,59-61.

237 Ein frommes Ja vorzutäuschen, hilft dir nicht im Geringsten. Es könnte sein, dass die geistliche Reise für dich nicht damit beginnt, Jesus nachfolgen zu wollen, sondern damit, dass du es wollen können willst. Das ist okay. Dann fang dort an. Und bete darum, dass Jesus dir hilft, wirklich wollen zu können.

238 Dietrich Bonhoeffer, *Nachfolge* (München: Chr. Kaiser, 11. Aufl., 1976), 65.

239 Ein Wort, das zuerst Tertullian (2. Jahrhundert) zugeschrieben wurde.

240 Jaroslav Pelikan, *The Shape of Death: Life, Death and Immortality in the Early Fathers* (Nashville, TN: Abingdon Press, 1961), 55.

241 Vielen Dank an Kevin Jenkins für diese Informationen. Er ist Vorstandsvorsitzender von *Practicing the Way* und ehemaliger CEO von World Vision.

242 Siehe sein Buch *Will and Spirit: A Contemplative Psychology* (New York, NY: HarperOne, 2009), Kap. 1.

243 Thomas Keating, *Das Gebet der Sammlung* (Münsterschwarzach: Vier Türme, 4. Aufl., 2019).

244 In der Antike gab es keine Banken, deshalb vergruben wohlhabende Menschen ihr Geld oder Gold oft an einem geheimen Ort. Aber wenn sie starben, dann starb das Wissen, wo das Vermögen zu finden war, manchmal mit ihnen. Das ist eine plausible Geschichte aus dem 1. Jahrhundert.

245 Elisabeth Elliott, *The Journals of Jim Elliott* (Grand Rapids, MI: Revell, 2002), 174.

246 Johann Wolfgang v. Goethe, *West-östlicher Divan* (Berlin: Deutscher Klassiker Verlag, Bd. 1, 2010), Buch des Sängers.

247 Tito Colliander, *Way of the Ascetics: The Ancient Tradition of Discipline and Inner Growth* (San Francisco, CA: Harper and Row, 1982), 54.

248 Frank C. Laubach, *In jeder Minute bist du da*, 23.

249 Gregor von Nyssa, *Perfection Is Friendship with God*, in: Renovaré (Januar 2023), https://renovare.org/articles/perfection-is-friendship-with-god (zuletzt aufgerufen am 25.01.2024).

250 Diese Geschichte erzählt Gary Moon, dessen Mentor Dallas Willard war, in seinem Buch *Apprenticeship with Jesus: Learning to Live Like the Master* (Grand Rapids, MI: Baker, 2009), 241.